Diseño y composición: Gerardo Miño

Edición: Primera, Marzo de 2023

Lugar de composición: Suipacha, Pcia. de Buenos Aires

Lugar de impresión: Barcelona / Buenos Aires

Código Thema: QDTJ [Filosofía: metafísica y ontología]

ISBN: 978-84-18929-60-1

Depótiso Legal: M-18891-2022

colección
BFV ■ Biblioteca de la Filosofía Venidera
dirigida por Fabián Ludueña Romandini

Esta colección quiere abarcar en su espíritu obras que, como quería Walter Benjamin, intenten reflejar no tanto a su autor sino más bien a la dinastía a la cual éstas pertenecen. Dinastías que otorguen los instrumentos para una filosofía porvenir donde lo venidero no sea sólo una categoría de lo futuro sino que también abarque lo pasado, suspendiendo la concepción moderna del tiempo cronológico a favor de una impureza temporal en cuyo caudal pueda tener lugar la emergencia de un pensamiento inactual e intempestivo, capaz de mostrar la potencia filosófica oculta en todas las tradiciones del conocimiento. Filosofía, entonces, como el arte de la fabricación de nuevos conceptos, donde la novedad es siempre entendida tomando en cuenta su anacronismo fundamental y su perpetua inclinación a la polémica.

Foro Bitácora
de la BFV

Colección
de la BFV

MIÑO y DÁVILA
♦ E D I T O R E S ♦

Página web:	www.minoydavila.com
Facebook:	http://www.facebook.com/MinoyDavila
Mail producción:	produccion@minoydavila.com
Mail administración:	info@minoydavila.com
Oficinas:	Tacuarí 540
	(C1071AAL), Buenos Aires, Argentina.
	tel-fax: (54 11) 4331-1565

BFV ■ Biblioteca de la Filosofía Venidera

LEONARDO D'AVILA

El Espíritu y la Letra

Políticas del sentido

scorpioni et sponsae

Índice

LEONARDO D'AVILA

El Espíritu y la Letra

Políticas del sentido

Espíritu, letra y vida

Respirar es, paradójicamente, el don más grave y más humilde del espíritu. Cuando nace el vástago, empieza una caída definitiva en el mundo. La plenitud da paso al desaliento, al dolor y a la falta, pero esa falta de aire es, sin posibilidad de comparación, la más urgente de todas ellas. Ni el agua es tan urgente. En un esfuerzo mixto de reflejos desesperados y de contorsiones musculares, el dolor en los pulmones al despegarse es uno de los más terribles que jamás experimentará un mamífero. Luego, a través del tracto respiratorio, ocurre la primera entrada de aire por sus vías aéreas, por las cuales atraviesa un gas altamente inflamable en una proporción del 21% del aire. El oxígeno, ese gas abominable que, en la Tierra primitiva, sería responsable por la mayor extinción de todos los tiempos, paradójicamente servirá como el oxidante para quemar dentro de cada célula, constituyendo cada una de ellas una verdadera candela encendida a partir de la interacción proporcional entre un combustible (los azúcares) y un oxidante (oxígeno). En definitiva, la mitad de su metabolismo, es decir, de su combustión vital, quemará la grasa secretada en las células, mientras que la otra mitad dependerá de un ingrediente totalmente externo a sí mismo. En síntesis, una mitad de la vida está en este aire que ahora le rodea. Por tanto, el animal terrestre no puede sobrevivir sin un aire que le es ajeno, es decir, sin una atmósfera gigantesca que lo sostenga. Incluso el nitrógeno, el gas más abundante para la nutrición de los vegetales, está también en cada molécula de ADN. ¿No sería lo mismo en relación con las palabras, que, si bien pueden ser articuladas por un sujeto individualizado, son siempre parte de un todo mayor y simultáneamente ajenas a él? En general, este ensayo especula sobre el espíritu, sobre el aire del aliento o de los vientos, como ese aspecto externo a nuestra propia vida, que es el más importante mediador de sentidos y el principal vehículo de la inspiración, cuyo valor sigue siendo motivo de disputas artísticas, religiosas, legales y políticas.

Entra el aire por los pulmones, pero con él llegan también la humedad y los primeros microorganismos imprescindibles para el funcionamiento de cualquier ser vivo. Tras unos momentos de dolor y de asfixia, el vástago se alivia de su principal deficiencia y en casi todos los ordenamientos jurídicos, el primer aliento es el evento generador de la personalidad natural, lo que constituye el acceso efectivo al mundo civil. Independientemente de la legislación, en cuanto tenga fuerzas, ese mamífero abrirá y cerrará su tórax a un ritmo continuo, para suplir su necesidad de vida. Si el aire es fundamento de la persona, también lo era de los cuerpos en el principio de la medicina, ya que los antiguos pensaban que el aire daba la vida después de la primera inspiración, y también la ordenaba para ser harmónica. Sin ese *aér*, *pneûma* o espíritu, nada le garantizaría la simetría y la unidad a un organismo vivo. Sin ese aire vital, seríamos un enorme cáncer o un conjunto sin orden de brazos, piernas u orificios, pues él teóricamente concedía unidad a los cuerpos individuales (y también a los colectivos, como se verá). Pero, por fin, terminado el aire, después de su último respirar, el cuerpo animal seguirá siendo un organismo en descomposición con tejidos vivientes durante algún tiempo. Sin el aire quemando, no obstante, no es nada sino otra vez materia orgánica, la cual puede servir para sustentar a otros depredadores u otros microorganismos, antes de dispersarse completamente en el ambiente.

Todavía yo no sé definir qué es el espíritu en sentido amplio y definitivo, pero sé que es como (*sicut*) el aire. El aire, por supuesto, es una parte considerable de nuestra vida y de nuestro pensar, una sustancia sutil que muchas veces fue entendida como mediadora entre nuestro cuerpo y nuestra consciencia, entre nuestra materia y nuestra vida o incluso entre el individuo humano y su cosmos. La narrativa del *Génesis* (*Bereshit*) sobre la creación del hombre simboliza esta mediación vital como un soplo (*shamah*) de Dios que da vida: "Así Iahweh Dios modeló al hombre con greda del suelo, insufló un aliento (*shamah*) de vida en sus narices y el hombre se volvió un ser viviente".[1] Ese aliento, sin embargo, es apenas un aspecto de un poder mucho más arcaico, que sería el espíritu (*ruah*) de Dios, y que prácticamente abre el libro de la creación en su segundo verso, es decir, en su primera expiración. "La tierra estaba informe y vacía, las tinieblas cubrían el abismo y el espíritu (*ruah*) de Dios se cernía sobre la superficie de las aguas".[2] Ambos aspectos espirituales de la divinidad no crean exactamente el firmamento, que sería función exclusiva del Dios único, sino que lo nutren y dan el estímulo necesario para que toda criatura sobreviva. Más que inseminación, se trata de fertilización, animación, nutrición, cultura, sustento y no tanto de generación o fecundación. En toda la *Torá*, el espíritu que sopla, incluso, se conjuga con un verbo femenino, presentando un rango de género poco considerado en relación a la divinidad de la Biblia, algo que tendrá algunas importantes consecuencias. Más allá de la fecundación, el espíritu del Dios de la mitología hebrea tiene un don insustituible de nutrición, cultura, sustento, que no debe confundirse con su capacidad de generación e inseminación. Sin embargo, los sucesivos términos para el espíritu en las traducciones bíblicas pierden el género femenino. Este mismo pasaje se traduciría en la *Septuaginta*, la versión griega más clásica de las Escrituras (siglo I a.C.), con la palabra neutra *pneûma*. Ya en la versión latina de Jerónimo, la *Vulgata*, la palabra elegida es *spiritus*, concediendo definitivamente a este aspecto de la divinidad el género masculino. No obstante, la persona del Espíritu Santo en la tradición cristiana mantiene un aspecto de bendición, fructificación y nutrición, permaneciendo como la mediadora funda-

---

1   Gn. 2:7. Para el texto bíblico hebreo ha sido utilizada la versión *Der Shul Chumash*, por Vagshal Publishing de Jerusalém (1996), publicada constante en la edición: *Torá: a Lei de Moisés*. San Pablo: Sêfer, 2001.

2   Gn. 1:2.

mental de la vida, función que, como se verá, siempre ha estado en conflicto con la devoción religiosa a María.

El milagro de Pentecostés marca otra problemática lingüística clásica. Pasados cincuenta días desde la Resurrección de Cristo, la gracia del Espíritu Santo se insufló en hombres de diferentes pueblos, quienes empezaron a entender otros idiomas, incluso hablando el suyo, haciendo una nueva alianza con la palabra. El espíritu agracia con una *comprensión viva* más allá de la palabra, como una pura expresión sin letra, al mismo tiempo que intenta *unificar* a los diferentes pueblos bajo un mismo orden. Esa nueva alianza, que está irremediablemente conectada a Babel, es otro pasaje de "mitolenguaje", en el cual se basa la incapacidad de la comunicación o, en una exégesis marginal, el diseño de todos los sistemas hasta las modernas corporaciones. Por ahora, basta entender cómo el espíritu y la escritura son siempre una cuestión sobre la política del sentido y sobre los sentidos de la política. Desde la antigüedad, por tanto, el espíritu ha sido un aspecto mítico importante de nuestra propia vida, que es indispensable para la constitución de los pueblos, para la formación de instituciones políticas y, no menos importante, incluso para la comprensión acerca de qué está exactamente en juego cuando decimos "cultura".

Sin embargo, el aire no es solamente una cuestión de subsistencia, pues también es el *medium* principal y casi exclusivo de interacción entre los vivientes. En el caso de un vástago humano que nace, poco después de haber dado la primera inhalación, lógicamente tendrá que dar la primera exhalación, que suele ir acompañada de un grito. Su primera expresión es crear ondas mecánicas en el ambiente atmosférico que lo rodea, las cuales pueden llegar a los seres próximos para hacer vibrar, por consiguiente, dos películas dentro de los cráneos de los receptores. Las audiciones de los oyentes, finalmente, transformarán estas ondas mecánicas en analogías eléctricas, entrando en el sistema nervioso antes de ser otra vez decodificadas en cuanto imágenes sonoras. Al pronunciar los primeros balbuceos o las primeras palabras articuladas, el aire es el medio disponible para la comunicación y para la expresión de sus ansiedades, alegrías y deseos. Evidentemente, los seres interactúan entre sí y con el mundo directamente a través del contacto físico, así como por el tacto. No obstante, casi todo lo dicho será por mediación del aire, que sufre vibraciones intencionales. Así, el organismo del vástago se adapta a esta condición de parásito del oxígeno producido por algas y por plantas, pero lo utiliza también para inscribir un desdoblamiento inmediato de su propia vida. Vida que está en constante competición con otras bacterias, animales y plantas, muchas veces en batallas injustas que conducen a la extinción de especies enteras, pero, en última instancia, no existen seres vivos capaces de subsistir y de simbolizar fuera de esta atmósfera común. Es cierto que, conforme la leyenda, Beethoven, ya sordo, pudo haber compuesto sinfonías transmitiendo vibraciones táctiles desde el piano a sus dientes con un palo. También es obvio que podemos comunicarnos visualmente mediante gestos o mediante el código Morse, pero la atmósfera es, sin duda, el entorno privilegiado para la comunicación y expresión del animal humano porque es la forma de vida a la cual está condicionado, donde convive con otros vivientes.

La atmósfera terrestre transmite nuestros gritos y nuestras voces. Sin ella, como ocurre en la luna, nuestros oídos no escucharían nada, e incluso las comunicaciones más recientes por ondas electromagnéticas, como las de radio o satélites, utilizan la ionosfera, mucho más arriba de las nubes, para propagarse. Además, sin el cielo, nuestros ojos se secarían y ni siquiera podríamos mirar. Sin él, moriríamos sin la humedad y sin la presión necesarias para nuestra entidad corporal. Por fin, incluso los animales acuáticos no sobrevivirían sin el cielo, ya que la atmósfera mantiene los océanos y no lo contrario. Con todo, la Tierra tiene una capa de aire relativamente pequeña, casi insignificante en relación con aquella de Venus y, principalmente, con los planetas gaseosos más grandes, como Saturno o Júpiter. Si estuviera un poco más enrarecido, probablemente los océanos no permanecerían mucho más en la superficie, como en un escenario marciano. En este caso, lo que no se cristalizó, se evaporaría en poco tiempo al espacio exterior presionado por vientos solares, considerando que el agua líquida no es más que una precipitación de gases atmosféricos debido a condiciones muy específicas de temperatura y presión. Sí, la atmósfera es la verdadera casa de nuestra forma de vida, ya no es posible entender las políticas de los humanos mediante una comprensión de Gaia que ignore su cobertura por Urano. El líder yanomami Davi Kopenawa advirtió recientemente de otra caída del cielo cuando vivía la destrucción de nuestra Tierra, sacrificada a ídolos voraces. En fin, si deseamos un futuro o, al menos, asimilar nuestro propio fin, es urgente preguntarnos humildemente por la gravedad del cielo que realmente nos afecta, aunque, para ello, también sea imprescindible denunciar a los terceros que intentan ocupar su lugar o incluso a todos aquellos que se arrogan a hablar directamente en su nombre. El espíritu fue y continua siendo fuente de muchos principios ontológicos, como cultura o naturaleza, pero todavía hay un potencial suyo poco recordado: más importante que decir qué es, indagarse sobre el espíritu, es indagarse sobre cómo hablar al aire, cómo ser inspirado y cómo tocar los corazones, pues es el más omnipresente mediador de nuestras existencias.

La fonética, a lo largo de los siglos, ha observado, nombrado y clasificado a los principales órganos, movimientos y sonidos del aparato fónico, aunque el aire atmosférico, la parte más fundamental de la comunicación verbal, ha sido, si no ignorado, al menos muy poco problematizado. Tal vez porque la composición atmosférica es parte de un cotidiano absoluto, sin la cual ni siquiera podríamos imaginarnos, lo que sugiere a fin de cuentas que la respiración ha sido siempre considerada un dato o una obviedad. Pero eso no es correcto. Con una atmósfera pobre formada por iones escasos, tendríamos que llevar ropa de astronauta para no desintegrarnos por la presión cero o por la cantidad de radiación solar. Tampoco nos escucharíamos, a menos que estuviéramos en un invernadero o en una burbuja de aire. En la atmósfera primitiva libre de oxígeno, ninguno de los seres multicelulares viviría, y con solo dos por ciento más de oxígeno en los cielos de nuestro planeta, los reptiles titánicos o los grandes mamíferos del pasado podrían volver a vivir. Sería ingenuo ignorar que el aumento en la cantidad de CO_2 no tendría un efecto igualmente severo en nuestra condición de vida, tanto en sus instituciones como en la laboriosa capacidad simbólica de la que los humanos tanto se enorgullecen.

Por todas estas razones, la atmósfera tiene una relación indisoluble con el habla (*phoné*), que ciertamente es más determinante y más fundamental que cualquier relación que tenga con un lenguaje, con una estructura o con una gramática internalizada en el cerebro. El lenguaje humano, a su vez, es impensable fuera del entorno físico del aire y, aunque eso sea una de las condiciones reconocidas para el lenguaje mismo en el esquema clásico de Jakobson (posiblemente por la consideración del *canal* y la función fática, aunque, en cierta medida, el espíritu también tenga aspectos de *código*, *contexto*, y aun de *mensaje*), se piensa poco en los impactos semánticos, semióticos, retóricos, literarios y políticos más inmediatos de esa atmósfera. Por tanto, pretendemos demostrar, en todo momento, la pertinencia entre el espíritu, los espiritualismos y las pneumatologías con el aire, o sea, con la atmósfera y su vida. Entendemos al espíritu como parte de la vida fuera del sujeto, pero no lo hacemos para identificarlo con algún supuesto ontológico (Dios, hombre, lenguaje, vida), lo que sería enfatizar la dimensión de creador, y tampoco para sugerir ciertas formas de vida, lo que sería un propósito crístico. El enfoque elegido es más crítico, pues procura percibir la vida en sus más variadas mediaciones, y consiste en enfatizar cómo es el espíritu que efectivamente aglutina discursos, cuerpos, entidades o afectos, aunque sea necesario advertir que, muchas veces, este nombre ha servido para frenar esos mismos contactos. La religión, la metafísica y la fonética fueron notables simbolizaciones del aire, pero, en contrapartida, también dificultaron la comprehensión más simple entre las palabras y la atmósfera.

Desde la antigüedad, el aire, la respiración o, sobre todo, el espíritu (*pneûma*) ha sido considerado no solo el mediador entre los hablantes, sino también aquello que unía el cuerpo y la mente. ¿No podría mediar él también otras cosas no humanas? ¿No se puede, entonces, pensar el lenguaje fuera de la vida o, en sentido más estricto, fuera de lo humano? Es posible que el lenguaje humano, ahora mismo, ya opere mediante inteligencia artificial sin pasar por hablantes vivos. Además, la escritura siempre implica un automatismo, más allá de una espectralidad, pues un simple intercambio de cartas entre amigos (o cualquier otro sistema complejo de encadenamiento de signos) no requiere la producción física de sonidos, o sea, de un discurso que precede a la letra. Tal es el clásico problema de la *Grammatologie*, de Derrida, cuando afirma que la metafísica occidental está anclada en el prejuicio fonológico de que la escritura amenaza al espíritu, el *pneûma*. Ante eso, el autor propone dar voz a las propias huellas de la escritura en sus propias cadenas de signos, por tanto, más allá de su sumisión a un fonocentrismo, que pronto se revela también como logocentrismo y falocentrismo. Sin rechazar la tesis básica de Derrida, pero siguiéndola en otro sentido, es imposible separar el espíritu de lo inhumano o la muerte inherente a la noción de escritura, siendo la pneumatología lo otro de la Gramatología.

Los alrededores son profundos. La pneumología, por ejemplo, fue el campo de estudio dentro de la teología responsable de las cuestiones hermenéuticas y de la comprensión del significado figurativo, en el medioevo, bajo el sentido espiritual (*sensus spiritualis*). El nacimiento de la semiótica, a su vez, se da precisamente dentro de la medicina en el contexto helenístico, en la discusión de los soplos, como se observará en la segunda jornada. Por otro lado, *Ruah*, *Pneûma*, *Spiritus* o *Geist* fueron ideas maestras en Occidente y en sus antiguas colonias para el estudio de las lenguas, además de sus modos y de sus figuraciones (*trópoi*). También ha sido la base para la comprensión verdaderamente crítica del cosmos y de la política y, aun los conceptos más actuales de cultura, naturaleza y lenguaje, como se verá, no son más que modulaciones del espíritu arcaico. No realizaremos ninguna homilía sobre los poderes del espíritu o del Espíritu Santo, como la proposición de una entidad transcendental capaz de explicar todos nuestros afectos o palabras, pero no podemos dejar de destacar el misterio erótico que une el cuerpo con la mente, la vida con la política, la literalidad con la metáfora o, simplemente, los cuerpos con los cuerpos.

Este ensayo, además, investiga la recurrencia insistente de la famosa reiteración de la oposición de Pablo de Tarso entre el Espíritu y la Letra en sus distintas imágenes. Propone, más que una gramatología o una pneumatología, una *pneumoteca* con el objetivo de especular sobre esta ecuación, como síntoma de la incomprensión de los mediadores entre cosas, palabras y sujetos ante el monoteísmo, cuando las relaciones ya no pueden existir afuera de algún sistema o de alguna Unidad. Este no es un problema aislado de la filosofía o de la lingüística, sino que abarca toda la cultura occidental desde la *Segunda Carta a los Corintios*, en la cual el apóstol sostiene que su ministerio estaría justificado por el Espíritu y no por la carta de recomendación. "Fue Él quien nos ha hecho competentes para que seamos ministros de una Nueva Alianza, no de la letra, sino del Espíritu, pues la letra mata, pero el Espíritu vivifica. (*hos kaì hikánosen hemâs diakónous kainês diathékes où grámmatos allà pneúmatos: tò gar grámma apokténnei tò dè pneûma zoiopoieî*)".[3] Independientemente del sentido político de la letra y de su aspecto fundamental para la identidad del cristianismo, demostraremos cómo estas palabras reaparecieron en textos y contextos muy diferentes a lo largo de la historia, figurando en ideas lejanas en los campos de la hermenéutica, de la semiótica, de la historia, de la botánica e incluso de la cultura. Aun así, enfatizo los aspectos iterativos y afectivos que sobreviven a todas estas doctrinas que intentaban sistematizar lo que no podían. Finalmente, para resaltar el desarrollo de la vida espiritual, intento, en la medida de lo posible, considerar los textos como imágenes verbales, cuyas relaciones con otros materiales (dichos, vistos y escritos) suelen reverberar significativa y afectivamente. Tales imágenes se sucedieron desde los mitos arcanos hasta la técnica banal de nuestro vivir, pero, innegablemente, tienen su propia historicidad, más allá de la metafísica, pero también del *grámma*, pues son meros grifos. Sobre todo, no intento coser representaciones fragmentarias para resaltar sus etapas de *formación* para la cultura contemporánea, como parece haber sido el gran esfuerzo filológico de *Mimesis*, de Erich Auerbach, aunque este ensayo, en su temática y en su

---

3   2 Co. 3:6. Todas las citas neotestamentarias son de traducción propria para este ensayo y el texto utilizado para los textos en griego fue: Nestle, Eberhard. *Novum Testamentum Graece et Latine*. Stuttgart: Priviligierte Württembergische Bibelanstalt, 1923.

forma, es tributario de esa gran obra. Sin embargo, dado que escribir sobre el espíritu también desestabiliza instituciones fundamentales de las humanidades, especialmente la cultura y la representación, era necesario apostar un poco más por la inhumanidad de las imágenes como nuestro método.

Redoblando la apuesta, dado que el espíritu sería la facultad misma de unir y organizar nuestras vidas, nuestras instituciones y nuestros fetiches, no buscamos establecer totalizaciones, pues eso recaería sobre el *telos* discursivo proveniente de los propios textos estudiados. Dejamos que los fragmentos se aproximen con más libertad para apuntar sus discontinuidades discursivas y no para solucionar los desafíos dejados por los relatos antiguos o por los teólogos y metafísicos. No se trata de denunciar o de olvidar la metafísica por un discurso estetizante, sino de apuntar relaciones entre conceptualizaciones míticas o metafísicas arcaicas correspondientes con prácticas estéticas y políticas actuales. Por ejemplo, ¿cómo no entender una cristalización del pentecostalismo, cuando vemos, en países ricos y pobres, el fracaso del intento de construir un mundo globalizado, que universaliza sólo la mercantilización de casi todo? ¿Cómo no relacionar al Espíritu Santo con el dogma de que las culturas son un aspecto trascendental de cada pueblo y que, por eso mismo, se supone que pueden *comunicarse*? ¿Cómo no entender que una idea anticuada del espíritu acecha nuestra propia concepción demasiado antropocéntrica de la naturaleza, que ingenuamente consideramos sabia y armónica, una noción que, como señaló Bruno Latour, es un impedimento para tratar del ambiente de una manera madura? ¿Cómo ignorar la vieja idea de un lenguaje vivo, cuando la vida se identifica como ADN, por tanto, como escritura y, aun, como mera información? Finalmente, ¿cómo aceptar que la mayoría de la humanidad hodierna tiene cada día más aplicaciones y medios para comprar instantáneamente sus ídolos, como automóviles o libros que nos llegan al otro día por un "clic", mientras muy pocos saben cómo regalar a sus dioses?

En la segunda y tercera jornada, investigo dos momentos preparatorios en la filosofía grecorromana y en el helenismo de Filón de Alejandría, destacando la atmósfera en la cual se ubica todo este ensayo. Ahí vemos que, antes de los caminos abiertos por las nociones de alegoría y, especialmente, tipología en Filón de Alejandría, los antiguos tenían divinidades y concepciones diversas para el espíritu, pero todas ellas apuntan al aire o a los espíritus como mediadores entre materia e intelecto, naturaleza y ley, carne y habla, es decir, como una figuración de relaciones entre distintas oposiciones, hasta hoy, muy tensas.

Posteriormente, entre la cuarta y la sexta jornada, investigo el control espiritual en la construcción del orden sociopolítico medieval y sus impactos en la modernidad "Occidental". Retomo, respectivamente, los textos de Pablo de Tarso, la escolástica medieval y el pensamiento escatológico de Joaquín de Fiore para comprender cómo supuestamente son unificadas las capacidades de expresión, comunicación y metaforización según un solo principio. Esa construcción del espíritu apenas en su carácter de orden (*táxis*) tuvo sus consecuencias, aunque la capacidad pneumática de hacer relaciones y de fertilidad también se manifestó discretamente en la historia, más allá de la captura teológica.

Por último, entre la séptima y la novena jornada, abordo las concepciones "secularizantes" o "inmanentes" del espíritu en la modernidad, como en Herder, que comienza a relacionar espíritu con cultura; como en los hermanos Humboldt o en Darwin-Wallace, los cuales semióticamente legaron el espíritu como naturaleza; y, finalmente, como en las filosofías de Max Scheler o Martin Heidegger, donde el espíritu es un concepto metafísico obscuro que se mantiene en sus ontologías y en sus concepciones de lenguaje. En fin, toda la modernidad mantiene el espíritu como un fundamento ontológico, o sea, para explicar qué es, mientras que el espíritu puede especialmente hacernos pensar sobre un valor óntico de las propias relaciones, algo que toma impulso con las ideas disonantes de la etología de Uexkhüll en el siglo XX, hasta las más recientes irrupciones de voces de pueblos tradicionales en el siglo XXI.

Este ensayo demuestra cómo no se comprende nuestro *medio-ambiente*, nuestro medio-cultural o nuestras *new media* sin que se entienda el concepto más clásico para las mediaciones, esto es, el espíritu. Así, es urgente cuestionar el sentido político de la oposición entre el espíritu y la letra cuando no hay más Atlas o *daemones* para asegurar el propio cielo, cuando la espiritualidad se ha convertido en una broma o cuando la epistemología prácticamente no abarca las relaciones mismas. Actualmente, ignorado por la lingüística, por la filosofía política y por la teoría literaria, el espíritu aún permanece en la vida cotidiana, si bien como espectros que no tienen lugar ni vez, pero que no dejan de no estar. Esa repentina aversión al pensamiento del espíritu, por temor a caer en la teología o en la metafísica, legó a Occidente y a sus antiguas colonias la incapacidad de relacionar su ambiente con sus metáforas, además de la imposibilidad de unas formas de vida en comunidad sin coacción. Y, ante todo, comprender los secuestros de este gran mediador que siempre ha sido el espíritu consiste también en especular sobre nuevas y arcaicas formas de hablar no solamente entre humanos, sino también con otros seres, con otros pueblos, con la imaginación y con el cosmos que nos rodea. Han surgido algunas aisladas y relevantes experiencias en este campo, como el reconocimiento político del medio ambiente como sujeto de derechos en el Ecuador, como la carta de Geneviève Azam a la Tierra desde la academia o como las constantes luchas de los pueblos originarios por la preservación de diferentes formas de vida. En ese sentido, por mucho que este ensayo no se confunda con ninguna de estas experiencias, ciertamente busca caminar paralelamente a tales intentos. Nuestra esperanza es que el olvido e incluso la supuesta "muerte" del Espíritu de la tradición Occidental sea, paradójicamente, una oportunidad para que surjan nuevas y más concretas mediaciones antes que esto sea totalmente imposible, cuando el único mediador de las técnicas y de las culturas humanas sean los algoritmos de la vida en silicio. Si no podemos esperar más un triunfo, que sea entonces un breve aliento.

Ignorando al espíritu, hemos llegado a una condición sin precedentes, en la cual respirar ya no es la tarea obvia que siempre ha sido, ya que el aire está contaminado literal y concomitantemente al calentamiento creciente de la atmósfera. Fruto de muchas inspiraciones y expiraciones de más de un viviente, este texto fue escrito prácticamente durante la pandemia de Covid-19, entre 2019 y 2022. Por eso, ciertamente comparte los anhelos de quienes permanecieron aislados en una situación existencial difícil, aunque materialmente cómoda. Despreocupado por mi edad, pero ansioso por mi asma, eventualmente sacudido por el aburrimiento y pasando días frente a una pantalla con letras, o interactuando con las apariciones de amigos, alumnos o colegas en interminables *lives*, la escritura de este libro, por lo menos, pudo ser terminada. Sin embargo, se espera que sus conclusiones ayuden a entender un poco lo que queda de nuestras vidas y el aire que tienen en común, especialmente cuando los individuos son sofocados por policías o cuando los familiares necesitan comprar, con toda prisa, el oxígeno mismo que algún ser amado necesita para respirar en los hospitales.

SEGUNDA JORNADA
Pneûma, éros y cósmos

> En primer lugar, existió el Caos. Después Gea la de amplio pecho, sede siempre segura de todos los Inmortales que habitan la nevada cumbre del Olimpo. [En el fondo de la tierra de anchos caminos existió el tenebroso Tártaro] Por último, Eros, el más hermoso entre los dioses inmortales, que afloja los miembros y cautiva de todos los dioses y todos los hombres en el corazón y la sensata voluntad en sus pechos.
>
> De Caos surgieron Érebo y la negra Noche. De la Noche a su vez nacieron el Éter y el Día, a los que alumbró preñada en contacto amoroso con Érebo.
>
> Gea alumbró primero al estrellado Urano con sus mismas proporciones, para que la contuviera por todas partes y poder ser así sede siempre segura para los felices dioses.[4]

El espíritu es también como muchos dioses. Por lo menos, como cuatro. Divinidades primigenias como Gea, Eros, Éter y, sobre todo, Urano, todas ellas podrían ser relacionadas con propiedades de los futuros conceptos teológicos o filosóficos del Espíritu, pero no conformaban un principio único para la vida. La difusión del

---

4   Hesíodo. *Teogonía*, 117-128. La traducción utilizada fue: Hesíodo. *Obras y Fragmentos*. Traducción de Aurelio Pérez Jiménez y Alfonso Martínez Díez. Madrid: Gredos, 1978. Para el texto griego: West, Martin Litchfield. *Hesiod, Theogony: Edited with prolegomena and Commentary*. Oxford: Clarendon Press, 1966.

amor y de la contingencia por Eros son tan espirituales como los poderes de nutrición y creación de Gea, que poseen insoslayables nociones vitales, así como el propio Caos, la Noche o el Éter proporcionan la mortalidad que compone de igual manera la vida. Sin embargo, la separación entre noche y día y, sobre todo, entre Gea y Urano implica sucesivos principios de ordenamiento de las fuerzas caóticas, aunque no sean definitivas, pues los hijos (Cronos, Zeus, etc.), frutos de Eros, no tardarán en cambiar el orden, hasta que otra nazca.

Si tenemos presentes esas fuerzas de organización, dos aspectos le interesan a este ensayo. De un lado, la vida y la metamorfosis y, del otro, el orden cósmico a ser establecido en la Tierra. Gea es una divinidad que jamás ha sido olvidada y, en nuestros días, se ha vuelto tema de los más actuales debates filosóficos impulsados por la teoría de Lovelock y por sus comentaristas y críticos, como Isabelle Senguers o Bruno Latour. Urano, esto es, la esfera celeste a ser implementada en la Tierra para crear un mundo o firmamento estable, jamás llegó a triunfar. No solo es una divinidad olvidada por los modernos, sino también lo fue en la Antigüedad, pues prácticamente no le rendían culto ni siquiera los griegos antiguos.[5] La narración más célebre es aquella según la cual un mundo inmutable como las estrellas nunca existió, pues en seguida Gea le dio a su hijo más temible, el tiempo, una "hoz", herramienta para trabajar la tierra, con la cual "segó los genitales de su padre".[6] A partir de entonces, otro orden podría surgir.

No se trata ahora de resucitar a Urano, pero la laguna de esa figura debe volver a ser cuestionada para que sea posible escenificar a algunos de los seres intermediarios entre la Tierra y el Cielo, sea la unión erótica entre ambos garantizada por Eros, sea la figura del Atlas, Titán, que posteriormente sería penalizado a sostener el firmamento en sus propias espaldas. La sustentación (precaria) del cosmos siempre ha necesitado de un elemento mediador, como Atlas, que notoriamente le inte-

---

5   Conforme Kerenyi (2015: 27), a Urano y a las generaciones masculinas anteriores, como los Titanes, ya no se les rendía culto en la Grecia arcaica.

6   Hesíodo, *Teogonía*, 180-182.

resó a Aby Warbug hasta llegar a la locura, así como, también la metamorfosis en el cosmos operada por Eros o Dionisio contra el orden le interesó a Nietzsche hasta la locura. Si no perdemos de vista a esos elementos mediadores de sustentación del orden cosmológico al lado de los elementos de metamorfosis cosmológica, podemos comprender el *pneûma* como mediación de la vida en la Grecia antigua.

Arqueología del aire

Distintas concepciones para el aire (*pneûma*) establecen la mediación entre la Tierra y el Cielo, entre lo limitado y lo ilimitado, lo justo y lo injusto, el cuerpo y el alma desde el alba de la filosofía. En la crítica de Anaxímenes a su maestro Anaximandro en el siglo VI a.C. el discípulo refuta a su maestro acerca del concepto de indeterminado (*ápeiron*), buscando justamente un principio ontológico más determinado: el aire (*aér*). Es, sin duda, el fragmento más antiguo sobre el espíritu en las letras griegas. Sin embargo, no se comprende sin hacer referencia a la concepción a la cual se contrapone. El aire y el espíritu de Anaxímenes constituirán un esfuerzo de ordenamiento cósmico contra los sucesivos influjos de condenaciones cósmicas, aunque esos mismos influjos jamás cesaron de perseguirle.

Anaximandro, el maestro, firmó por primera vez un principio metafísico infinito (*ápeiron*) relacionado a los seres, el cual se conserva principalmente en los comentarios sobre la Física, realizados por Simplicio de Cilicia.[7] "Pues donde la generación es para los seres, es para donde también la corrupción se genera según la culpa (*chreôn*); pues conceden ellos mismos justicia y deferencia unos a los otros por la injusticia, conforme el orden del tiempo". *Ápeiron* es un principio indeterminado, por lo cual la generación de las cosas está también fatalmente vinculada a su

---

7   Texto de Diels, Hermann. *Die Fragmente der Vorsokratiker*, v. 1. Berlín: Weidmannsche Buchhandlung, 1906: 13. Original transcrito en caracteres latinos: "*A... archèn... eírêke tôn óntôn tò apeiron... ex hôn dè he génesis esti toîs oûsi, kaì tèn phtoràn eis taûta gínesthai katà tò chreón. Didónai gàr autà díken kaì tísin allélois tês adikías katà tèn toû chrónou táxin.*"

propia corrupción. En otras palabras, connota que todo aquello que es criminal debe ser, a su vez, remediado. La palabra *chreôn*, además de sus posibles lecturas (que son muy vastas, abarcando connotaciones de necesidad, fatalidad o incluso muerte), tiene un carácter deontológico ineludible y no es suficiente considerarla como una necesidad ontológica o natural. Se trata más bien de hado y destino mutuos, una deuda heredada y que es todavía válida: o simplemente una culpa, traducción similar a la preferida por el filólogo Friedrich Diels (*Schuldigkeit*), en una de las principales obras de filología sobre los presocráticos. Vida y muerte, lleno y vacío, crimen y castigo yuxtaponen lo ontológico a lo deontológico, haciendo del principio de todas las cosas una ordenación (*táxis*) tanto política cuanto jurídica. Por lo tanto, la justicia se opone a la injusticia en una repetición sin fin, para que todo crimen sea siempre pago por un orden (posiblemente sentencia o también disposición) del tiempo.[8]

La concepción de Anaxímenes, el discípulo, sobre el principio de los seres, al mismo tiempo, alberga la oscuridad del *ápeiron*, definiéndola como un elemento natural. La inquietud por ese principio de generación y destrucción, justicia e injusticia se comprende entonces en el concepto de aire (*aér*), aunque busque mantener el carácter ilimitado del principio de las cosas. Este cambio también está en los comentarios de Simplicio, en los cuales se lee: "La naturaleza subyacente es una sola, y dice, como aquel, que es ilimitada, pero no indefinida, como aquel [dice], pero definida, diciendo que ella es aire".[9] El fragmento de Aécio incluye, además del aire, un aliento, un espíritu: "como nuestra alma, que

---

8   La lectura de Nietzsche de este pasaje buscó el *arkhé* desde el cual sería posible destruir no solo el pensamiento, sino alguna cosmología universal y, sobre todo, los valores de la filosofía occidental. Nietzsche (1954) Band 3. Más recientemente, Fabián Ludueña reforzó el carácter a la vez ético, político y jurídico del fragmento, en el que la depuración / expiación de la culpa abre la posibilidad de comprender, desde el inicio del pensamiento, el eterno retorno de la extinción y el nacimiento de la vida (Ludueña Romandini, 2016: 45-58).

9   Diels, 1906: 95. Original: *"mían mèn autòs tèn hupokeiménen phúsin kaì apeirón phesín óster ekeiînos, ouk aóriston dè òster ekeînos, allà horisménen, aéra légon autèn."*

es aire, *soberanamente* nos mantiene en unión, también todo el cosmos, aliento (*pneûma*) y aire (*aér*) también los mantienen".[10] Anaxímenes, por supuesto, presenta la problemática del pneûma en la metafísica Occidental y tal cambio, a su vez, transforma, para siempre, lo indeterminado (*ápeiron*) en un elemento sutil, abundante e infinito, pero mucho más próximo a la naturaleza (*phúsis*) circundante, más allá de la deconstrucción, más allá de los cambios semánticos del texto por las sentencias del tiempo.

No; Anaxímenes no agota toda la problemática del *ápeiron* para la física, pues muchas de sus cuestiones cosmológicas, éticas y jurídicas permanecen en discusión. Su actitud abandona un poco el modo trágico de su maestro para entenderla en términos vitales, o sea, piensa el *pneûma* como un principio más alto a partir de una dinámica muy próxima a aquella de la medicina del alma. Para el testimonio de Plutarco, la cosmología de Anaxímenes se refiere a la física, pero más específicamente a los *movimientos* entre el frío y el calor. En sus comentarios (*De primo frigido* 7, 947 F), Plutarco entiende que: "él dice que el contraído y lo condensado de la materia es frío, y lo enrarecido y lo relajado (es así que él se expresa) es calor".[11] Sin embargo, hay un equilibrio semejante entre esos movimientos del aire en el alma y todo el cosmos, equilibrio que también es finalmente jurídico pues mantiene todo *soberanamente* unido (*sunkrateí*). Posiblemente, Anaxímenes no realice una verdadera oposición a Anaximandro, sino que, al contrario, ofrece una nueva disposición que otorga soberanamente un intento de armonía. Una armonía que, a su vez, nunca dejará de ser acosada por la indeterminación que oculta.

---

10   El fragmento de Aecio, I, 3, 4 puede ser consultado en Diels, 1906: 95. Original: "*oîon he psuché, phesín, he hemetéra aèr oûsa sunkrateî hemâs, kai hólon tòn kósmon pneûma kaì aèr periékhei.*"

11   Diels, 1906: 95. Original: "*tò gàr sustellómenon autês kaì puknoúmenon psukhròn eînai phesi, tò d' araiòn kaì tô khalaròn (oúto pos onomásas kaì tôi rémati) thermón.*"

Pneûma: el principio estático de los filósofos, el principio dinámico de los médicos

En la Edad Antigua fueron los pensadores estoicos quienes teorizaron sobre el espíritu (*pneûma*) con más sistematicidad y profundidad. Sus concepciones generalmente le conceden un protagonismo notorio a la generación y a la formación de la vida en relación con la búsqueda ética de lo correcto y de la disposición ordenada del cosmos. Aunque resten escasos fragmentos de sus primeros pensadores, las fuentes más importantes convergen en el sentido de que esa escuela filosófica entendía el *pneûma* como un vehículo de la vida, indispensable para la formación de la materia y para los movimientos de los seres vivos. Según el compilador Diógenes Laercio, la física estoica se relaciona directamente con la psique humana, con el florecimiento de las plantas, con el instinto de los animales y con toda la materia del cosmos, ya que todos comparten una sola Naturaleza (*phúsis*) dotada de racionalidad (*lógos*): "Según la doctrina estoica, la naturaleza (*phúsin*) es un artificio de fuego (*pûr tekhnikón*), abriéndose camino para crear (*eís génesin*), es decir, un aliento ardiente y creativo (*pneûma puroeidès kaì tekhnoeidés*). El alma es la capacidad de sentir, y los estoicos la consideran un espíritu congénito para nosotros (*sumphuès emîn pneûma*)".[12] Así, se conoció a la moral estoica como un actuar racional que no sólo concierne a un reglamento del alma individual, sino a todas las entidades (*daímonos*) con el objetivo de conformar la ordenación, obtenida por la elección de las cosas según la naturaleza: "En eso consiste la excelencia del hombre dichoso y el curso suave de la vida, cuando todo se hace de acuerdo con la sin-fonía (*sumphonían*), o sea, un hablar-conjunto de cada entidad (*ekástoi daímonos*) hacia el designio ordenador del universo (*pròs tèn toû tôn hólon dioiketoû boúlesin*)".[13] Esa voluntad ordenadora estaría en el propio fundador de la escuela. "Diógenes define literalmente

---

12 Diógenes Laercio, *Vitae Philosophorum,* 7, 156. Para los originales en griego, fueron consultados: Diogenis Laertii. *Vitae Philosophorum*, t. 1. Oxonii: Clarendon, 1964.

13 Diógenes Laercio, *Vitae Philosophorum,* 7, 88.

que el fin supremo es 'el razonar bien al seleccionar las cosas acordes con la naturaleza (*tôn katà phúsin*)'".[14] Para los estoicos, hay una racionalidad (*lógos*) natural, pero los entes racionales, como los humanos, deben utilizar su racionalidad para seguir la naturaleza (*phúsis*). Si la lectura de Diógenes puede ser aceptada, entonces el espíritu se entiende, sobre todo, como música de entidades de existencia muy sutil, o, más literalmente, como una sinfonía demónica.

A veces, el elemento considerado como principio activo o fuerza vital no era el aire, sino el fuego, si bien el concepto seguía siendo el mismo. El fundador de la escuela, Zenón de Citio, consideró un tipo de fuego superior al común capaz de afectar por igual al alma (*psuché*) y al propio universo (*kósmos*), el cual estaría vivo y dotado de razón (*lógos*). Cleantes de Assos, el sucesor de Zenón, comienza a considerar el aire (*pneûma*) como vehículo del principio vital. En la lectura de Cicerón sobre su antecesor estoico, se demuestra una separación entre el fuego ordinario de combustión, de carácter destructivo, y otro fuego superior inherente a los propios seres vivos, más comparable a una especie de centro de racionalidad (*hegemónikon*), sea para los cuerpos de los animales, sea para todo el universo. Pero la lectura de Cicerón tampoco parece hacer ninguna distinción tajante sobre si ese elemento consistiría en fuego o *pneûma* y una indistinción permanece sobre la naturaleza de esa fuerza vital.

> [Cleantes] niega que hayan dudas sobre cuál entre esos dos fuegos sea semejante al sol, pues el sol también opera para que todas las cosas florezcan y se desarrollen cada cual conforme su género. Por lo tanto, como el fuego del sol es semejante a aquellos de los fuegos existentes en los cuerpos de los seres animados (*animantium*), también es aplicable al sol ser vivo. Eso también es aplicable a todos los otros astros originados por el calor celeste, que es llamado aire (*aether*) o cielo (*caelum*).[15]

---

14 Diógenes Laercio, *Vitae Philosophorum*, 7, 88.

15 Cicerón, *De natura deorum*, 2, 41. Original: "*Negat ergo esse dubium horum ignium sol utri similis sit, cum is quoque efficiat ut omnia floreant et in suo quaeque genere pubescant. Quare cum solis ignis similis eorum ignium sit qui sunt in corporibus animantium, solem quoque animantem esse opor-*

Los estoicos comprendían ese espíritu, que podría ser entendido como aire o como fuego, en cuanto cuerpo entre todos los otros cuerpos materiales, aun cuando era aquello que hacía posible la ética (*êthos*), la armonía (*sumphônían*) y la finalidad cósmica (*télos*) de los seres. Era una marca de la escuela estoica considerar solamente cuerpos, incluidos los afectos, saberes y valores, ya que no postulaban, como en la academia platónica, una separación entre un mundo físico y otro inteligible. No obstante, el concepto estoico de *pneûma* es un ejemplo de cuerpo físico que mantiene un carácter metafísico y profundamente especulativo, pues es lo que hace posible conectar el logos o la racionalidad natural a cada una de las entidades vivas (o no), otorgando las formas y prescribiendo las actitudes supuestamente correctas a los seres distintos.

Para los estoicos, los cuerpos vivos, las almas y la humanidad deberían conformarse con la Naturaleza, que es una especie de afirmación de un principio cósmico, en otras palabras, un nuevo nombre de Urano. Pero esa Naturaleza es un orden por necesidad, pues, generalmente, se traduce en una búsqueda o técnica para el vivir, por ejemplo, por la filosofía. Incluso cuando la Fortuna golpeaba a los hombres, que eran seres racionales y que no seguían las leyes naturales por necesidad, sino racionalmente, aprendían con las dificultades: "¿Qué hay de maravilloso si dios prueba a los espíritus generosos? Jamás la virtud se enseña sin dureza. La fortuna nos golpea y hiere: soportemos".[16] Sin embargo, la racionalidad necesaria para que la virtud soporte la Fortuna no se basa en una voluntad indeterminada, sino que es semejante a la armonía constante de la naturaleza. ¿Cómo operar, entonces, ese puente, entre la racionalidad cívica y aquella de lo cósmico? En ese sentido, el *pneûma* es una concepción fundamental para

---

tet, et quidem reliqua astra quae oriantur in ardore caelesti qui aether vel caelum nominatur." Versión: Ciceronis, Marci Tullli. *De Natura Deorum*. Berlín: Walter de Gruyter – Teubner, 2008: 64.

16 Séneca. *De Providentia*, IV, 10, 12. Original: "*Quid mirum, si dure generosos spiritus deus temptat? numquam virtutis molle documentum est. Verberat nos et lacerat fortuna: patiamur.*" Versión utilizada: Senecae, Lucii Annei. *Dialogorum libri duodecim*. Oxonii: Typographeo Clarendoniano, 2008: 11.

esos pensadores, puesto que es un elemento intermedio, una figuración de la relación entre hombre, vida y cosmos. Y la tarea para conocer no solo los entes, sino también las relaciones entre los entes fue lo que les permitió establecer una teoría rigurosa de la significación.

El conocimiento de las medialidades les permitió a los estoicos elaborar la primera teoría consistente del signo. Establecieron la tripartición entre el significante (*semaínon*), en términos del sonido mismo, el referente (*semainómenon*), es decir, el objeto mismo, y, finalmente, el significado (*lékton*). Este último es una entidad inmaterial que hace la mediación entre un sonido y un objeto. Sobre el tema, Sextus Empiricus entendía que, por más que todos los hombres puedan entender el significante y conocer a los objetos, los bárbaros no podrían comprender el significado de una lengua sin conocerla.[17] No se trata de una noción subjetiva ni idealista, es decir, ni una imagen mental, como en Saussure, ni una idea exterior a los cuerpos, en el sentido platónico, sino de una noción realmente de conexión lingüística entre un objeto y un sonido, de modo que Todorov concluyó sobre el tema que: "el *lékton* es lo que permite que los sonidos se refieran a las cosas".[18]

Si *lékton* es el mediador entre un nombre propio y un objeto particular, esto implica que la mediación no es el principio de comunicación, sino el principio de metáfora. Además de la observación de las recurrencias en las atracciones entre los seres vivos entre sí en el mundo, también fue capaz de observar una cierta recurrencia erótica en las palabras, destacando cómo no es algo unitario, sino algo que depende de varios factores entrelazados. Aunque los estoicos no resuelvan muy bien cómo puede tener sentido la incorporalidad del lenguaje, destacan muy bien sus mediaciones, ya sea en el carácter entre la ciudad y el interior

---

17   "el significante es el sonido, por ejemplo 'Dión'; el significado es la cosa misma que es revelada y que aprehendemos como algo que subsiste como dependiente de nuestro pensamiento, pero que los bárbaros no comprenden, aunque sean capaces de oír la palabra pronunciada; mientras que el objeto es lo que existe en el exterior: por ejemplo, Dión en persona". Todorov, 1993: 19-20.

18   Todorov, 1993: 21.

del Pórtico o en la relación entre palabras y cosas al pensar en símbolos, ya sea en la definición de *pneûma* para la comprensión de los ciclos de vida. Sus sucesores, sin embargo, no tendrán la misma sensibilidad y luego la relación más simple y arcaica entre la posibilidad de hablar y la vibración del aire pierde su preminencia.

Al contrario, algunos antecesores de los estoicos lo sabían mejor que ellos mismos, y los enlaces entre el *pneûma*, la política y el hablar humano eran mucho más visibles. Sin duda, Cleantes adoptó el término de las discusiones de la medicina[19], probablemente incluso más que de la filosofía de Anaxímenes. Un ejemplo de esta tradición es el texto *De los hálitos* (*Perì Phûsôn*) del corpus de Hipócrates, el cual afirma que todas las enfermedades tienen un mismo origen: el espíritu (*pneûma*). Este espíritu en movimiento, siendo viento (*aér*) en la naturaleza y aliento (*phûsa*) en los animales, provoca todo, desde el cambio entre invierno y verano hasta la alegría o tristeza en los hombres, porque todo lo que existe está lleno de ello. Él es el elemento mediador de todo por excelencia. Tan grande es su necesidad que ningún ser vivo puede quedarse sin respirar por más de algunos minutos. "Además, todas las actividades del hombre son intermitentes, ya que la vida está llena de cambios; pero la respiración es continua para todas las criaturas mortales, que alternativamente exhalan e inhalan".[20] Con esa medialidad del *pneûma*, sea en el puro viento (*aér*) sea como el aliento de los vivos (*phûsa*), la vida fue posible de ser pensada junto al alma y al cosmos en filosofías monistas, especialmente en la medicina hipocrática y en sus sucesores, como los estoicos y, en menor medida, Aristóteles.

Pero, ¿por qué es exactamente el aire el comienzo de la vida, si ni la medicina hipocrática ni mucho menos los estoicos conocían

---

19   Consultar: Verbeke, 1945: 2. Original: *"ce terme était connu bien avant Zénon de Cittium par les médecins de l'école sicilienne et par Diocles de Caryste, qui s'em servaient pour designer le soufle vital de l'homme, constitué par les effluves du sang."*

20   Hipócrates. *Perì Phusôn*, 4, 11-15. Texto: Hipócrates. *Hippocrates: with an English translation by W. H. S. Jones*, v. 2. Cambridge (MA): Harvard University Press, 1950: 232.

la respiración celular? ¿No sería el fuego un mejor candidato? De hecho, la respiración celular en sí, cabe recordar, es sobre todo una reacción de combustión y no de ósmosis, por lo que el fuego sería un gran candidato para sostener la vida, como de hecho aparecía a menudo. La prevalencia del *pneûma* puede deberse a la fenomenal manifestación del aire, ya que es una sustancia informe sin volumen definido. No tiene color ni brillo, no la vemos, pero sabemos que nos rodea desde fuera, al mismo tiempo que también existe dentro de nosotros. Su carácter gaseoso que se asemeja a un vacío, según Lloyd, hizo del *pneûma* el intermediario más extendido para establecer la conexión entre cuerpo y mente o el que transporta alimentos y vapores por las venas.[21]

El *pneûma* no es exactamente una cura o un ideal de vida, sino un estado dinámico que puede verse afectado por alguna inequidad, siendo la enfermedad el resultado de algún desequilibrio entre los elementos agua, fuego, tierra o aire. Así, el conocimiento sobre el principio de vida, que sería canónico durante milenios, implica aliviar el descontrol espiritual en el ser humano de la misma manera que con las tormentas, con las plagas en la agricultura o como se ve en el movimiento de los astros. ¿Cómo, entonces, se curarían las enfermedades con la medicina de Hipócrates con un principio hermético? "Beber cura la sed. Y la saciedad se cura con el agotamiento, el agotamiento con la saciedad y la fatiga con el descanso. En resumen, los opuestos son la cura para sus opuestos".[22] Por lo tanto, cuando el texto del pseudo-Hipócrates afirma que la medicina es un complemento de los opuestos, la reinventa como una nueva modalidad de la frase de Anaximandro (*táxis*): esta vez los desequilibrios del destino se tratan según una prescripción de medicamentos o incluso según un diagnóstico médico a través del cual se busca moderar una cierta tensión desequilibrada complementando un elemento opuesto.

En la línea de la medicina de Hipócrates, Galeno sostiene una posición ligeramente diferente, según la cual no debe haber ningún elemento superior a los demás, sino una interacción constante

---

21   Lloyd, 2007: S135-S146.
22   Hipócrates, *Perì phusôn* I, 30-35. In: Hipocrates, 1950: 228.

entre todos ellos. En este sentido, ni el *pneûma*, ni el agua, ni el fuego o tampoco la tierra podrían darse como principio general de la naturaleza. "Deja que el calor considerable en el cuerpo del animal te recuerde al fuego; y deja que la naturaleza del *pneûma* (*pneúmatos phúsis*), sin la cual el animal no puede existir, te recuerde principalmente al aire, pero también al fuego junto con él".[23] Si bien el *pneûma* es ciertamente uno de los elementos que forman al hombre, es decir, un mediador entre el hombre y su cosmos, sería uno más entre otros de igual importancia.

Conforme la comprensión de Galeno, que considera un orden *dinámico* entre los cuatro elementos, los filósofos confunden la existencia de una sola materia con elementos y, desde los milesios, como Tales, Anaximandro o Anaxímenes, esta confusión sería recurrente. El autor menciona que es absurdo afirmar que todo es agua y, luego, que el agua se convierte en vapor al calentarse. Si bien Platón por lo menos intentaría demostrar las transmutaciones de los elementos en el *Timeo*, Galeno dice que

> (...) Tales, Anaxímenes y Heráclito, cada uno proponiendo un [elemento] diferente, intentan demostrar la transmutación de un elemento en otro. Me parece que todos ellos ensueñan con una materia común que subyace igualmente a todos los elementos; por consiguiente, por verla como única, suponen que el elemento es también uno.[24]

En el pensamiento tetraédrico de Galeno, los seres vivos y los seres humanos no son seres unificados, sino heterogéneos. Esto se debe a que son el resultado de una pluralidad de elementos y, si así no sucediera, la medicina misma se volvería imposible, ya que la experiencia atestigua que los cuerpos están en constante transformación, ya sea porque cambian dentro de una vida, o porque nacen y luego mueren. Los seres vivos estarían compuestos por más de una sustancia y, además, habría un encuentro de estos elementos en ellos y sus continuas alternancias serían la

---

23 Texto utilizado: Galenus. Galeni de elementi ex Hippocrate liber primus. In: Id. *Galeni Opera Omnia,* v. 1. Edición de Carolus Gottlob Kühn. Leipzig: Carolus Cnoblochii, 1821: 454.

24 Galenus, 1821: 444.

 El Espíritu y la letra. Políticas del sentido

causa de dolores y enfermedades. Así, conocer esa sucesión entre fuego, agua, aire y tierra sería fundamental para entender la causa de alguna molestia, para intervenir en ella y restablecer el equilibrio corporal, pero también serviría a la capacidad de hacer diagnóstico y curación preventiva. Finalmente, el nombre dado por Galeno a esa técnica para comprender lo que sucedió y predecir lo que podría suceder no fue otro que *semiótica*. Originalmente ese nombre no surgió para teorizar sobre la comunicación o la significación, sino para denominar la capacidad de leer los síntomas. "La semiótica se divide en tres partes, cognición sobre el pasado, inspección sobre el presente y providencia sobre el futuro".[25] Dentro de esa comprensión de la medicina antigua, el *pneûma* ciertamente no era la única llave para toda la comprensión de los cuerpos, del cosmos y de los síntomas, pero era un intermediario para entender las *relaciones* y, no menos, las *metamorfosis* de todos los seres.

Pneûma, lenguaje y retórica pública

Para los estoicos, en la época clásica de Occidente, la naturaleza está en la polis, algo que no debe ser rescatado ingenuamente, pero que necesita ser debatido en los tiempos. Además de recordar sus orígenes míticos y sus concepciones metafísicas, está claro cómo el *pneûma* dona una racionalidad necesaria a la naturaleza, pero no tan clara es esa racionalidad: en relaciones más dependientes esa racionalidad pasa a las virtudes humanas. No se comprende fácilmente cómo exactamente la fortuna adviene de la virtud. Por lo tanto, el logos pneumático y su orden atraviesan, en la Antigüedad tardía, los campos de la lingüística, de la física y de la semiótica, pero eso no se agota en lo teorético. La respuesta helénica a esa cuestión consiste en el equilibrio entre lo intelectual y lo político. La retórica y la lógica estoica y de sus sucesores fue, ante todo, el principal mediador para el cuidado

---

25 Original: "*Semeiotice in tres partes dirimitur, in praeteritorum cognitionem, in praesentium inspectionem et futurorum providentiam*". Pseudo-Galeno. Introductio seu Medicus. Cap. 8. In: Galenus. *Opera Omnia*, v. 14. Leipzig: Carolus Chnoblochii, 1827: 690.

de la propia vida, además de ser, como se verá, el principal instrumento para el ejercicio de la virtud pública y para acercar a la ciudadanía a la idea de naturaleza. En palabras más simples, la ética helenística, más que una filosofía de acceso a la verdad, se comprende mejor como un principio de actitudes y saberes que podrían llamarse espiritualidad, un proceso de verdad que solamente es factible para subjetividades cívica y libremente actuantes.

Los estoicos son recordados como los primeros sistematizadores de la semiótica, de la semántica o de la hermenéutica, sobre todo por la separación entre significante, significado y referente, aunque sus ideas aún pueden retomarse más allá de este modesto lugar dentro del canon occidental. En este sentido, Tzvetan Todorov ya aportó importantes fundamentos, especialmente cuando afirmó la importancia de la concepción estoica del lenguaje. Más allá de la idea platónica o del símbolo de Aristóteles (relacionando los sonidos, los estados del alma y las cosas), el *lékton* no es un estado del alma igual para todos, "es más bien aquello sobre lo cual obra el pensamiento".[26] Sin embargo, a pesar de la pertinencia de los análisis de Todorov, toda la teoría de la significación estoica también consistió en una técnica para el ejercicio de la virtud en público, que, a su vez, debería ser eminentemente una acción de aproximación a la racionalidad natural. Según el análisis de Anthony Long, el logos de los estoicos está incorporado al universo, pues buscaban unificar la naturaleza como un todo (*phúsis*) y la racionalidad (*lógos*) con la filosofía,[27] por lo que es insuficiente leer las investigaciones en profundidad de Todorov para construir un nuevo formalismo. Por tanto, la lógica estoica, incluso según los relatos de Sextus Empiricus y de Diógenes Laercio, las chispas de conocimiento que actualmente se denominan gramática, estilística, interpretación, semiótica y lógica, dependen directamente de la subjetividad inherente a los actos de habla y más aun, de la conducta pública y de la vertiente política implicada en el arte de hablar, que es la principal manera de acercar la política humana a lo natural. En síntesis, conforme

____

26 Todorov, 1993: 21.

27 Long, 2001.

Aristóteles, que tipifica la vida, el lenguaje se explica en parte por una esencia, en cuanto, según los estoicos, para los cuales el lenguaje es *medium,* parte integrante de la vida, lo hace por su práctica.

Anteriormente, Aristóteles entendió el signo en una relación triádica (sonidos, impresiones en el alma y cosas) establecida por convención y, por supuesto, por una separación entre lenguaje y ser (aunque, en su pensamiento, existiría todavía una relación entre el signo y una esencia). En *Sobre la Interpretación,* las palabras serían convencionales, pero subsistiría una relación *necesaria* entre las impresiones en el alma y en las cosas. "Ni la escritura es igual para todos, ni los sonidos pronunciados iguales, aunque sean los afectos del alma (*pathémata tês psuchês*) —de los cuales estos son los primeros signos— idénticos para todos, y los objetos de estas condiciones son las imágenes".[28] En definitiva, Aristóteles se preocupa por asegurarle una referencia al lenguaje, la cual garantizaría el significado. Esto se percibe en la afirmación de que incluso las voces de las bestias, que evocan sonidos inconexos, tienen algún significado. En cuanto a la convencionalidad en sí, el filósofo aclara que "la expresión 'según convención' (*katá sunthêkên*) significa que nada por naturaleza pertenece a los nombres, sino que pasa a pertenecer cuando se convierte en símbolo, ya que incluso los sonidos inarticulados, como aquellos de las bestias, revelan algún significado, aunque ninguno de ellos es un nombre".[29] De hecho, esta relación, la voz común a hombres y animales y la naturaleza política y necesaria del discurso humano, es fundamental para sustentar muchos avances recientes en la teoría política, aunque también lo sea para sustentar la problemática —todavía clásica— separación entre hombre y animal.[30] Para los estoicos, al contrario, el lenguaje no depende de una verdad externa, sino simplemente de su utilización, es decir, estrictamente de la relación convencional entre

---

28 Aristóteles, *De Interpretatione,* 16a. Original griego en: Aristóteles. *Categoriae et liber De interpretatione.* Oxford: Typographeo Clarendoniano, 1961.

29 Aristóteles, *De Interpretatione,* 16a.

30 Consultar: Aristóteles, 1961.

el significante y el significado, algo que Saussure recuperaría casi dos milenios después. En este aspecto, el convencionalismo radical de los estoicos puede estar directamente relacionado con la relevancia de la retórica dentro de la política y de la ética del helenismo y de la Roma imperial, sin duda uno de los contextos más heterogéneos de la historia humana.

Al no separar el saber y la vida en su dimensión íntima o pública, lo que también era común en otros ámbitos, como en el de los cínicos o en el epicureísmo, la doctrina estoica era una ética interpersonal mucho más cercana a saberes como el psicoanálisis, la psicología analítica o incluso al yoga de la humanidad urbana de hoy que a los conocimientos académicos actuales. La designación de estoicismo en sí proviene de pórtico (*stoá*), es decir, de pensadores que se reunieron en el entorno de la antigua *pólis* y que discutieron públicamente no solo sobre el funcionamiento del universo, sino también sobre la sabiduría del público y sobre el ejercicio concreto de la virtud, aunque basado en el orden natural. A diferencia de la visión aristotélica, el lenguaje y, especialmente, los signos eran algo completamente convencional para los estoicos, algo que intensifica la política como una parte importante para el ejercicio del lenguaje y de lo racional entre los hombres. Así como el pórtico es un lugar intermedio de aprendizaje entre el hogar y la ciudad, el lenguaje en sí no era una escalera hacia las ideas, ni un grado de especialización de la vida, sino un medio entre la naturaleza (como principio cosmológico) y una buena vida.

Los últimos cursos de Michel Foucault son muy conocidos por repensar el vínculo entre la subjetividad y el pensamiento ético a partir de una relectura de algunas escuelas helenísticas como el epicureísmo, el estoicismo y el cinismo, pues todas ellas afirmaron con cierta frecuencia la posibilidad de una verdad encontrada mediante un proceso indiscernible entre la vida y la subjetividad. Así, "la verdad no le es concedida al sujeto de pleno derecho, sino que por el contrario el sujeto debe, para acceder a la verdad, transformarse a sí mismo en algo distinto".[31] Esta verdad, que sólo se obtuvo en el curso de la vida pública misma,

---

31   Foucault, 1987: 38.

también fue llamada por Foucault simplemente como espiritualidad. Espiritualidad que rearticuló en el pórtico de los estoicos, en el exilio de los epicúreos o en las calles de los cínicos, una nueva era de un principio erótico que genera vida y de un principio uránico armonizador-castrador. "Esta transformación se realiza a través del impulso del eros, del amor —movimiento a través del cual el sujeto se ve desgajado de su Hermenéutica de sujeto estatuto–, y por medio del trabajo que el sujeto realiza sobre sí mismo para convertirse al fin en un sujeto capaz de lograr la verdad mediante un movimiento de ascesis".[32] Este movimiento de erotismo y riesgo del sujeto en la construcción de la verdad, por tanto, no fue solo la recepción de una cosmología en el vivir social o en la dirección de los afectos, como suele entenderse el estoicismo, sino una especie de arte (*tékhne, ars*) de vivir, con aspectos políticos, lingüísticos y gnoseológicos muy destacados.

En ninguna rama de las escuelas clásicas esta espiritualidad del arte de vivir ha sido más explícita que en la retórica. En este paralelo entre naturaleza y elocuencia, la capacidad de comprender (*vim percipiendi*) no dejaría de ser simultáneamente una capacidad del espíritu por parte de la humanidad. Para Quintiliano, eso no implica que el espíritu (*spiritus*) actuaría por igual o por necesidad en todos, esto es, no consistiría en una esencia, sino en una técnica que garantizaría la capacidad lógica para la mayoría de los niños (con excepción de algunos prodigios): "así como volar es para los pájaros, correr para los caballos y las bestias nacen para el salvajismo, así son la inquietud y la habilidad de la mente: por eso creemos en el origen divino del espíritu. Pero los obtusos y los incapaces de aprender no aparecen según la naturaleza del hombre más que los cuerpos prodigiosos y las distintas naturalezas de los monstruos; aunque estos han sido muy pocos".[33] Este no es un concepto exhaustivo, como una disuasión para enseñar a los incapacitados, sino, por el contrario, un estímulo para construir a cada uno en su potencial: "No habrá

---

32 Foucault, 1987: 39.
33 Quintiliano I, 1-2. Quintiliano. *Instituição Oratória*, v. 1. Edición en latín y portugués. Traducción de Bruno Fregni Basseto. Campinas: Editora da Unicamp, 2015: 35.

quien en el estudio no ha logrado nada".[34] Así, más precisamente, el estudio de la retórica consiste en una técnica capaz de edificar la vida humana según sus aptitudes hacia la ética y una virtud digna de la naturaleza. El espíritu, por lo tanto, no es sólo un concepto que subyace en las cosmologías antiguas y modernas, sino también en el ejercicio de la actividad política y de la pedagogía, siendo además un arcano indiscernible del humanismo en sus versiones latina y renacentista.

Generar, nutrir y formar una vida era también capacitarla espiritualmente para el ejercicio público de la palabra, como en el estudio de la retórica, los lenguajes, la oratoria y la lógica. Sin embargo, en la misma Antigüedad, hay una primera oposición explícita a la espiritualidad vital y a la intimidad de la letra, aunque no sea muy recordada: se trata más concretamente de una interiorización de la actividad pública y una venganza por la dedicación a las cartas y epístolas. Séneca plantea esta posibilidad como una capitulación activa, en la imposibilidad de que el hombre público ejerza su virtud en la política. Él, que fue maestro de Nerón, también fue el arquetipo del intelectual público en épocas tiránicas y su vida estuvo en peligro constante, pero no procuró simplemente una muerte serena cuando estuvo exiliado o alejado del fórum antiguo. Así como Ovidio, dedicó su exilio a las letras y a la escritura, ya que el ciudadano bajo el ámbito del estoicismo podría estar de acuerdo con una excepción al civismo mediante las letras y el ocio cuando estuviera en peligro, permitiendo una mezcla de dedicación y venganza (que son dos significados del significante *vindicare*). "Véngate / dedícate con la letra" (*Ut plus otio ac litteris uindices*).[35] Cuando es imposible hablar, o, mejor dicho, cuando es peligroso hablar en público, la salida es solamente escribir o leer en privado o, por lo menos, en el intercambio de epístolas. ¿Sería posible la palabra sin el ágora, el fórum o el pórtico? Esa es la tarea de un arte sin nombre que, milenios después, adquiriría el nombre de literatura.

---

34 Quintiliano I, 3.

35 Séneca, *De Tranquilitate Animi*, 5, 5, 5. Versión: Senecae, Lucius Anneus. *Dialogorum libri duodecim*. Oxonii: Typographeo Clarendoniano, 2008: 219.

Sobre esa venganza por las letras de Séneca, Paul Veyne demuestra que no era tanto que el estoicismo de Séneca predicara un virtuosismo intransigente sin ningún tipo de cálculo ante la posibilidad de la muerte, sino que la justificación de este tipo de retractación puede entenderse no como temeridad o mera adulación, y sí como que el hombre podría ser prudente, bajo peligro. Nuevamente, bajo cierto eufemismo, no sería un afecto de miedo: "Se llamará prudencia o 'precaución' a la subdivisión de la virtud que enseña a prever los obstáculos y a evitarlos; evidentemente difiere del temor, ya que los afectos no son sino inútiles fenómenos parásitos".[36] Concomitantemente con la escritura de Pablo y dos milenios antes de Roland Barthes, la cultura helenística de Séneca, profundamente relacionada con el uso cívico de la palabra, apostó por un poder discreto de la escritura a través de la redacción de tratados o del intercambio epistolar como resistencia "neutra" al espíritu de la vida pública. Eso indica que el espíritu y la letra se oponen incluso antes de la diseminación del cristianismo, donde la vida para la letra surge como una especie de actividad de guardia ante la imposibilidad de la vida pública.

No solo Gaya ni solo Urano ni solo Caos ni solo Eros. La vida política se entrelazaba en un confuso juego entre erotismo y cosmología o incluso entre la espiritualidad de la búsqueda de la verdad en un ejercicio cívico del lenguaje y la interioridad de una desviación de la escritura. Todos los intentos de enfocar aspectos vitales en un dios o en algún principio (in)determinado en la cultura helenística están condenados al fracaso. Como Eros resurge con el corte del falo del antepasado, la vida no continuó en un solo principio, como Urano, *pneûma* o *spiritus*. Por tanto, el protagonismo del espíritu en un intento por comprender el fluir y el sentido de la vida no puede ser la afirmación positiva de un concepto demasiado universalizador, sino una apertura de metáforas y de interrogantes, muchos de los cuales nunca se han pensado, aunque otros han provocado distintas metamorfosis, como se verá en los siguientes puntos de este ensayo. ¿O no?

---

36 Veyne, 1995: 175.

Una uranología no puede ser ignorada en la comprensión de la posterior pneumatología o en una futura espiritualidad. A la uranología, por supuesto, no le importa aprehender el significado cosmológico de la vida, como haría la astrología, ni comprender el aire, la atmósfera, el espíritu o la atracción entre los seres vivos sin ninguna conexión con lo cosmológico o con lo que queda de él, tal cual pasaría con la astronomía. Posiblemente, el estudio de los cielos deba comprender todas estas cuestiones a partir de los elementos mediadores, como el elemento aire, entre otros estados de ánimo o, principalmente, la palabra. Los antiguos no afirmaron una categoría definitiva en el pensamiento estoico o en la medicina —algo que en el pensamiento platónico y en el platonismo, además de en los propios estoicos, posiblemente se vinculó más al concepto de *daimon*, el intermediador más notable— sino que pensaron desde los medios, entre los cuales el principal parece haber sido en un momento el aire y, más tarde, una espiritualidad cívica. Así, cuando Gaya vuelve a la escena de las humanidades para establecer un corte epistemológico que intenta cuestionar la supervivencia del humano, repensar Urano y su muerte (que también especula sobre la caída del humanismo) consiste en problematizar las relaciones entre la subjetividad que busca la verdad y el ambiente que envuelve la vida, entre el aire que hace posible el canto y el fantasma del cosmos, todos como legítimos problemas de la política de antes y de hoy.

Filón de Babel: alegoría, tipología y cuerpo

El orden (intelectual) de la vida

Las *Alegorías sobre el Génesis,* de Filón de Alejandría, que tratan sobre la animalización de Adán, evidencian que la Torá no menciona la palabra espíritu (*pneûma*) para esto, sino aliento (*pnoèn*), y ese hecho no sería un mero detalle. Toda la vitalidad del espíritu sólo es posible por medio de un orden interior. Esto se debe a que no se referiría simplemente a la separación entre la fuerza vital pura y el intelecto fracturado del hombre, sino también a la formación de un cuerpo y a una jerarquía de órganos. Ese aliento es la parte del propio espíritu que hace individual a un cuerpo. Por lo tanto, el hombre habría recibido solamente una fracción del aliento de Dios, ya que, no siendo así, Moisés no hubiera utilizado la palabra aliento (*pnoèn*) en lugar de espíritu (*pneûma*) en Génesis 2:7.[37] Sin embargo, Filón no solo establece una división sino más bien una gradación de significado cuando el aliento que anima al hombre por el aire es diferenciado del espíritu del propio Dios, algo que indica una jerarquía interna en la propia vida:

Como el haz es la parte dominante (*hegemonikón*) del cuerpo (*sómatos*), también es la mente (*ho noûs*) la parte dominante del alma (*psuchês*). En ella, solamente Dios inspira, en cuanto Él no

---

37 Filón, *Alegorías sobre el Génesis*, 13: 39. Versión utilizada: Legum Allegoria. In: Filón. *Philo in ten volumes*, v. 1. Loeb Classical Library. Cambridge (MA): Harvard University Press, 1981: 140-473.

se siente digno de hacerlo en otras partes, como en los sentidos (*te aisthesesi*), los órganos del habla (*toi lógoi*) o los órganos sexuales (*to gonímo*).[38]

En la alegoría de Filón, el aliento de Dios habría servido para formar una unidad corporal, desde la cual se podrían definir las relaciones entre las cosas, como pasaba también en la simpatía (*sumpátheia*) estoica, pero eso además postula una jerarquía de los órganos en un argumento claramente intelectualista. Así, como Dios sopló en la cabeza del hombre desde el barro, esa parte es la que determina al resto del cuerpo, incluidas las otras partes en las que no sopló y que, por lo tanto, son inferiores, como los órganos de los sentidos, el habla y los sexos. Curiosamente, el espíritu residiría más en el alma del hombre que en los órganos para la procreación de la vida, algo que es marcado por un fuerte intelectualismo en tal configuración. Al mencionar una parte hegemónica del cuerpo, como el estoico Cleantes lo comprendía, Filón innova al considerar esa parte expresamente como el intelecto (*noûs*), algo, a su vez, distinto al pensamiento estoico clásico, que consideraba todo en términos corporales, por más que hubiera una hegemonía entre sus diversos órganos. En ese sentido, Filón no solamente esboza la figura de una jerarquía de los cuerpos humanos, sino también de una jerarquía espiritual de los cuerpos y órganos colectivos. Por lo tanto, más que una ilustración de las tesis estoicas o platónicas, más que una devaluación de la Sagrada Escritura en detrimento de la especulación filosófica, la alegoría filoniana es una máquina para establecer figuraciones y, mucho más que eso, para establecer relaciones entre palabras e imágenes, bajo una estructura jerárquica de pensamiento.

Al establecer una genealogía ascendente, Filón entiende que la fuente de esta inteligencia y dignidad humanas se remontaría a Adán, el primer hombre en habitar y seguir plenamente la ley cósmica del mundo, privilegio que permitió crearle un neologismo: cosmopolita (*kosmopolítes*). Ese cosmopolitismo no es sino una transformación de la *sumpátheia* de Posidonio de Rodas en una ley universal capaz de formar un cuerpo social, bajo un nombre

---

38 Filón, *Alegorías sobre el Génesis*, 13:39.

   El Espíritu y la letra. Políticas del sentido

nuevo y definitivo. "Si llamamos a ese antepasado original de nuestra raza no solamente como el primer hombre, sino también como el único ciudadano del mundo (*kosmopolíten*), estaremos hablando con perfecta verdad. Porque el mundo era su ciudad y su morada".[39] Este primer hombre habitaría un mundo espiritualmente rico y acorde con criaturas superiores, como los ángeles o las estrellas. Lejos de esta inteligencia, el hombre se acercó a la arcilla de la que estaba hecho. Para ser libre, debe habitar el cosmos, para ser cosmopolita, debe seguir las leyes de la tierra, dadas por Dios en las Escrituras. "Al abrazar la creación del mundo, bajo la idea de que la ley corresponde al mundo y el mundo a la ley (*toû kósmou tôi nómoi kaì toû nómou tôi kósmoi synáidontos*), y que un hombre obediente a la ley, al hacerlo, siendo un ciudadano del mundo (*kosmopolítou*), ordena sus acciones haciendo referencia a la intención de la naturaleza (*boúlema tês phúseos*), en armonía con la cual todo el mundo universal está reglado (*dioikeîtai*)".[40] Por lo tanto, el principio vital en Filón adquiere un predicado simultáneamente intelectual y político, relacionando la naturaleza a la ley. Sin embargo, no basta entenderlo como un tratadista de las esencias, sino que su pensamiento realiza una lectura hermenéutica (a veces, incluso hermética) de las Escrituras, sobre todo por contextualizar la alegoría y por afirmar un sentido tipológico a la historia.

De la alegoría a la difusión de la historicidad tipológica

La alegoría es el principal recurso retórico, semiótico —e inclusive poético— para llegar a estas conclusiones, como en la separación entre lo sensible y lo inteligible o en la concepción de lo cosmopolita antes y después de la caída del hombre. Por tanto, Filón no fue un inventor pleno de la alegoría, ya que era una figura retórica suficientemente conocida en la antigüedad. Sin embargo, mientras en la poesía o en los discursos políticos la ale-

---

39 Filón, *Sobre la Creación*, 49-142. Versión utilizada: De Opificio Mundi. In: Philo. *Philo in ten volumes*, v. 1. Loeb Classical Library. Cambridge (MA): Harvard University Press, 1981: 140-473.

40 Filón, *Sobre la Creación* 1: 3.

goría era, sobre todo, un instrumento retórico para trabajar con el lenguaje mismo, desde la obra de Filón, la alegoría adquiere una configuración completamente nueva, convirtiéndose en un procedimiento más tipológico que hermenéutico. Además, como las alegorías utilizan las censuras, los entredichos y hasta lo indecible, son siempre el resultado de luchas simbólicas por parte de diferentes poderes políticos y, por supuesto, ellas tienen una posición política muy evidente, aunque opten por gestos conciliatorios en un contexto helenístico profundamente plural. En este sentido, su estrategia marca la conjunción imperial e imperfecta de pueblos e ideas, además de resolver acercar la filosofía griega a las enseñanzas hebreas, buscando superar antagonismos en un plan simbólico evasivo, por más que nunca llegue a consumarlo completamente. No obstante, la alegoría nunca corresponde a la tipología y, por ello, esos antagonismos y desencuentros motivan el deseo de evasión, más allá del orden mundial, de la materialidad de la escritura y de la psique del intérprete.

En sus lecturas sobre el Génesis, Filón de Alejandría establece una lectura alegórica para investigar la oposición entre el árbol que da la vida (*xúlon tes zoês*)[41] y el árbol prohibido, que da el conocimiento del bien y del mal (*to xúlon tou eidénai gnostón kaloû kaì poneroû*)[42].

> *'Apò pantòs xúlou toû en tôi paradeísoi Brósei phágei: apò dè toû xúlou toû ginóskein kalòn kaì ponerón, ou phágesthe ap' autoû: hêi d' àn hemérai phágeste ap' autoû, thanátoi apothaneîsthe.*

> Puedes comer de todos los árboles del huerto; pero del árbol del conocimiento de la ciencia del bien y del mal no comerás, pues, el día que de él comieres, morirás. (Gn. 2:16-17, *Septuaginta*)[43]

Profundamente impactado por el idealismo del platonismo, Filón eleva el conflicto de las imágenes de la vida y de la muerte en las Escrituras a otro plano de comprensión, afirmando que las

---

41   Gn. 2:9.

42   *Idem*.

43   Obra consultada para la versión griega en este capítulo: *Septuaginta*. Texto de Alfred Rahlfs y segunda edición de Robert Hanhart. Stuttgart: Deutsche Bibelgesellschaft, 2006.

palabras de la Torá no deben leerse literalmente, ya que conservarían un significado subyacente. En ese caso, el conocimiento de Dios se justifica por no ser peligroso ni erróneo, ya que solo el conocimiento humano podría causar insuficiencias, como el árbol del conocimiento del Génesis.

La obra de Filón, además, atestigua el pasaje de un *ruah* femenino a un *pneûma* neutro, pero eso sólo pasa en un contexto de fuerte polarización sexual. Dentro de sus lecturas alegóricas sobre el Génesis, más exactamente sobre el pasaje de Génesis 2: 1, en el cual se dice que "la tierra estaba desordenada y vacía, y las tinieblas estaban sobre la faz del abismo y el espíritu de Dios (*pneûma theoû*) planeaba sobre las aguas (*epephéreto epáno toû húdatos*)",[44] la lectura de Filón plantea una hendidura entre la palabra viva de la Ley y de las escrituras ante el conocimiento que se puede tener sobre ellas. La alegoría, ese significado indirecto u obtuso –para no decir mortal– de las palabras, consiste en su concepto más reconocido. Por él, la descripción de la tierra connota algo distinto, convirtiéndose en una alegoría del mundo de los sentidos, mientras que la luz creada por Dios sería considerada otra manera de nombrar su intelecto. "Hablando simbólicamente (*Sumbolikós*), llama al intelecto (*noûn*) cielo (*ouranón*), pues están en el cielo las naturalezas que sólo pueden ser comprendidas bajo el intelecto. Y llama a la tierra (*gên*) sensación (*aísthesin*), porque es sensación aquello que ha obtenido una constitución corporal y, aproximadamente, terrena".[45] El autor continúa su lectura para conceder al polo vital una correspondencia femenina y al polo intelectual una correspondencia masculina. "A uno llamó 'espíritu' (*pneûma*) de Dios, porque, el espíritu es lo más vivificante, y Dios es el autor de nuestra vida y, por otro lado, dice que la luz (*phôs*) es lo más sorprendentemente bello".[46]

---

44   Gn. 1:2.

45   Interpretaciones alegóricas sobre el Gn. 1:1, Filón, 1981: 147. Traducción nuestra al castellano. Original: "*Sumbolikós mèn gàr tòn noûn ouranón, epeidè aí noetaì phúseis en ouranôi, tèn dè aísthesin kaleî gên, óti sústasin somatoeidê kaì geodestéran élakhen aísthesis*".

46   Filón, *Sobre la Creación*, 8, 30, traducción nuestra al castellano. Filón. *Philo in ten volumes*, v. 1. Cambridge (MA): Harvard University Press, 1981.

El espíritu, por tanto, mantiene su connotación como principio de vida e, incluso, como intelecto, aunque empiece a escribirse con una palabra de género neutro (*pneûma*), mientras que, en hebreo, la palabra *ruah* aparece en una construcción sintáctico-morfológica femenina en el segundo verso de la Biblia, como se ha mencionado en la primera jornada. Así, más que repaginar a Platón, Filón utiliza la alegoría para establecer sucesivas figuraciones sobre lo que pasa a ser cuerpo o, en menor medida, lo que pasa a ser intelecto. Por más que sean platónicas, por más que se trate de una neutralidad, por más que se insista en entenderlas como eclecticismo, las oposiciones conceptuales filonianas son simple y elegantemente eróticas.

Las aproximaciones imperfectas entre las letras y las vidas griegas y hebreas no realizan simplemente una mezcla inédita entre dos modos retóricos en el mundo helenístico: realizan una improbable aproximación erótica entre alegoría y tipología, que es mucho más problemática de lo que se suele comprender. En primer lugar, la palabra alegoría proviene de *állos* (otro) y *agoûrein* (declarar), algo que, en sentido amplio indica simplemente la figura de lenguaje que habla de algo para decir otro dato, normalmente oculto. Puede poseer un significado evidente, acercándose a la analogía, o implicar una semejanza, convirtiéndose en metáfora, pero no se debe confundir con ninguna de ellas en definitiva ni tampoco con la ironía, que sería decir otra cosa, pero afirmando una idea contraria. La originalidad de los comentarios de Filón no consistió meramente en la separación platónica entre lo sensible y lo inteligible o en la búsqueda de una relación en el sentido propio de la escritura. La alegoría sobrepasa su función de tropos de lenguaje y aproxima el lenguaje figurativo helénico a una concepción histórica evolutiva hebrea. Por tanto, Filón no se limitó a establecer una nueva interpretación idealizante de la Torá, que ya era muy común, por ejemplo, entre los gnósticos, sino que difundió una nueva modalidad de verdad, en otras palabras, toda una manera tipológica hebrea de pensar en el mundo helenístico.

La Tipología (*typos+lógos*), además de la práctica de producir las letras, para la teología, no trata de descubrir similitudes (como metáforas) o modelos de comprensión o clasificación. Se trata eminentemente de una relación intertextual que corresponde a eventos en una historia lineal. Por supuesto, está estrechamente asociada con el pensamiento cristiano, por medio del cual recurrentemente una serie de eventos del Antiguo Testamento es entendida como un *tipo,* algún *antitipo* que se cumpliría en el Nuevo Testamento. Por ejemplo, la ofrenda de Isaac como sacrificio a Dios por Abraham, cuyo acto fue suspendido y el niño reemplazado por un cordero expiatorio,[47] sería el tipo del antitipo de la muerte de Cristo en los Evangelios. La tipología establece una relación de similitud entre dos textos distintos, aunque sean los hechos posteriores los que revelan a los anteriores y, además, estas similitudes suelen presentar una correspondencia con alguna temporalidad real. En el caso de la Biblia, es una forma de manifestar un tiempo lineal-escatológico, más propio de la tradición hebrea. Para Northop Frye, en una tentativa de entender las Escrituras en términos literarios, la tipología bíblica "supone que hay algún significado o final en la historia, y que, tarde o temprano, algo sucederá, algún evento o eventos que entonces mostrarán ese significado o, quizás, final y así se convertirá en un antitipo de lo que sucedió antes".[48] Sería apresurado, sin embargo, pensar que la tipología es exclusiva de la tradición cristiana, ya que igualmente se presenta en las propias escrituras hebreas, por lo que el cautiverio en Babilonia de los libros proféticos de Jeremías, Daniel y Ezequiel son antitipos del Éxodo del Pentateuco de Egipto, por ejemplo.

11. (Gn. 2:9) ¿Qué es 'el árbol del conocimiento de la ciencia (*gignôskein tén epistémen*) del bien y del mal'?

Esta expresión muy clara, que es elusiva en su sentido literal, se nos presenta como una alegoría. Porque, como sugiere, es la prudencia, y esta es la ciencia del conocer, por la cual las cosas buenas y bellas son distintas de las malas y feas; además, (en la ciencia del conocer) todas las cosas son contrarias a las otras, de las cuales una es de un orden superior y la otra de un orden inferior. Ahora

---

47   Gn. 22:12-13.
48   Frye, 2004: 110.

bien, la sabiduría que está en el mundo no es Dios, sino es la obra de Dios; ella ve la naturaleza y la estudia. Pero la sabiduría que está en el hombre ve con ojos obtusos, confundiendo una cosa con otra, pues es débil para ver y entender pura, clara y simplemente cada cosa sola. Consecuentemente con la sabiduría humana, un tipo de decepción está incluido, de la misma manera en que, para los ojos, ciertas tinieblas son generalmente un impedimento para percibir repentinamente la luz pura y sin mezcla. Pues lo que el ojo es para el cuerpo, la mente y el conocimiento son para el alma.[49]

En resumen, en el filosofar de Filón, la propia separación entre un conocimiento de Dios y un conocimiento humano implica la necesidad de buscar, por consiguiente, un conocimiento superior a partir de las palabras. Ahora bien, conocer divinamente sería también subrayar las alegorías mediante las cuales se puede buscar un orden superior. Es explícito, en la cita anterior, cómo Filón comenta el Génesis a partir de la clásica oposición platónica entre conocimiento puro e inteligible, frente al conocimiento obtuso a través del camino sensible. Sin embargo, más allá de la alegoría, establece principalmente una tipología histórica.

Aunque la exégesis de Filón de los dos árboles del Edén sea un esfuerzo alegórico, cuando el pensador relaciona los árboles de la vida con el espíritu de Dios y el árbol del conocimiento con el intelecto de Dios, transforma las propias tesis platónicas como antitipos del Antiguo Testamento, en una erótica verbal comparable solamente a aquella de los gnósticos. Y cuando lo hace, no solo une estos dos mundos en la escritura griega *koiné*, sino que ata definitivamente la figura retórica griega antigua de la alegoría y la vieja tipología escatológica de la cultura hebrea. Su trabajo hace posible el surgimiento de un plan de comprensión separado para el cuerpo de textos, además de atestiguar la complementariedad entre la filosofía y la exégesis bíblica de la cultura alejandrina. Finalmente, el dilema insoluble entre la filosofía griega y la enseñanza judía es el de los tipos de su más

---

49 Filón. *Philo Supplement 1: questions and answers on Genesis.* The Loeb Classical Library. Cambridge (MA): Harvard University Press, 1953: 7, traducción nuestra al castellano.

críptico antitipo neotestamentario: que el espíritu se opone a la letra. Así, en el mundo heterodoxo del que formaba parte, su obra no es un esfuerzo para el error o para descontextualizar ambas tradiciones, sino que se trata de un importante crisol cultural para reconfigurar las figuras de la alegoría y la tipología, cuya evidencia será el respectivo desarrollo de la alegoría como concepto central de la escolástica, tema de la quinta jornada de este ensayo, y la tipología como concepto clave para Joaquín de Fiore y el pensamiento moderno, tema de la sexta.

Babel: el orden como confusión

La obra de Filón no podría leerse meramente como degradación de la filosofía, como oportunismo hermenéutico, especialmente como eclecticismo helenístico,[50] porque tiene métodos muy claros y, además, planta el arcano occidental cuyo orden es, en realidad, la confusión. Si el espíritu era el principio de la vida y, por tanto, el hálito de Dios era aquello que animaba a un cuerpo humano, el aire que se mueve sobre Babel es aquello que hace, no sólo a un pueblo, sino a un cuerpo a la vez colectivo y heterogéneo, heterogeneidad que era fundamental para el contexto imperial alejandrino. En resumen, el aliento de Dios daba vida a un cuerpo humano y el espíritu vivificaba a un cuerpo colectivo, y simultáneamente los cuerpos humanos se entendían como miembros de un organismo. Por lo tanto, el pensamiento heterodoxo helenístico no solamente fusiona las tradiciones griegas y judaicas, subordinando sus sentidos a un orden imperial ecléctico y decadente, como se suele entender, sino que plantea nuevos sentidos a antiguas concepciones de diferentes culturas, en un acto de con-fusión, o sea, de fusionar juntos: término técnico que sirve para decir cómo siempre se vislumbra algo nuevo desde la aproximación de diferencias.

---

50   Esa es la posición de Eric Voegelin (2010: 72), para quien las filosofías heterodoxas de los estoicos o de Filón hubieran sido el fundamento para la decadencia de la filosofía ática en dirección a un pan-gnosticismo esotérico antiguo y al gnosticismo de las ideologías totalitarias del siglo XX.

En *De Confusione Linguarum* (*Perì sunkhúseos dialékton*), por ejemplo, Filón no lee Babel como una separación de lenguas, sino como auténtica con-fusión, o sea, como una interpretación alegórica llena de sentido político-cosmológico, en la cual también se piensa una organicidad espiritual entre los hombres. Afirma que esa con-fusión –y no separación– de las lenguas posibilitaría justamente la coexistencia de los diferentes idiomas y los diferentes usos dentro de una totalidad, y no una separación de los idiomas en unidades específicas con peso ontológico. En sus propias palabras: "la con-fusión (*súnkhusis*) –el proceso de fusionar juntos– es, como he dicho, la aniquilación de las propiedades individuales, y la producción de un todo singular con sus propias partes, mientras que la separación (*diákrisis*) es la división de uno en diversos, como en el caso del género y de la especie".[51] Sus afirmaciones demuestran la diferencia entre considerar a un conjunto de individuos como en una suma, donde no sale algo nuevo de las partes, y la capacidad de considerar a un cuerpo con órganos que serían más que individuos porque no existen separadamente, sino en consonancia con una armonía invisible, en un claro organismo metafísico.

La imagen antropomórfica de Filón de los órganos y del cuerpo como alegorías sobre la capacidad de las partes para ser diferentes y formar unidad fue la base de la teoría de Plotino de la procesión de las almas acerca de un problema similar. Para responder cómo un alma puede ser, a la vez, individual y plural, el autor retoma la misma alegoría e incluso resuelve el problema por un camino intelectualista: sabiendo que todo lo que existe va para el Intelecto (*Noûs*) y, en definitiva, para el Uno (*tó hén*), los diferentes órganos (*tà órgana*) proporcionan diferentes percepciones, aunque sean formas asumidas por el alma misma (*psuché*). Así, los cuerpos individuales estarían en las almas y éstas no estarían en los cuerpos y, a su vez, todas ellas serían manifestaciones de una sola alma del todo (*psuchês toû pántos*), cuya capacidad más notable es diversificarse. "Porque donde los

---

51 *De confusione linguarum*, 192. Texto griego: Filón. *Philo in ten volumes*, v. 4. The Loeb Classical Library. Cambridge (MA): Harvard University Press, 1985.

   El Espíritu y la letra. Políticas del sentido

órganos también tienen diferentes funciones, como ojos y oídos, no podemos decir que una parte del alma (*psuchês*) esté presente a la vista, otra parte en los oídos (...), pero la misma parte, aunque sea una capacidad diferente, está activa en cada órgano separado (*allà tò autó, kàn álle dúnamis en ekatérois energêi [eisì gàr en amphotérais ápasai]*)".[52] Dentro del contexto alejandrino, la filosofía pagana de Plotino armoniza las partes con el todo a través de un razonamiento metafísico que reúne comunidades de seres individuales y sus respectivas sensaciones en almas individuales, que forman una sola Alma que se dirige hacia el Intelecto superior. La mediación entre esas almas y la racionalidad, a su vez, para Jamblico, sería posible por el pneûma, el vehículo del alma.[53] Por más que no se trate del judaísmo helenístico, las incongruencias en los neoplatónicos, así como en Filón, se resuelven en un plano intelectual obtuso, o sea, en un gesto relacionable a sus concepciones en *De Confusione Linguarum* y que, a su vez, impactarían en la teología cristiana futura.

La concepción organicista de Filón nunca dejó verdaderamente de suscitar una lectura marginal del mito de Babel, remontándose a Dante, Herder, Derrida y, más recientemente, a Daniel Heller-Roazen. Tales autores no entienden Babel como una separación de idiomas, sino como una forma de confusión. El paradigma opuesto es la noción canónica de que Babel sería el castigo de Dios por el orgullo de los hombres en el valle de Sinar, en el que se dividieron las lenguas, siendo Agustín de Hipona uno de sus

---

52 *Enéadas* IV, 3, 3, 15-17. Versión utilizada: Plotino. *Ennéades*, v. 4. París: Les Belles Lettres, 2003.

53 Con Jámblico, un importante fundamento de las tradiciones esotéricas occidentales, la comunidad de los seres intermediarios, como almas, démones, héroes, dioses y hasta animales se multiplica en un cosmos jerarquizado. Sin embargo, el *pneûma* es aquello capaz de transportar las almas cuando cambian de cuerpo después de la muerte o cuando cambian de localidad en lo Inteligible. Consultar: Jamblico: *De Mysteriis*. París: Les Belles Lettres, 2013. Según John Finamore (1985), en Jámblico, el alma puede ser más separable del Intelecto y más independiente moralmente del propio intelecto en comparación con Plotino o Porfirio. La práctica teúrgica defendida por el neoplatónico, a su vez, garantizaría la cantidad necesaria de intermediación para que las almas puedan ascender espiritual y cosmológicamente, más allá de las leyes kármicas. Finamore, 1985.

mayores difusores. En esta concepción de Babel como separación, el castigo divino habría sido la división de las lenguas, mientras que el milagro de Pentecostés en *Hechos de los Apóstoles* habría sido su redención, justamente cuando el Espíritu Santo desciende bajo la forma de lenguas de fuego para los primeros cristianos, haciéndolos pueblos de distinta naturaleza, donde diferentes partes se entendían entre sí. La concepción agustiniana ilustra muy bien la concepción tradicional de Babel en cuanto separación de las lenguas.

> Los soberbios, para pensar que estaban seguros, construyeron una torre alta; y el Señor dividió (*divisit*) sus lenguas. Entonces pasaron a no entenderse más: ese es el origen de las variadas lenguas (*origo linguarum multarum*). Anteriormente, había solamente una lengua, pero que hubiera una sola era útil a la concordia, una sola lengua era útil a los hombres. Pero cuando el grupo incorporó la soberbia, Dios los libró [de punición] pues dividió sus lenguas para que, al no entenderse, no formasen una unidad perniciosa. Si a los hombres soberbios las lenguas fueron divididas (*divisae sunt linguae*), a los apóstoles humildes ellas fueron congregadas. El espíritu de la soberbia dispersó (*dispersit*) las lenguas, el Espíritu Santo congregó las lenguas (*congregavit linguas*).[54]

Si, para la concepción mayoritaria, Babel separó y dispersó (*dispersit*) las lenguas, y el acontecimiento fue lógicamente lo contrario de Pentecostés, que los habría vuelto a reunir, es otra la lectura de Filón. En ella, Babel es una fusión de los lenguajes entendidos como conjunción de unidades inseparables y como denominación de una cierta organicidad colaborativa. Es, finalmente, una interpretación conciliadora de una de las muchas purgas sucesivas de Dios hacia los hombres. El castigo por la osadía y la desviación humana en la búsqueda del cielo se compensa precisamente con la formación de un cuerpo espiritual heterogéneo, que, en la práctica, constituyó la primera corporación profesional, en la primera Universidad, en la primera fábrica fordista

---

54 Agustín, *Comentarios sobre los salmos*, 54, 11. Agustín. Enarrationes in Psalmos. In: Migne, Jean Jacques. *Patrologia Latina*, v. 36. París: Excudebat Migne: 1815-1875.

     El Espíritu y la letra. Políticas del sentido

o, principalmente, en la primera postulación de la futura Unión Europea. Entre los diversos ecos que evocó en los tiempos que siguieron, es posible destacar también *De Vulgari Eloquentia*, de Dante Alighieri, para quien no hubo una simple dispersión de lenguajes, sino la particularización de cada uno según cada obra.

> Sin embargo, el género humano fue disjunto (*disiungitur*) en tantos idiomas conforme fueron las variedades de trabajo necesarias para la obra (*tendebant ad opus*), y, cuanto más trabajaban, más rústica y bárbara era la manera en que ahora hablaban.[55]

El texto de Dante se enfoca en la diversidad de lenguajes, según el modelo orgánico de Filón para proponer algo radicalmente nuevo. Reconoce la mutabilidad de las lenguas y, por tanto, el valor de lo vernáculo. Y la separación de las lenguas en Babel de los tiempos míticos sigue siendo un tipo para el destino trágico (aunque natural) del propio latín; de hecho, es la lengua "sagrada" de Europa Occidental, frente al desarrollo de la escritura y de la poesía en la lengua corriente, en los albores del Renacimiento. Si, por un lado, la separación de los lenguajes de Agustín proporcionó una garantía metafísica para las unidades y, además, aseguró el establecimiento de jerarquías en las que las especies cohabitarían en géneros reconocibles, por otro lado, la temática de la con-fusión heredada de Filón es también una especulación metalingüística, aunque la organicidad que conlleva implica conocer cada lengua en relación con las demás, formando una totalidad efímera, a través de un mecanismo inescrutable.

En el siglo XX, las lecturas más recientes sobre la confusión babélica que se remontan a Filón buscaron comprobar su relevancia metafísica. *Des Tours de Babel,* de Jacques Derrida, deconstruye el ampliamente reconocido ensayo *La Tarea del traductor* de Walter Benjamin, releyendo las nociones clásicas de lenguaje puro (o puro lenguaje) para resaltar la vacuidad esen-

---

55 *De Vulgari eloquentia*, 1, VII, 7. Original: "*Quot quot autem exercitii varietates tendebant ad opus, tot tot ydiomatibus tunc genus humanum disiungitur; et quanto exellentius exercebant, tanto rudius nunc barbariusque locuntur*". Versión utilizada: Dante. *Opere Minori*, v. 1. Torino: Utet, 1983: 404.

cial de las lenguas como metáforas, pero también resaltando lo equiparable en ellas, tal cual plantean las metáforas como la de Babel. Ese hecho, además, posibilitaría precisamente la traducción. De todos modos, la pluralidad de lenguas es la responsable por nombrar una anterior a todas, refiriéndose tan solo a sí misma, aunque ese nombre inalcanzable sea también el fundamento vacío que postula y demanda la comprensión, la hermenéutica o la equivalencia de lenguas. El texto sagrado, por tanto, "resulta de la ley que él narra y que traduce ejemplarmente".[56] En otras palabras, un cuerpo se crea en el acto mismo de la traducción y no en el encuentro de un origen.

Por fin, la lectura de Daniel Heller-Roazen retoma el problema de la fusión del lenguaje, pero no totalmente de acuerdo con la concepción griega y helenística de Filón sobre la confusión de las lenguas. Volviendo al texto hebreo de la Torá, Heller-Roazen dice que una cierta división de idiomas en el Génesis es innegable, por lo que, continuando con el problema de la confusión, no retoma a Filón por la alegoría de Babel como una nueva solución química sin restos. Afirma, de modo muy sutil, apoyándose principalmente en Dante, que Babel sería el nombre de un olvido. Ese espacio vacío amenazaría la vida de las lenguas, aunque sea el motor de sus metamorfosis y, en última instancia, de sus supervivencias, incluso como lengua sagrada. De hecho, probablemente estemos todavía en la torre, precisamente porque la olvidamos: "Destruida, Babel, en este caso, persistiría; y nosotros, confinados sin fin a la confusión de lenguas, persistiríamos, en obstinado olvido, en ella".[57] Las ruinas de Babel no serían, por tanto, el fundamento de lo que hoy se entiende como variación lingüística, sino también una demanda de memoria: la postulación de la sacralidad y la referencialidad *post-mortem* de las lenguas se mantiene, incluso después de la desaparición de sus hablantes, teniendo en cuenta que continúan sobreviviendo mientras se transforman en otras.

---

56 Derrida, 2007: 224.
57 Heller-Roazen, 2008: 231.

Es muy importante no considerar que la fusión sea la formación de una nueva totalidad homogénea, como en una solución química sin precipitados. Esto, además, sería ajeno a una filosofía helenística, por parte de un judío de cultura griega, siempre reticente a dejarse dominar por uno de los dos polos, pero sin nunca resolver su disyunción interna. Filón afirma la continuidad de las particularidades en la confusión: "la con-fusión (*súnkusis*) –el proceso de fusionar juntos– es, como he dicho, la aniquilación de las propiedades individuales, y la producción de un todo singular con sus propias partes".[58] Babel, por tanto, fue la confusión y la conformación de una nueva totalidad, pero totalidad con sus propias partes: o sea, se forma un nuevo cuerpo, pero un cuerpo con órganos. Y toda individuación anterior no pierde, sino que mantiene su individualidad (dentro de un género) y, al mismo tiempo, adquiere un nuevo lugar, tornándose miembro de un cuerpo de otra estancia, de otra morada. Eso implica la interesante y trágica conclusión de que ni identidades (subjetivación positiva a partir de un género dado) ni tampoco singularidades-plurales (subjetivación sutil entendida como un punto definido por un conjunto inescrutable de diferencias) se suplantan mutuamente, sino que siempre coexisten en eterno oxímoron. Dado el debido énfasis en esta particularidad, Babel es un inmenso coloquio donde se prefiguran las subjetividades fracturadas, del cual Pentecostés, tema de la próxima jornada, no será su redención, sino tan solo su más notable antitipo.

En segundo lugar, si la fusión conjunta de Babel no es sino un cuerpo en otra estancia con la permanencia de algunas particularidades insoslayables, es posible entenderla con una connotación política, además de ser el arquetipo de la Iglesia. A lo largo de la historia, las organizaciones sociales y los Estados Nacionales mantuvieron el organicismo babélico por medio del cual un cuerpo puede tener miembros, aunque esto pueda suscitar escalofríos. Ahora bien, Babel vive en el *impasse* entre corporativismo y cooperativismo. Son avatares del *corporativismo* babélico el modelo vertical de las organizaciones sindicales en los

---

58 Filón, *De confusione linguarum*, 192.

países occidentales y sus periferias en los años treinta del siglo XX, ambos fundamentados en la encíclica *Rerum Novarum*,[59] de 1891; también lo es la deconstrucción de ese modelo en la jerarquía de todo el cuerpo social en las experiencias del nazismo y del fascismo; igualmente babélica es la decisión de políticas públicas cada vez más concentradas en grupos económicos, condición que lleva consigo el espectro del corporativismo, cuya máxima es la unión de los pueblos a favor de un bien mayor que ellos mismos. Pero también son babélicas las *cooperativas*, como las experiencias del anarcosindicalismo, cooperativas de productores agrícolas o trabajadores urbanos, las banderas por la diversidad, los programas de renta mínima: es decir, cualquier otra forma de unión que privilegie el sustento de las personas no para un bien mayor e inaccesible, sino para una nueva estancia bajo este mismo cielo: apenas una nueva morada. Hay una guerra entre estas dos formas de vida. Aunque distintas, permanecen hegemónicas y ciertamente no reflejan la totalidad de posibilidades de unión política: pues también existen los utópicos efímeros falansterios, los movimientos mesiánicos populares, las ecovillas o los pueblos reales con tradiciones y formas de vida propias, como los amerindios, los aborígenes australianos, entre muchos otros que todavía resisten a un mundo unificado a través de la con-fusión planteada exclusivamente en el mercado global de mercancías, en el cual se comercian personas, ideas y cosas. Las generaciones futuras y la supervivencia del planeta dependen directamente del camino a trazar.

El pronóstico de un triunfo de la cooperación sobre la corporación, sin embargo, es prácticamente una causa perdida, si se considera el escenario sociopolítico actual. El más hediondo ejemplo de ese fracaso inminente es la con-fusión ecléctica e indiferente de la Unión Europea, cada vez más pervertida. Una descripción de la que es nuestra Babel: un grupo de Estados que, en un disfraz democrático, aceptó la diferencia de sus lenguas y el cosmopolitismo de sus formas de vida para apostar por el

---

59 *Rerum Novarum*, Encíclica promulgada por León XXIII en 1891, disponible en: <https://www.vatican.va/content/leo-xiii/es/encyclicals/documents/hf_l-xiii_enc_15051891_rerum-novarum.html> (acceso el 16/7/2020).

trabajo colectivo de traducción y de colaboración, con el objetivo de crear una racionalidad transindividual en la propia práctica de la comunicación y, así, elevar las instituciones democráticas más allá de los Estados Nacionales.[60] Pero no. La intervención divina no llegó en forma de dispersión o destrucción, sino como con-fusión. ¿Cómo podría ser diferente, cuando se propuso una Babel fundada en la comunicación por diversas lenguas? Aquello que debería traer la paz, además de descartar las paradojas de las identidades y de las nuevas colectividades, sobre todo, puede terminar por crear una gigantesca entidad plural babélica que esté en vías de firmar un nombre ancestral pretendidamente definitivo a su conjunto vacío y a las opciones que ya han sido dadas. Por ahora, el cuerpo de Estados europeos, que inspira a los nuevos bloques económicos del mundo, como el Mercosur o Nafta, no se ha convertido en una organización cosmopolita de la libre circulación de personas —en realidad, de ciudadanos—, sino en un organicismo vivo en el que, en cada país, se ha profundizado la especialización del trabajo o la articulación como miembro dentro de un cuerpo cooperativo en el discurso, corporativo en la realidad: así, Alemania se especializó como productor de autos de lujo, e Italia produce ropa de diseñador, mientras que Grecia vende aceite de oliva, Portugal, corchos, y Moldavia, personas. Eso no es una metáfora. Tampoco llega a ser una alegoría: sólo un desafortunado antitipo más de la con-fusión.

---

60 Habermas (2012) apuesta en su teoría de la comunicación como contra-medida al predominio económico en el proceso de integración de la Unión Europea. Para el autor, Europa puede ser un modelo para una futura "Paz Perpetua" cosmopolita, pensada como una cooperación constituyente entre ciudadanos y Estados.

Orden vital e interioridad en las Cartas de Pablo

> *hòs kaì hikánosen hemâs diakónous kainês diathékes, ou grámmatos allà pneúmatos: tò gàr grámma apokténnei, tò dè pneûma zoiopoieî.*

> Fue Él quien nos ha hecho competentes para ser ministros de una Nueva Alianza, no de la letra, sino del Espíritu, pues la letra mata, pero el Espíritu vivifica.

> Pablo de Tarso, *Segunda Carta a los Corintios*[61]

Aún tenemos que hablar sobre Pablo de Tarso. Sus palabras "la letra mata (*grámma apokténnei*), pero el espíritu vivifica (*dè pneûma zoiopoieî*)" son algunas de las más discutidas por la patrística, el escolasticismo, la hermenéutica o la filosofía. En el pasaje, el apóstol describe un nuevo pacto con la palabra misma, que no estaría en las piedras de las tablas de la ley ni tampoco en los papeles de las cartas de recomendación de misioneros —como se trata en el contexto de la cita— sino en el corazón de los hombres inspirados por la gracia del Espíritu. Cabe señalar que este pasaje fundacional del futuro cristianismo parte de una metáfora: a diferencia de la ley en la carne de los sexos circuncidados, el apóstol destaca una marca en el corazón, o sea, en sentido figurado. La propia figuración del sentido figurativo (que, en realidad, se llamará *sensus spiritualis* en la Edad Media) fue la clave para

---

61   2 Co. 3:6.

los procesos de internacionalización, de institucionalización y de interiorización de la "fe" (*pístis*) cristiana. Pero, ¿qué es interioridad? ¿Es hablarse a sí mismo? ¿Ahora bien, cómo sería si, como dice el apóstol, "es de Dios de donde proviene nuestra capacidad"?[62] Además, ¿qué implicaciones lingüísticas y políticas extrae la oposición entre el espíritu divino encarnado y la letra escrita? Este nuevo pacto firmado según una interiorización del espíritu, que estaría en el corazón de cada creyente, paradójicamente fue la interiorización recíproca de la alteridad para formar un cuerpo de Cristo, pero también la universalidad de otra ley más discreta, no tan distante de la manera estoica de un orden en el interior de la propia vida.

Pablo ha sido motivo de muchas discusiones intelectuales en las últimas décadas, sobre todo porque, pasada la hegemonía marxista hacia fines del siglo XX, la filosofía política de izquierda vuelve a investigar fundamentos sociales más arcaicos. En ese contexto, sin duda, las Cartas de Pablo demuestran, dentro del cristianismo primitivo, la fundación de un universalismo, como señala Badiou, además de otros importantes aportes, como los de Giorgio Agamben, Paolo Virno y, fuera de Italia, Slavoj Žižek, Jean-Luc Nancy, entre otros. Los principales filósofos de la política reciente depositaron sus ofrendas. Sin embargo, el papel del Espíritu Santo permanece obscuro dentro de este debate, pues todas esas investigaciones se basan principalmente en la cristología, lo que resulta en una concepción más realista sobre el poder. Aunque sean muy relevantes, la subestimación de lo pneumatológico es una desviación de algunos importantes aspectos metafísicos de la religión cristiana, los cuales, por más que sean ignorados, continúan siendo significativos para la política, al tiempo que permanecen como fundamento de las políticas del sentido.

Espíritu Santo, entre el sentido literal, alegórico y la tipología

Empezaremos con un abordaje más literal de las Cartas de Pablo, lo que no debe ser entendido como una práctica de lectura

---

62   2 Co. 4:5.

historicista, sino, al contrario, como una experimentación de la nueva temporalidad que ese texto inaugura, sobre todo por la unión entre alegoría y tipología. En esos términos, el Espíritu Santo, incluso antes de la aparición de la pneumatología, se convierte en una especie de garantía del significado subyacente a la letra, y así, por la Ley del amor, todos los demás mandamientos podrían cumplirse. "Quien ama al otro cumplió la Ley (*nómon*)"[63] y la letra, la enseñanza o la ley ya no estarían en las tablas de piedra (*ouk en plaxìn lithínais*),[64] sino en los corazones carnales (*en plaxìn kardíais sarkínais*).[65] Así como Cristo hizo de su propia carne una ley para el ámbito de la vida y hasta de la muerte,[66] el "cuerpo de Cristo" consiste en la fundación y en la organización de un colectivo, el cual, por más que haya sido concreto, abarca una justificación necesariamente transcendente y metafísica. Ese cuerpo fue propuesto en la *Segunda Carta a los Corintios* y sería una inscripción de la ley de la divinidad directamente en la carne, mediada solamente por la gracia del Espíritu Santo.

Esa ley en el corazón es, obviamente, un antitipo muy literal del ofrecimiento de los mandamientos tallados en piedra dados a Moisés, en Éxodo 32:34, algo que, inmediatamente después, está en el texto paulino de la segunda carta a los Corintios 3: 13. Es sobre todo significativo en relación con la ruptura de una primera versión de las tablas, cuando el profeta observa contrariado toda la idolatría de su pueblo adorando un becerro de oro,[67] en otra imagen muchísimo más difundida en la iconografía o en las discusiones estéticas. Y ni siquiera Freud la explica, pero, acerca de la política del sentido de esa imagen, queda claro que la palabra escrita es tomada como efímera y corruptible, mientras que

---

63   Rm. 13:8. "*ho gàr agapôn tòn héteron nómon peplépoken.*"

64   2 Co. 3:3.

65   *Idem.*

66   Fabián Ludueña Romandini demuestra el impacto del cristianismo no sólo como conquista divina sobre la vida, sino también sobre la muerte. Consultar: Ludueña Romandini, Fabián. *Antropotecnia. La Comunidad de los Espectros I.* Buenos Aires: Miño y Dávila editores, 2010.

67   Consultar Hafemann, Scott. *Paul, Moses, and the History of Israel: The Letter/Spirit Contrast and the Argument from Scripture in 2 Corinthians 3.* Eugene: Wipf and Stock, 2008.

la palabra inscrita (*engegramméne*) en el corazón consistiría en una acción divina mediada por la gracia del Espíritu. Además, esa acción posiblemente no necesita una impresión física, como en un objeto para preservar la palabra o en metrificaciones para los poetas o para los sacerdotes, pues la impresión es *inter*na. El prefijo latino *inter* es válido para pensar esa inscripción (*engegramméne*) espiritual, ya que equivaldría actualmente a las posibilidades de *inter*ioridad, como también de estar entre (*inter*) otros. El vínculo entre espíritu y vida en la tradición estoica de *pneûma* e incluso como en la tradición hebrea de *ruah* vuelve en otro contexto, aunque ya no consiste en especulaciones filosóficas o pertenencia a la Ley, sino que se reconfigura como acción vivificante dada por la gracia de Dios, cada vez más leída como interioridad, principalmente a partir de Agustín de Hipona.

Si la tipología bíblica no solamente se refiere a dos intertextualidades, sino también al tiempo histórico, es igualmente importante investigar mejor el contexto del texto paulino. Si la interioridad inaugurada por Pablo reconduce la política a una libertad interior, ¿cuál sería su concretud en cuanto documento político? Como se sabe, la oposición entre la letra que mata y el espíritu vivificante fue precedida por una exposición muy clara de Pablo en defensa de su propio ministerio, que estaría en riesgo. Es decir, se trataba de garantizar su legitimidad frente a los fieles convertidos por él en un contexto en el cual, recuerda Taubes, "no estuvo con el Señor, no acompañó a Jesús, ninguno en ella lo conoció personalmente, nadie lo vio: no tienen nada".[68] Posiblemente, el decimotercer apóstol también tuvo competencia con otros grupos y con otras corrientes del judaísmo helenístico.[69] Frente al impasse, sin embargo, la experiencia mística del Espíritu Santo sería la garante de alguna pertenencia de los fieles al pueblo elegido (condición que les era todavía muy problemática)

---

68 Taubes, 2007: 33.

69 Para Dieter Georgi, según un abordaje que sigue la desmitologización de Rudolf Bultmann, los adversarios de Pablo serían, aun más que los gnósticos, los judíos helenísticos, los cuales habrían obtenido muchos discípulos en Corinto. Consultar: Georgi, Dieter. *The opponents of Paul in Second Corinthians.* Filadelfia: Fortress Press, 1986.

   El Espíritu y la letra. Políticas del sentido

y, a Pablo, de alguna autoridad como ministro dentro del apostolado cristiano con el propósito de llevar la Palabra a los gentiles.

¿Empezaremos nuevamente a recomendarnos? ¿O quizá, como algunos, necesitaremos de cartas de recomendación para ustedes? Ustedes mismos son nuestra carta, carta escrita en nuestros corazones, reconocida y leída por todos los hombres. Evidentemente, ustedes son una carta de Cristo entregada a nuestro ministerio, escrita no con tinta, sino con el Espíritu de Dios vivo (*Theoû zôntos*), no en tablas de carne (*ouk en plaxìn lithínais*), sino en tablas de corazones carnales (*all' en plaxìn kardíais sarkínais*).[70]

La Carta de Pablo busca garantizar que alguien que no fue testigo de Cristo en su propia vida mantenga legitimidad, pues sus palabras reflejan la manifestación directa del Espíritu Santo. Es la Carta de Invitación por excelencia. Él es mediador entre los actos de los apóstoles, de la Ley de Dios y de la formación de un cuerpo colectivo. En última instancia, para una práctica religiosa basada en la nueva concepción de fe[71] (*pístis*), hay todavía una necesidad de firmar una verdad mística de esa fe, posible inmediatamente por la concepción de espíritu. Por supuesto, cuando la Iglesia posteriormente persigue a los judíos o a los musulmanes, la fe (por más que esté anclada de una manera performática que crea realidad en su propio acto y no necesariamente se confunda con cualquier idea de verdad) ha siempre sido pleonástica, pues, en la práctica, la verdad es locucionaria (discurso) mientras la fe es ilocucionaria (testigo). Por eso, desde la Antigüedad tardía, el espíritu fue un mediador también entre el efecto performático inmediato de las palabras y su pretensión de verdad.

Evidentemente, la mediación del espíritu entre la vida y la palabra no es una idea totalmente nueva, retomando la tradición bíblica de *ruah* y la estoica del *pneuma*, a la vez que coincide, por lo menos, con la característica del intermediario de la vida, en los

---

70 2 Co. 3:1-3.

71 Sobre la importancia de la fe para el cristianismo, consultar: Iogna-Prat, Dominique. *La invención social de la Iglesia en la Edad Media*. Traducción de Ángela Schikler y Silvia Tenconi. Buenos Aires: Miño y Dávila editores, 2016.

textos de los evangelistas. En Lucas, que llegaría a ser conocido como el apóstol historiador, el Espíritu es comienzo de una vida humana carnal que engendraría la venida del Mesías prometido al pueblo hebreo. En el episodio de la anunciación, un ángel advirtió a la virgen María sobre el futuro de su hijo, que sería él mismo hijo de Dios: "Pero María le pregunta: '¿Cómo será eso, si no conozco a ningún hombre?'. El ángel le respondió: "El Espíritu Santo (*pneûma hágion*) vendrá sobre ti y el poder del Altísimo te cubrirá con su sombra; por eso el Santo que nazca será llamado Hijo de Dios".[72] Esta revelación entusiasma tanto a María que puede contagiar a otros, lo que sucede cuando conoce a su prima Isabel, que también está embarazada: "el niño se estremeció en su vientre e Isabel se llenó del Espíritu Santo (*pneûma hágion*)".[73] Así, la acción vivificante del Espíritu no fue apenas un contagio de gracia y una manifestación espontánea de vida, fue también un intermediario necesario entre Dios y María, afirmando una impresión directa de la divinidad en el mundo.

En los *Hechos de los Apóstoles*, texto atribuido a Lucas, la acción vivificante del Espíritu Santo contamina y garantiza no solo la divinidad de una mujer, sino la de pueblos enteros, los cuales vuelven a entusiasmarse en el evento que se conoce como Pentecostés, supuestamente cincuenta días después de la resurrección de Cristo. Durante esa fecha, se encontraron en Jerusalén personas de diferentes orígenes, como medos, partos o elamitas, los cuales recibieron del cielo lenguas de fuego candentes y, así, fueron capaces de "hablar en lenguas": "Y aparecieron a ellos lenguas repartidas, lenguas como de fuego, que se asentaron sobre cada uno de ellos. Y fueron todos llenos del Espíritu Santo (*eplésthesan pántes Pneúmatos Hagíou*), y empezaron a hablar en otras lenguas (*laleîn héterais glóssais*), como el Espíritu les concedía expresarse (*apophthéngesthai*)".[74] Según la lectura más común de Pentecostés, los entusiastas del día de Pentecostés empezaron a entender idiomas o dialectos extranjeros como si fueran

---

72 Lc. 1:34-35.
73 Lc. 1:41.
74 Hch. 2:3-4.

   El Espíritu y la letra. Políticas del sentido

los suyos. Este milagro de la manifestación del Espíritu Santo y la comprensión universal de las lenguas en una nueva asamblea de hombres es entendido posteriormente como el nacimiento mismo de la Iglesia (todavía no exactamente la Iglesia Católica Apostólica Romana), es decir, cuando los fieles comienzan a formar una nueva congregación, cuyo vínculo estaría garantizado e intermediado por un don espiritual sobrenatural. Eso sería, en principio, una nueva alianza con la Palabra divina. O mejor: una especie de contagio y una forma de expresión a través de un lenguaje universal del amor, características que irían más allá de las restricciones de la palabra escrita o de las peculiaridades de cada idioma, proporcionando, en teoría, la redención de la separación de lenguajes según la narración mitológica de Babel. Sin embargo, considerando la lectura del mito como confusión de pueblos en lugar de separación de lenguas, está claro que el comienzo de la *ekklesia* cristiana, del *corpus Christi* registrado en el Nuevo Testamento, puede considerarse como la máxima realización de la con-fusión babélica planteada ya por Filón de Alejandría. La fuerza de la unión entre la alegoría (hablar-otro) y la tipología (reconocer un modelo) son, respectivamente, la unión de la diferencia a la repetición: o sea, emanación de un cuerpo suficientemente metamórfico y mimetizado de la escritura en historia, tanto cuanto de la historia en escritura.

Ordenar la alteridad

Pensar sobre el espíritu, como se demostró desde el inicio de este ensayo, es pensar sobre el culto y, especialmente, sobre la fertilidad de la vida. Quizás, desde ahí se puede entender cómo la vida, incluso la más desnuda, es pensada como un orden inmanente y, además, cómo ese orden impactó las infinitas modalidades de cuidados de sí y de los otros. En primer lugar, pensando el impacto de la institucionalidad de las cartas de Pablo, es importante destacar el aspecto regulativo concedido "directamente" por los dones del Espíritu al cuerpo colectivo heterogéneo de sus primeros fieles. Los dones son incluso literales, destacando el mensaje de sabiduría, la palabra de ciencia, fe, sanidad, milagros, profecía, juicio de espíritus, hablar en lenguas e interpretación.[75] Sin embargo, las Cartas de Pablo no los tipifican solamente para que sean celebrados de una manera lúdica o no sistemática, como en una jerarquía moral para determinadas prácticas litúrgicas o sacramentales. Al contrario, establecieron una evidente *organicidad* en la vida misma, tanto en el ámbito individual como en el global, para formar el *cuerpo* de Cristo, aunque ese cuerpo no sea una gracia definitiva, sino una construcción colectiva dependiente, incluso, de pequeños actos de corrección de indisciplina, más allá del culto.

En primer lugar, respecto del cuerpo de Cristo, una religiosidad fundamentada en la noción extremadamente vaga de fe (*pístis*) suscitó una miríada de problemas. Mientras unos defendían las tradiciones judías, otros experimentaban un misticismo más pronunciado, en una situación peligrosamente cacofónica. De este modo, era necesario crear una verdadera con-fusión, una colaboración más armónica y estable: así, por más que el espíritu sea una noción transcendente en el sentido paulino, sus prácticas o incluso su forma de vida no lo son exclusivamente. Pablo le advierte a cada uno que comprenda el papel de los demás en favor de una organicidad armónica entre los fieles y sus dones, según un solo cuerpo con diversos miembros: "Si todo mi cuerpo fuese ojo, ¿dónde estaría el oído?, ¿dónde estaría el olfato? Pero Dios dispuso cada uno de sus miembros en el cuerpo, como quiso. Si todos fuesen un miembro (*mélos*), ¿dónde estaría el cuerpo (*sôma*)?[76] El apóstol es pródigo en figuraciones antropomórficas para conceder una función práctica a esa relevancia corporativista de la confusión babélica. "Ahora bien, el cuerpo es uno y, sin embargo, tiene muchos miembros, pero todos los miembros del cuerpo, aunque sean muchos, forman un solo cuerpo (*hén estin sôma*). Así también es con Cristo".[77] Aunque sea una paradoja, lo que sostiene el concepto de cuerpo armónico como conjunto concreto de miembros ordenados es la gracia del Espíritu, que se demuestra tanto o más determinante que el acto del sacrificio de Cristo. El texto

---

75   1 Co. 12:4-11.
76   1 Co. 12:17-19.
77   1 Co. 12:12.

                                El Espíritu y la letra. Políticas del sentido

continúa así: "Porque hemos sido bautizados en un Espíritu para ser un solo cuerpo (*kaì gàr en henì Pneúmati, hemeîs pántes eis hèn sōôma ebaptísthemen*), judíos y griegos, esclavos y libres, y todos bebemos de un mismo Espíritu (*kaì pántes hèn Pneûma epotísthemen*)".[78] Si bien aún queda un largo tiempo hasta las corporaciones comerciales o hasta el corporativismo del siglo XX, esa organicidad pneumática es prototipo para todas ellas. Kantorowicz, en el clásico *Los dos cuerpos del rey*, enfatiza la transformación gradual del *corpus christi* en el *corpus mysticum* solamente en el siglo XIII, especialmente con la bula papal *Unam Sanctam*. En ese proceso largo, el cuerpo de Cristo, que estaba inicialmente más relacionado con la formación de una colectividad y después con un sentido místico-sacramental de la hostia, pasa, finalmente, a tener un sentido cada vez más jurídico.[79] Por fin, el sentido primitivo de corporación no se refería inicialmente a una acción del Espíritu hacia una abstracción del poder, como en una persona jurídica, sino a la percepción del funcionamiento de un conjunto de miembros concretos. Si se acepta esa premisa, consecuentemente se puede advertir que cualquier tesis académica sobre la unidad en la diversidad también es relacionable a esta premisa paulina, independientemente de sus consecuencias teológicas o políticas.

En segundo lugar, el cuerpo no está compuesto solamente de gracia, sino también de pequeños correctivos: algunos pastorales, pero otros asimilados por los fieles. Así, las recomendaciones de la ley del Espíritu aludidas siguen un contexto de gran con-fusión en el cual los fieles de Corinto supuestamente habrían cometido algunos excesos y escándalos en la recepción de los dones espirituales, comprometiendo incluso la imagen pública de la naciente asamblea. Pablo, inspirado para mediar ese problema, exhorta a cada uno a contener sus propios abusos en relación con los dones: "Por tanto, hermanos, aspiren al don de la profecía y no impidan que nadie hable en lenguas. Pero todo se hace decentemente (*euskhemónos*) y con orden (*katà táxin*)".[80] Esta constricción es

---

78   1 Co. 12:13.
79   Kantorowicz, 1998: 130.
80   1 Co. 14:39-40.

también un estímulo para perfeccionar las ocupaciones de los fieles o incluso para clasificarlos según sus respectivos dones. "Asimismo, que dos o tres de los profetas hablen, y los demás los juzguen. Y si a otro que estuviere sentado le sea revelado, que se calle el primero. Todos pueden profetizar, pero cada uno a su vez, para que todos sean instruidos y exhortados. Y que los espíritus de los profetas (*kaì pneúmata prophetôn*) se sometan a los profetas (*prophétais hupotássetai*); porque Dios es de paz y no es Dios de desorden (*gár estin akatastasías ho Theòs*)".[81] Además, independientemente de la conducta, los dones del Espíritu ocupan un lugar destacado en las cartas de Pablo, como dice con las palabras, exhortando a una elevación hacia dones jerárquicamente más refinados: "Busquen la caridad, sin embargo procuren los dones espirituales y, sobre todo, profetícenlos".[82] Así, la rebelión, la confusión y los cuerpos descontrolados serían obstáculos dañinos para la formación de una nueva *ekklesía* o un nuevo cuerpo de Cristo, en el cual cada uno tiene una función práctica con un fundamento transcendente. Como se puede observar, los dones espirituales, especialmente los más místicos, como el hablar en lenguas o la profecía, fueron fundamentales en el surgimiento del cristianismo y en la rebelión contra un orden dado, pero también han suscitado inquietudes, por lo que convendría ordenarlos conforme una vida colectiva mínimamente soportable.

Este orden inculcado por la gracia no necesitaba ser tomado como una mera reprimenda clerical, ya que oscila entre una metáfora de la necesidad de un cultivo de la vida más desnuda y también como ordenación espontánea *in*manente a la vida. En la *Carta a los Efesios*, la especialización de oficios se entiende antropomórficamente como el paso de la infancia a la madurez: "Y Él mismo concedió a unos que fuesen apóstoles, a otros profetas, a otros evangelistas y a otros pastores, doctores para la perfección de los santos, para la obra del ministerio, para la edificación del cuerpo de Cristo, hasta que alcancemos la unidad de la fe y la edificación del cuerpo de Cristo, hasta que alcance-

---

81 1 Co. 14:29-33.
82 1 Co. 14:1.

   El Espíritu y la letra. Políticas del sentido

mos todos la unidad de la fe y del pleno conocimiento del Hijo de Dios, el estado del Hombre perfecto, la medida (*métron*) de la estatura de la plenitud de Cristo".[83] La mediación del Espíritu se convierte en un orden inmanente a la edificación del cuerpo colectivo. En consecuencia, la vitalidad prometida para la consecución de un cuerpo sería coherente con el orden (*táxin*) y la justa medida (*métron*).

Aunque no sea un evangelista, la "novedad" de Pablo está en el llamado a la jerarquía metafísica de la vida, a través de la cual fusiona lo literal con lo deontológico, no solo postulando un poder de santificación sobre la vida y la muerte, sino confiriendo también una especie de control espiritual, que es simultáneamente orgánico y jerárquico, al Cuerpo de Cristo (en sus fieles): es incluso una gracia rectificadora inscrita en el corazón de cada miembro de ese cuerpo. La fragmentación, que, como se ha visto, es una consolidación de Babel, en la cual ocurre una reordenación de la disyunta *psyché* del ser humano, que ahora debe inculcar una alteridad radical dentro de su condición individual y colectiva, además de humana y divina (Pablo tuvo que recibir la gracia enviada directamente por la divinidad y continuar siendo adepto a las enseñanzas e instituciones judaicas, por ejemplo). Algunas veces, de hecho, se trata como un motivador de genialidad y transgresión, pero otras también como culpa y resentimiento, algo que resuena en las ya canónicas críticas de Nietzsche en *El Anticristo*. En última instancia, tanto la jerarquía de las *Cartas de Pablo* como los misterios de ascesis interno son aspectos irrefutables desde el cristianismo primitivo y, en términos generales, la distinción entre el catolicismo (jerárquico) y el protestantismo (disciplinar) sólo amplifican esas disyuntivas.

Espíritu, el orden interno de la vida

Muchas lecturas recientes por parte de la filosofía política destacan el sentido anti-institucional de Pablo, resaltando su transgresión de distintas maneras, como las de Alain Badiou,

---

83   Ef. 4:11-13.

Giorgio Agamben, Slavoj Žižek o Paolo Virno. Pablo ya no es visto como el moralista que había invertido todos los valores o como un destructor de los más sofisticados en la antigüedad, para convertirse en un hito en la crítica de la Ley, ya sea legal, moral o religiosa. Estos pensadores, sin embargo, no intentan descartar a Nietzsche, sino más bien identificar algunas consonancias entre Pablo y su mayor crítico, por ejemplo, en una lectura que destaca rastros de abandono de la trascendencia y la promesa de nuevas formas de vida. Sin embargo, todas esas investigaciones, al subestimar la pneumatología, también subestiman el problema de un orden interno a la vida, cuestión *antiquissima* que se remonta al estoicismo, con variadas consecuencias en el ámbito ético y político.

El libro *Saint Paul: la fondation de l'universalisme*,[84] de Alain Badiou, publicado en 1997, fue uno de los primeros esfuerzos por rescatar la militancia en el pensamiento de Pablo. Destacó, sobre todo, el surgimiento de un sujeto político en las cartas, que hubiera servido para rechazar las identidades étnicas o las tipologías legales y postular una singularidad supuestamente universal: Jesús ha resucitado. Badiou dice que, por no convivir con el mesías, Pablo se autodenomina discípulo de una nueva fábula de la resurrección, que rompería con los dogmatismos ya que podría ser reclamada por cualquiera, sea judío, griego o parte de cualquier otro grupo de población. El autor elabora un interesante análisis de la gracia, entendiéndola a partir de un sujeto escindido, que sería opuesto al sujeto basado en la Ley, la cual traería la muerte. Así, afirma que Pablo ofrece un camino abierto para la acción y para la construcción de una verdad con la Ley del amor. "Bajo la condición de la fe, de la convicción declarada, el amor nombra una ley no literal, que da al sujeto fiel su consistencia, y efectúa en el mundo la verdad postacontecimiento".[85] La universalización de las diferencias en Badiou, sin embargo, aparece como una clara provocación a las demandas identitarias

---

84   Badiou, 1997.

85   La versión castellana utilizada ha sido: Badiou, Alain. *San Pablo: la fundación del universalismo*. Traducción de Jesús Ríos Vicente. Rubí (Barcelona): Anthropos Editorial, 1999: 94.

   El Espíritu y la letra. Políticas del sentido

particulares que cobraron fuerza después de los años sesenta en la política y en las humanidades, que se consolidaron definitivamente tras el colapso de la Unión Soviética.

Il tempo che resta,[86] de Giorgio Agamben, publicado apenas tres años después del *Saint Paul*, de Badiou, ha impulsado la discusión con una reinterpretación política ciertamente mesiánica de la *Epístola a los Romanos*, basada en un estudio marcado por un alto rigor filológico. El pensador italiano critica la lectura de Badiou de un sujeto universal, afirmando que lo más importante no es exactamente una tolerancia a las diferencias mediada por un principio ontológico común. Agamben lee en el cristianismo primitivo principalmente una refutación de identidades binarias como hebreo-no hebreo o dentro de la tensión particular-universal, algo con lo que Badiou no necesariamente está en desacuerdo. Sin embargo, el autor italiano refuta también la pretensión de una condición universal de subjetividad para afirmar que la inoperancia de las dicotomías por parte del apóstol toma la forma de *resto* y el pueblo elegido se convierte precisamente en una no-totalidad. Así, rompiendo divisiones, la vocación mesiánica permitiría un tiempo-ya, que rompería con el binomio particularidad-universalidad para reconocer la potencial no coincidencia de una identidad consigo misma, sino en una condición ontológicamente inestable: por ejemplo, el caso de un hebreo que se reconociera como no-hebreo, o un griego como no-griego, o incluso en el hecho de que un pueblo se reconociera a sí mismo como un pueblo que resta. Según Agamben, "para él, el resto no es más como en los profetas, como un concepto que piensa el futuro, sino más bien una experiencia presente, que define la hora mesiánica: en el tiempo-ya (*gégonen*) se ha producido un resto".[87]

Esas interesantes lecturas políticas sobre Pablo son insoslayables en sus términos principales, sobre todo la definición de una subjetividad fracturada en Pablo de Tarso y su búsqueda de una transgresión en sus textos, pero ellas comparten igualmente una notable ausencia del Espíritu Santo en las direcciones iniciales

---

86 Agamben, 2000.
87 Agamben, 2000: 57.

de este debate. A pesar de haber aportado elementos importantes sobre la relación entre cristología y gubernamentalidad en *Il Regno e la Gloria*, Agamben raramente considera el *pneûma* en sus estudios, restringiéndose brevemente a la gracia. Badiou, por su parte, llega a relacionar al principio de vida con su concepto de evento, aunque se muestre entusiasmado (donde la profecía no se somete más al profeta) acerca de la pneumatología, cuando expresa que "Hay que restituir a las palabras de Pablo, cuyas traducciones están cansadas por tantos siglos de obscurantismo (¡esa 'fe'! ¡esa 'caridad'! ¡Ese 'Espíritu Santo'! ¡Qué perdida barroca de energía!), su valor corriente y circulante, prohibirse ver en ellas un dialecto de la Iglesia".[88] Ciertamente no es posible exigir a los autores algo que esté fuera de su propuesta, pero sí se puede intentar profundizar en algunos de los problemas desencadenados por esa omisión en el debate iniciado por los dos filósofos. En ese sentido, todavía es necesario preguntarse si la fidelidad al evento y a la vida como regla, al celebrar la derogación de la trascendencia de la Ley, a su vez, no subestima el orden (*táxis*) inherente a la gracia (*pneûma*) o por lo menos su instrumentalización.

Este énfasis en la ordenación de los dones espirituales demuestra que ningún universalismo y que tampoco ningún mesianismo está libre del organicismo que fundamenta al mediador de la vida en las *Cartas de Pablo*. El organicismo que proviene de la gracia del Espíritu Santo es un aspecto central de los textos, independientemente de su carácter transgresor o no de las instituciones políticas o religiosas: sea con la subjetividad universal de la fe, con la convivencia confusa con vecinos y autoridades según reglas o con la no sumisión a alguna forma de soberanía. Sus cartas, al contrario, difunden en el mundo una organicidad interior, no distante del poder pastoral según los estudios de Michel Foucault, en el cual las ovejas se salvan en un plano mientras el pastor gana la prerrogativa de sacrificarse por el rebaño, a diferencia de la gran mayoría de los poderes monárquicos, cuando el sacrificio es

---

88 Badiou, 1999: 29.

  El Espíritu y la letra. Políticas del sentido

un aspecto central.[89] Aun más cercano a la omisión pneumatológica del cristianismo en su vertiente romana está el ensayo *La Sociedad del Cansancio*, de Byung-Chul Han, pues se trata de percibir que, en la contemporaneidad, donde todo es positividad, todo es también productividad, el individuo se explota principalmente a sí mismo. Como el cansancio se vuelve una moral positiva, ya no disemina agotamiento, sino inspiración: inspiración *para* abandonar lo no-productivo, lo no creativo, etc. A partir de una discusión sobre el tema, basado en un ensayo de Peter Handke, Han concluye que "el cansancio fundamental inspira. Deja que surja el espíritu. La 'inspiración del cansancio' se refiere al 'no-hacer'".[90] Ese exceso de actividad llega a ser un no-hacer, pues, si todo es cuantificable, todos y todo se transforma en indiferencia, tanto para el individuo, como para el colectivo. En fin, las investigaciones de Han y Foucault ya apuntan, desde distintas concepciones de orden interno, hacia la omisión pneumática.

El Espíritu Santo como un orden interno a la vida está relacionado a un arcano tímido del estoicismo, el cual nunca llegó a desaparecer de la moral cristiana y post-cristiana. Las *Cartas de Pablo*, por supuesto, contienen muchas concepciones comparables a la escuela, que proponía, a su vez, la ética predominante en los círculos culturales del imperio romano, incluso en la ciudad de Tarso.[91] La difundida máxima estoica en el Manual (*Encheirídion*) de Epicteto, contemporáneo de Pablo, afirma la irrelevancia de intentar controlar todo lo que no es manejable por los hombres, como la molestia y la muerte. Dice el filósofo, que también era esclavo: "por lo tanto, aparta tu atención de aquello que no está bajo tu control, y transfiere eso para lo que no es natural (*parà*

---

89   Foucault, 1982: 777-795.

90   Han, 2012: 75.

91   Está muy difundida la idea de que en la ciudad de Tarso, donde circulaba mucha filosofía, el estoicismo era predominante y que el joven Saulo, judío con formación académica griega, hubiera sido marcado por la antigua *Stoá*. Consultar: Bultman, Rudolf. *Theology of the New Testament*. Londres, 1952; Grant, Frederick Clifton. St. Paul and Stoicism. *The Biblical World*, v. 45, n.5: 268-281, may. 1915; Engberg-Pederson, Troels. *Paul and the Stoics*. Westminster: John Knox Press, 2000.

phúsin) entre aquello que está bajo tu control".[92] Así es el imperativo de respeto a las jerarquías, sea del señor sobre el esclavo, del hombre sobre la mujer o de Dios sobre todos, aunque esa sumisión sea concomitante a cierto distanciamiento de orden intelectual por parte del sometido, toda esa moral no está separada de las ideas del estoicismo. Estoicismo que, en contraposición, no debe ser entendido como una naturaleza ontológicamente estable o una moral deontológicamente absoluta, pues la *phúsis* y el *lógos* por parte de esa escuela eran *procesos* y no condiciones inabarcables, como hemos leído en la "Invitación" a este ensayo. Nunca es demasiado en vano recordar cómo, para Pierre Hadot, las escuelas filosóficas del período imperial eran "una práctica de vida contemplativa que era, ella misma, en última instancia, tan solo un ejercicio espiritual".[93] Por eso, ninguna pretensión de lectura o de metamorfosis acerca del principio de la vida o del espíritu puede prescindir de esa relación entre la naturaleza, la subjetividad y, sobre todo, la vida.

Sin embargo, tampoco es inútil recordar cómo, en la carta de Pablo enviada a Tito, el orden interior a la vida, muy próximo a las máximas estoicas, suplanta una cuestión central sobre el poder, pues se justifica la moderación y la subordinación a los amos temporales en favor de una obediencia a Dios sacrificado (pero vivo), considerado el único maestro. Eso no sería un problema si la nueva Alianza Pentecostal y la cuestión de la letra de la Ley pudieran permitir un uso más libre de la palabra y la adopción de una vida en reglas intersubjetivas. Aun así, en la convivencia religiosa, abundan ejemplos en que la relativización de las autoridades terrenales por la autoridad universal y gratuita depende necesariamente de un orden y de una jerarquía interiorizados en las partes del cuerpo de Cristo por parte de la gracia espiritual: "Los esclavos deben ser sujeto (*hypotássesthai*) de sus señores, agradar en todo (*pâsin euaréstous*) y no responder (*mè antilégontas*); no defraudando, dando pruebas de lealtad,

---

92   Epicteto, *Encrídion*, 2: 2. Obra consultada: Epictetus. *The discourses as reported by Arrian, the manual and fragments*, v. 2. Loeb Classical Library. Cambridge (MA). Harvard University Press, 1952: 484.

93   Hadot, 2014: 59, traducción nuestra.

para que honren así la doctrina de Dios, nuestro salvador".[94] Así, en la carta de Tito, las diferencias sociales son supuestamente superadas por una discursividad interior, algo que condice con la ética estoica de Epicteto acerca de un orden interno a la vida interior y moral, durante el helenismo.

Además de esta internalización, la organicidad espiritual también opera desde el exterior, es decir, en la mediación de las diferencias interpersonales, que se ven como parte de una totalidad superior. Sobre este aspecto, Taubes plantea una pregunta interesante cuando recuerda la no necesidad de transgresión para esos primeros fieles de Jesús, en virtud de que el mundo está en vías de consumación final: "si mañana habrá pasado ya todo este parlotear, todo este vértigo de cosas, ¡no vale la pena hacer una revolución!".[95] Así, a diferencia de los tiempos de las leyes escritas en piedra, en tiempos de leyes escritas en el corazón, la internalización de la jerarquía, de la medida, del orden y de la fidelidad a la alteridad fomenta el amor por las autoridades de todo tipo, mientras que la autoridad política es deslegitimada por la autoridad de Dios sobre toda política. "Que cada alma (*Pâsa psuchè*) se someta a las autoridades constituidas, pues toda autoridad sólo existe por Dios y fue instituida por Dios (*hupò Theoû tetagménai eisín*)".[96] Las diferencias entre libres y esclavos, hombres y mujeres, ciudadanos y extranjeros o incluso discípulos y apóstoles, permanecieron intactas, por estar sujetas a un organismo de beneficio mutuo, en el cual cada miembro debe actuar en nombre de los demás para componer un solo cuerpo. "Por lo tanto, abandonando la mentira, que cada cual hable la verdad (*alétheian*) con el vecino porque somos miembros (*méle*) unos de los otros".[97] La concepción más difundida de organicidad en las Cartas de Pablo es comparable al control en dirección a lo natural del estoicismo, algo que deviene ley en el corazón. Además, es comparable también al imperativo de creación de funciones éticopolíticas específicas a partir de la gracia del cuerpo de Cristo,

---

94 Tit. 2:9.
95 Taubes, 2007: 68.
96 Rm. 13:1.
97 Ef. 4:25.

en la que la idea del amor (*ágape*) adquiere contenidos positivos dentro de una organicidad definida en el modelo de la separación y jerarquía de los dones espirituales. Esas conclusiones acerca de la nueva configuración del espíritu como un mediador de un orden inmanente a los cuerpos señalan una verdad trágica: la vida es mucho más un problema que una solución. Aun más problemático es el amor para el cristianismo romano. No solo porque fue escrito con tres palabras en el contexto helenístico de Pablo, clásicamente entendidos como amor sexual por *eros*, amistad por *philía* y fraternidad por *ágape*, sino por ser la omisión más grande por parte de la teología occidental naciente o de la filosofía política hodierna agonizante. Y omitiendo el amor y, consecuentemente, la admisión de la posibilidad de conocerlo también, todo mecanismo vivo no puede ser pensado debidamente en su dimensión afectiva, sino solamente en su pertinencia moral o intelectual, donde se limita a ser literalmente orden y todas sus connotaciones.

Pablo, interioridad e internet

Pablo es el apóstol canónico más importante de la interioridad como signo de la gracia para garantizar la fe, pero entiendo que esa interiorización del espíritu no significa solamente la búsqueda ascética de una transcendencia individual o inspiración colectiva para comprender la letra. Al contrario, sus manifestaciones más cotidianas y administrativas dispensan el espíritu, de manera muy similar a una red de individuos aislados y distantes que se comunican y que se justifican a partir de la creación de nuevos medios de comunicación. Así, más que un mensaje oral o escrito de Cristo dado directamente a sus iniciados, como es la referencia en los Evangelios de los apóstoles que vivieron con el mesías, los fieles de Pablo son obligados a conocer el amor divino, la fe de sus hermanos lejanos o las jerarquías eclesiásticas por la mediación de las cartas, o sea, es absolutamente imperativo que hagan sus iniciaciones por correspondencia. Por eso, es sumamente importante fundamentar una diseminación de la "fe" o del "amor", aunque de manera remota, donde la ductilidad y la mediación del *pneûma* es absolutamente necesaria. Para que los medios no sean la propia justificación de la institución de los ministerios de esos primeros cristianos, los medios tienen que ser ellos mismos santificados, de una manera que sea posible garantizar que la palabra de dios llegue como amor en los corazones y no solamente como las palabras escritas en papeles o piedras. El cristianismo primitivo paulino elabora, pues, una nueva red a partir de canales de comunicación tradicionales, como las rutas terrestres o marítimas, pero inicia una performatividad jamás vista en la tradición epistolar del mundo helenístico, donde ya no hay más separación entre la divinidad y los medios de comunicación. Esa conjunción solo es posible por el espíritu, la única figura capaz de relacionar los que están unidos entre sí (*inter*) mismos, elaborando una red.

Peter Sloterdijk entendió la existencia de una nueva performatividad en el corazón del cristianismo primitivo, a la cual llama "televisión", que no serviría solamente para disciplinar a los individuos ni para constituir una Iglesia, sino para empezar un nuevo orden del firmamento, algo que rompería con toda la realidad de la Roma Imperial. Para el autor, la difusión de la Palabra por parte del cristianismo primitivo no se referiría al mensaje transmitido, dependiendo profundamente de todo un proceso de comunicación sumamente complejo. Los cristianos habrían utilizado todos los canales de comunicación del Imperio Romano, como sus carreteras, ciudades, escritura y todo el sistema postal para generar una nueva forma de ser. Los apóstoles o discípulos, todos, para Sloterdijk, tendrían un papel directo en la mediación de la palabra de Dios, teniendo como garantía el sello de la gracia del Espíritu Santo. "El mensaje cristiano llega siempre como carta certificada, y el haberlo aceptado, aunque sólo fuera distraídamente y con reservas, significa lo mismo que la firma del receptor en un recibo de entrega".[98] La unidad pentecostal crearía, en última instancia, un espacio en el cual la palabra valdría más por los efectos de realidad con los cuales se presentaba que por el propio sentido transmitido. "Por tanto,

----

98   Sloterdijk, 2004, v. 2: 603.

de acuerdo con el modelo idealizado, sólo cuando el mensajero es un *médium* claro, puede la misiva ir a través de él sin que haya por qué suponer, de su parte, un complemento esencial de sentido o una coautoría incluso; en cierto modo, el embajador ha de convertirse en un *neutrum*, como si fuera un mero canal".[99] Y estos nuevos canales de comunicación pudieron gozar de la centralidad esférica del poder del Imperio Romano para establecer una nueva red de noticias en una magnitud jamás observada en alcance o ingenio. Este nuevo orden mundial, que llevaría los mensajes del centro a la periferia o las determinaciones de lo eterno a lo temporal, establecería una nueva referencia para la difusión de imágenes sonoras y visuales a través de diferentes canales.

Posiblemente, el curso de la vida por la vía del amor (*ágape*) que Pablo brinda al nuevo cuerpo de Cristo como una gracia del Espíritu no se explica tanto como una radialidad televisiva, es decir, entre un centro y una periferia, sino, más exactamente, como un movimiento subterráneo y colateral: no tanto como una televisión, sino más bien como una internet. Incluso, una internet p2p (*peer to peer*) colateral, como en una *deep-web*, justamente una red interior. El prefijo *inter* se adaptaría mejor a una agrupación abierta a miembros de diferentes pueblos (*inter*nacional), pero también con un grado de encriptación suficiente sin manifestarse en los mismos foros (*interna*), restringiéndose a ser un contradiscurso que se difunde apenas de forma clandestina a solo unos pocos, pero abierto a cualquiera. Como uno de los grandes divulgadores de un nuevo momento en la tradición del espíritu, Pablo, que no inventó canales como las líneas postales o las catacumbas de Roma, funda en ellos el espíritu como interioridad.

Esa interioridad no solo consiste en un direccionamiento de la religiosidad hacia un ascetismo individual, cuya característica mística es indispensable y, además, ha sido suficientemente discutido por dos milenios de teología. Sin embargo, la interioridad también es un intercambio de ideas y de afectos de manera colateral y remota, por lo tanto, directamente fuera de un centro de control intelectual o político, como Roma, Atenas, Jerusalén o

---

99   Sloterdijk, 2004, v. 2: 588.

                                   El Espíritu y la letra. Políticas del sentido

incluso Alejandría. De hecho, la expansión del cristianismo primitivo en la práctica paulina se produjo según la manera más descentralizada posible, así como los grandes pensamientos sobre el espíritu y el Espíritu Santo no provienen exactamente de grandes centros urbanos, sino de pensadores originarios del interior, como Tesalia de Hipócrates, Citio de Zenón, Córdoba de Séneca, Tarso de Pablo, Cesarea de Basilio o Hipona de Agustín. Para ellos, al menos en algún momento de sus vidas, el *medio* fue un tema determinante para la difusión de sus respectivos pensamientos, pues, sin ellos, sus ideas ni siquiera circularían en la escala con que se difundieron. También estaban demasiado lejos para depender de afectos personales inmediatos, para entender todos los rumores académicos, o de iniciaciones para participar de los misterios. Por lo tanto, toda su respectiva retórica necesitaba ser legitimada por un afecto místico, que se llevaría a cabo por vía epistolar, aunque paradójicamente cuestionando la carta misma desde una ley en el corazón, como era el ministerio de Pablo, o en una dirección ascética de la filosofía, especialmente con Agustín. Sin embargo, tan importante como todo eso, era esencial para los pensadores del espíritu saber que no se graduaron completamente en las escuelas más reputadas, sino que llegaron a ellas después, muchas veces por postal. ¿Cómo participar, entonces, de la religión, de la cultura y de la espiritualidad en pie de igualdad con quienes siempre han mantenido contacto físico con una tradición religiosa, familiar, política o filosófica, si no fuera por lo bueno y lo malo de la internet? ¿Cómo ser filósofo en la periferia, alejado de las cátedras con reputación? El espíritu, por así decirlo, era la sustancia mediadora que garantizaba la legitimidad de la red que unía los conceptos y deseos de todos estos ilustres pueblos del campo en su afán de hablar en un mundo que no los escucharía abiertamente.

En fin, olvidamos que el Cristianismo empezó como un curso por correspondencia semipresencial y semiabierto. En ese contexto, ha sido, antes incluso del surgimiento del alba de la pneumatología, el más importante intermediario y legitimador de la palabra, siendo el *link* entre la escritura y la historia, entre lo performático y lo verdadero y entre la vida y la política. Consecuentemente, sus impactos fueron titánicos, aun en el contexto imperial, que era altamente complejo. No es casual la semejanza entre la internet cristiana primitiva y el impacto de los nuevos medios en la sociedad otra vez tan compleja, abierta y heterogénea como antes. La internet ha sido un importante evento paradigmático por parte de los primeros cristianos, antes de que sus canales fuesen instrumentalizados por la política eclesiástica post-Nicea.

Todas esas cuestiones demuestran que no se puede subestimar la fuerza de ninguna idea, incluso cuando parezca lunática, especialmente cuando se observa que distintos tipos de discursos vagos dominan los debates dentro de esos nuevos medios, antes u hoy. Hasta la difusión del terraplanismo sucedió en el final de la cultura helenística en el siglo IV d.C., poco después de que Hipatia de Alejandría calculara el radio de la Tierra. Pero el colapso de la cultura y de la sociedad helenística-imperial por las nuevas mediaciones no necesariamente debe llevar a la conclusión de que los nuevos medios y todos los intercambios generalizados de imágenes-afectos distópicos, a través de nuevos tipos de amistades (*ágape*), sean necesariamente oscurantistas. No se trata de ser decadentista, ni escéptico, solamente saber que el mito, esta vez una legión de ellos, habla en las redes con enorme fuerza, así como lo hizo por carta o por radio. Sería una ingenuidad pensar en la posibilidad de evitar los errores de los antiguos, pues nuestros cánones, nuestros mitos y nuestras dudas tienden a manifestarse conforme las peores decisiones posibles en cada nueva oportunidad de rescatarlos colectivamente. Más que nunca, el pensamiento letrado debe, por lo menos, hablar sobre los arcanos de la cultura y sobre la fuerza de sus fragmentos mitológicos para que sea posible evidenciar el antitipo apocalíptico de las Escrituras de otros eones, para, quizás, sorprenderle en un lapso de consciencia. Tal vez así sea posible reconocer las nuevas batallas, no solo políticas, sino también simbólicas, cuyas ideas pueden circular en redes semiabiertas o en el trasfondo de una cultura con instituciones capaces de un mínimo de inmunización. De todas maneras, los espacios para romper las instituciones políticas e intelectuales más reputadas de una cultura heterodoxa ya son bastante visibles y, como decíamos, aunque no se debe subestimar ningún tipo de

   El Espíritu y la letra. Políticas del sentido

discurso (incluidos los más delirantes, como el de la tierra plana), se trata más de entender que todo está muy dividido en los universos personales o globales, así que el mundo buscará elevar un nuevo Espíritu, o un nuevo nombre absoluto de Dios, que viene y llega muy pronto. Por esa misma razón, ante el Leviatán, ya no se puede prescindir de mediadores también universales a la vida o a la política, bajo pena de encarar, una vez más, una deidad sin frenos en el ámbito global, antes incluso que los titanes despierten para extinguirnos a todos. Es imperativo cuestionarse si el orden del espíritu sobre los cuerpos, sobre las instituciones o sobre las palabras será garantizado predominantemente por una letra de carácter normativo o si será por un orden internalizado mediante una nueva espiritualidad relativamente universal. Ya no hace falta ninguna Casandra para vaticinar acerca de tal destino. Sin embargo, es sumamente importante saberlo para caminar en esas nuevas vías abiertas y en sus modalidades subterráneas, en vez de creer en las promesas de los antiguos medios, aunque sus respectivas instituciones contengan el aliento terrible y pueril de los nuevos tiempos.

El Medioevo: no solo Espíritu Santo, pneumatología y mariología

> La enseñanza, por la cual recibimos los preceptos ordenados para una vida sobria y recta dice que la letra mata si el Espíritu vivificante no está presente. Pero las palabras: "la letra mata, pero el Espíritu vivifica" (2 Cor 3, 6) (*littera enim occidit, spiritus autem vivificat*) no se interpretan solo considerando su sentido literal, como algo escrito metafóricamente con un sentido absurdo.
>
> Agustín, *De Spiritu et Littera*, IV, 6

Sí, el Espíritu y la Letra, para Agustín, son una metáfora, pero eso no es todo. Si no, ¿qué podría ser entonces? Las mismas palabras de la versión de San Jerónimo extraídas de la *Vulgata*,[100] *littera enim occidit, spiritus autem vivificat*, se someten a un procedimiento metalingüístico en este pasaje de Agustín de Hipona. En otras palabras, se trata de no considerarlas de manera igualmente literal, ya que no son solo una ilustración o una defini-

---

100 Tales son las palabras del pasaje mencionado en la *Segunda Carta a los Corintios*: *Epistola nostra vos estis, scripta in cordibus nostris, quae scitur, et legitur ab omnibus hominibus: 3 manifestati quod epistola estis Christi, ministrata a nobis, et scripta non atramento, sed Spiritu Dei vivi: non in tabulis lapideis, sed in tabulis cordis carnalibus.4 Fiduciam autem talem habemus per Christum ad Deum: 5 non quod sufficientes simus cogitare aliquid a nobis, quasi ex nobis: sed sufficientia nostra ex Deo est: 6 qui et idoneos nos fecit ministros novi testamenti: non littera, sed Spiritu: littera enim occidit, Spiritus autem vivificat.* 2 Co. 3:2-6.

ción de metáfora. Entonces, ¿no sería una cuestión moderna de traducción ni una medieval sobre la práctica del comentario? El Espíritu Santo se convierte en el fundamento de todo un sistema semiótico, es decir, es la base de una referencialidad totalmente nueva entre las palabras de las Escrituras y de sus relaciones con las cosas, incluso entre la posición del mundo y del ser humano. Y, sin embargo, no es solo eso.

El espíritu no es solo oralidad de la palabra

El espíritu se relaciona con un problema marginal respecto a la idea de oralidad (aunque exceda este problema). En el famoso estudio de Zumthor, *La Lettre et la Voix*, el aliento, sin duda, sería el mayor punto de referencia de significado en la cultura y en la política de la Edad Media europea. "La voz siempre interviene, simultáneamente, como poder y como verdad. En su aliento están las formas sacramentales y exorcizantes sin las cuales no habría salvación".[101] Incluso antes de la teoría de los actos de habla de Austin, en el siglo XX, la gente medieval entendía la producción de realidades como la medialidad de la palabra hablada. Ya sea en los sacramentos o en actos públicos profanos, el aliento de la palabra fue también fiador de sentido y objetivador de actos de voluntad capaces de crear instituciones, por tanto, mucho más que la palabra escrita en documentos. Por eso, en la Edad Media, la voz "no es, entonces, solo un medio de transmitir una doctrina; es, mientras perdura, la fundadora de una fe. De hecho, hasta la Reforma, y después de ella, la mayoría del clero alimentaba un prejuicio a favor de las comunicaciones orales".[102] Por lo tanto, si el conocimiento y la escritura se vuelven cada vez más interdependientes en los siglos del escolasticismo, se separan cada vez más fuera de ellos. El enunciado de la voz, ciertamente indispensable para la constitución de la verdad en una cultura en la que se entremezclan el texto escrito y la lectura pública (y, por

---

101 Zumthor, 2001: 76, traducción nuestra.
102 *Idem.*

tanto, el oído y la vista eran igualmente importantes) empieza a perder un poco de protagonismo ante la letra.

Marshall McLuhan entendió la Edad Media como una Edad de Oro de la voz y de la pluralidad de los regímenes de verdad, en contraposición al predominio de la escritura en la Modernidad, cuando la verdad (es decir, de la magia a la técnica, de la mística a la política) se concentraría de modo unívoco. Esta posición puede revisarse si se tiene en cuenta que hubo un elemento mediador capaz de relacionar todas estas plurivocidades medievales, precisamente el espíritu. De manera similar, cuando Derrida pensó la escritura como una posible respuesta al fonocentrismo inherente a la metafísica occidental y, más recientemente, cuando Agamben piensa la Voz como un antídoto a la ley, ambos se ponen del lado de la palabra (aquella escrita, esta hablada), aunque otros detalles *sui generis* del espíritu también fueron omitidos en sus respectivas teorizaciones. En ambos casos, se repite una apuesta pneumatológica, si bien bajo un tono judaico en Derrida y bajo un tono cristiano en Agamben. Por tanto, es necesario explorar la cuestión del espíritu para demostrar qué implica esta supuesta elección entre palabra y escritura, que es ciertamente más dinámica que aporética en la Edad Media.

Si, en un momento inicial, la escritura despierta sospechas por parte de los primeros teólogos apegados a la palabra oral, esta preocupación no debe entenderse como una desconfianza hacia la palabra misma, que se vuelve complementaria del espíritu desde los albores de la dogmática y de la teología. Si la salvación estaba en la palabra, ¿cómo garantizaría su relación con la divinidad? Irineo de Lyon, por ejemplo, realiza este fundamento a través del Espíritu Santo. Y, al hacerlo, condena simultáneamente las ideas gnósticas basadas en un apoyo a la exclusividad de Dios en relación con el poder y el conocimiento. En la apertura del cuarto momento de su *Contra Haereses*, advierte sobre las dos manos de Dios: la palabra, fundada en Cristo, y el espíritu, en el aliento creativo, desde que el hombre fue creado: "El hombre es, sin embargo, equilibrio de alma y carne, que fue formado a semejanza de Dios y creado por sus manos, o sea, por el Hijo y por el Espíritu (*per manus ejus plasmatus est, hoc est per Filium et*

Spiritum), por los cuales dijo: 'Hagamos al hombre'".[103] A su vez, aquellos que introducen la diferencia contra el designio divino (y contra la institución eclesiástica) trabajan contra sus manos: "Todos los que parten a locales diferentes y enseñan la diferencia, por más que solamente participen en la blasfemia, maculan mortalmente al enseñar blasfemias sobre Dios, nuestro creador y alimentador, perjudicando la salud del hombre".[104] Así, la palabra es un importante medio para trabajar con Dios, pero también para proferir blasfemias, de manera que sería, en tesis, importante garantizar la salud de los hombres por la palabra de Cristo y por la gracia del Espíritu conforme la unidad forzada de la verdad, algo que, en la práctica, consistió en combatir a los gnósticos.

Ante la posibilidad gnóstica de dividir las tareas del Cosmos entre Dios y los ángeles, seres intermediarios por excelencia, Irineo basa la Omnipotencia del Padre en la palabra de Cristo. Y, dada la capacidad de los hombres para conocer el firmamento, sostiene la exclusividad de la omnisciencia de Dios sobre las cosas mundanas a través de la intermediación del Espíritu Santo. De esta manera, si el Espíritu siempre fue un mediador necesario para el sentido, con Irineo lo sigue siendo, aunque empieza a servir exclusivamente en manos de Dios. A través de ellos, palabra y espíritu complementarían el fundamento de una nueva fe jerarquizada en torno a un poder espiritual y formalizada en cuanto a la adquisición de conocimientos. En esta ecuación, el poder de la escritura y los peligros complementarios de la práctica gnóstica serían todos condenados: pero no para siempre.

Aunque el hablar en público de la liturgia o la expresividad del canto continúen siendo fuertes dispositivos para crear sentido en la cultura medieval, predominarán la lectura silenciosa de los monjes, las notas burocráticas del clero y las oraciones en el pensamiento de los fieles. Según Malcom Parkes, por más que la antigüedad no pensase el texto escrito disociado de la lectura pública, en el contexto medieval, "la lectura en silencio tenía

---

103 Irineo de Lyon, *Contra Haereses*, IV, Intr. 4. Versión utilizada: Irenaeus. Contra Haereses. In: *Selecta Ecclesiae Patrum*, t. 2. Caillau; Guillon (Orgs.). Milano: Antonii Fontana, 1830.

104 Irineo de Lyon, *Contra Haereses*, IV, Intr. 4.

   El Espíritu y la letra. Políticas del sentido

como objeto estudiar el texto de antemano para comprenderlo adecuadamente. El antiguo arte de leer en voz alta sobrevive a la liturgia".[105] Ya en Isidoro de Sevilla, en el siglo VIII, el silencio es considerado más importante que la voz para la lectura. Para él, "la lectura silenciosa (*lectio tacita*) es más aceptable a los sentidos que la lectura en voz alta (*quam aperta*); pues el intelecto es instruido más ampliamente, cuando la voz del lector se calla (*uox legentis quiescit*) y la lengua se mueve en silencio (*sub silentio mouetur*)".[106] En definitiva, la cultura escrita llegó a dominar poco a poco el ámbito de la teología y el propio orden eclesiástico, así como la práctica litúrgica y el derecho canónico.

No obstante, en el ámbito de la teología pura, el espíritu no se limita a la mera expresividad de la palabra ni se resume a una cuestión de actuación institucional, ya sea en la verbalización de los sacramentos o en la ritualización del canto litúrgico. El *sensus spiritualis* se mantiene como un concepto eminentemente hermenéutico en la patrística, pero, durante la escolástica, sostiene una práctica semiótica completamente nueva y original. En ese contexto, el espíritu no es solamente una oralidad o una expresividad en la palabra oral o escrita, pues pasa en el medioevo a un nuevo proceder de significación y de verdad: en otras palabras, el espíritu elabora un nuevo lenguaje. Por las teorías de los cuatro sentidos jerárquicamente ordenados, las Sagradas Escrituras compondrán una red de significados que darán lugar a regímenes de verdad distintos y simultáneos. Puede haber, por ejemplo, un sentido de las palabras en relación con las cosas, que no se confundirá con el sentido de las cosas ante la revelación divina, según distintos matices, etc. Luego, el espíritu interesa, no porque es lo contrario a la palabra, pues la Palabra escrita no es un receptáculo potencial para una gracia de la escritura o de la pura voz, sino, más precisamente, porque es coherente con una cierta gestión del misticismo y de la escatología en la Iglesia medieval.

---

105 Parkes. In: Cavallo; Chartier, 2004: 158.

106 Isidoro de Sevilla, Lib. Sententiarum, III, 14, 9. Versión: Migne, J. P (Org.). *Patrologia Latina*, t. 83. París: Garnier Fratres et J. P. Migne Successores, 1850.

El espíritu no solo es hermenéutica en la Alta Edad Media

Littera Occidit Spiritus vivificat es hermenéutica (pero no es solo eso). La teología del Espíritu Santo se inició en las discusiones religiosas sobre la tercera persona de la Trinidad, como en Orígenes y Basilio de Cesarea, adquiriendo relevancia metalingüística a lo largo de los siglos. Así, surge la doctrina del sentido espiritual (*sensus spiritualis*) y el método alegórico se convierte en un problema central en la patrística y en el escolasticismo, comenzando a fundamentar, cada vez más, la verdad y el conocimiento, extrapolando progresivamente hasta su vocación hermenéutica. El Espíritu Santo empieza a plantear nuevos problemas, como la actuación de la voz y la referencialidad semántica de las escrituras, garantizando el funcionamiento del lenguaje y la constitución de la verdad. Como se podrá percibir, aunque las discusiones pneumatológicas han evolucionado hacia la estilística, la retórica, la hermenéutica y el pensamiento sobre el lenguaje mismo, no han surgido muchas reflexiones sobre aquello que nos sonaría más relacionado al espíritu y sus características, tales como los afectos o simplemente el amor, sea *eros*, sea *ágape*. En líneas generales, el espíritu en las discusiones metalingüísticas del medioevo es pensado más cerca del intelecto que de la sensibilidad.

La pneumatología, por ejemplo, tardó al menos un siglo en comparación con el surgimiento de la cristología, aunque pronto se volvió indispensable para la consolidación integral del dogma de la Santísima Trinidad, requiriendo numerosos esfuerzos de índole intelectual y política para abordar esta misteriosa tercera persona de la deidad. Entre los estudios pioneros sobre el Espíritu Santo, cabe mencionar las contribuciones de Orígenes (185-253 d.C.) en oriente y de Basilio de Cesarea (329-379 d.C.) en occidente. Sin embargo, una doctrina más sistemática sobre el sentido espiritual (*sensus spiritualis*) emergería específicamente con las obras de Agustín de Hipona, alrededor del siglo V d.C., las cuales fueron desarrolladas por innumerables teólogos que lo sucedieron.

Con Orígenes, en parte debido al influjo del neoplatonismo –pues conoció a Plotino y su escuela, si bien siempre mantuvo cierta distancia intelectual–, la naturaleza se divide definitivamente entre un plano espiritual y otro corporal. El espíritu, además de ser un antónimo del cuerpo, desde la lectura de la Segunda *Carta a los Corintios*, también pasa a entenderse como un poder santificador individualizado de Dios, consistiendo en una sustancia eminentemente intelectual. En su tratado sobre los Principios, dice: "'La letra mata, pero el espíritu da vida' (2 Co. 3:6). Seguramente designa por letra lo corpóreo, y por espíritu lo intelectual, que también llamamos espiritual".[107] El Espíritu, sin embargo, no solo pierde su aspecto corporal, sino que, al identificarse con una sustancia intelectual, también pierde su relevancia con el éxtasis, es decir, ese influjo que afectó a los fieles en el hablar en lenguas, que les sonó como la embriaguez por vino a los que no eran creyentes, o en los escándalos en los cultos, que tanto inquietaron a Pablo de Tarso. Finalmente, con Orígenes, el Espíritu es beatificado en oposición a la corporalidad, hasta el punto de convertirse en un poder santificador capaz de llevar el intelecto divino al mundo, a los textos y a quienes merecen ser bendecidos, perdiendo gran parte de su aspecto afectivo. La gracia, por lo tanto, se vuelve aun más rara, ya que Orígenes subraya que generalmente se manifestaría en forma de vestigios y ya no en forma de contacto directo con la divinidad, como supuestamente era el caso de los primeros cristianos.

El autor no entiende la gracia exactamente como un entusiasmo del intérprete de las Escrituras o de quienes pronuncian o reciben la palabra de Dios, sino de quienes estudian las Escrituras con paciencia y en silencio, para que se pueda comprender cómo "lo que creemos que son las palabras de Dios no están escritas

---

107 Orígenes, *De Principiis*, I, 1, 2. Versión latina utilizada: "'*Littera occidit, spiritus autem vivificat.' In quo sine dubio per litteram corporalia significat, per spiritum intellectualia, quae et spiritalia* [sic] *dicimus*". Versión: Orígenes. *De Principiis* [*Peri Archon*]. In: Id. *Die Christlichen Schriftsteller der ersten drei jahrhunderte. Origenes, Band V.* Leipzig: J.C. Hinrich'sche Buchhandlund, 1913.

por hombres (*non humanitus*)".[108] El espíritu, aunque fuese una gracia santificante efectivamente presente en el mundo, que no coincide exactamente con las ideas ininteligibles de Platón, se piensa platónicamente como participación en las escrituras inspiradas. En otras palabras, aunque también inspirase al intérprete, cae más comúnmente en la profundidad misma de la Escritura. En lugar de enfatizar el contacto con Cristo, Orígenes elogia el trabajo intelectual de reconocer la inspiración divina sobre los textos sagrados. Y no solo en los escritos de los apóstoles, sino también en los escritos del Antiguo Testamento.

Orígenes entra en la problemática lingüística del Espíritu Santo, sobre todo para realzar el carácter intelectual del *lógos*. En su tratado principal sobre la inspiración intelectual de las escrituras, él no se refiere a un poder verbal de rebelión, que superaría su materialidad textual y disposición verbal. Y así lo piensa, pues las palabras serían inexactas, mientras que el significado sería realmente importante. "Quien trata de la verdad debe preocuparse poco por las palabras y las expresiones (*parum de nominibus et sermonibus curet*), porque en cada pueblo las palabras tienen usos diferentes (*diversae verborum consuetudines habentur*); hay que prestar más atención a lo que se quiere decir que a lo que se quiere decir con las palabras, sobre todo cuando se trata de realidades tan elevadas y difíciles".[109] El significado espiritual equiparado con el significado sigue siendo una especie de defensa contra la posibilidad de un espíritu desordenado, verboso o escandaloso, incluso más que en Pablo, ya que el apóstol habría buscado controlar, pero no evitar, las manifestaciones más extrañas de esta gracia.

Y la salida de Orígenes para evitar los problemas más "espirituales" del espíritu es la misma que siempre se ha tomado con la intención de ser prolijo sobre temas inescrutables: crear divisiones ante la falta de respuesta. Por supuesto, en un intento de ignorar el lado sensible del espíritu, el autor lo equipara con el plan intelectual del significado y luego lo ordena en tres tipos en

------

108 Orígenes, *De Principiis*, IV, 1, 6.
109 Orígenes, *De Principiis*, IV, 3, 15 (27).

   El Espíritu y la letra. Políticas del sentido

un orden ascendente de perfección. "Así, pues, como el hombre es entendido como cuerpo, alma y espíritu, también son las Escrituras Sagradas, las cuales han sido dadas para la participación de la salud divina de los hombres".[110] Así, la pneumatología fue una especie de protosemántica, y se puede decir acerca de ella que, en su génesis, el significado ya nace pensado en cuanto una forma de escalonamiento entre una escritura inmediata y una escritura elevada, mediada por el espíritu.

¿Cuál fue el precio de esta concentración de poder espiritual por medio de una beatificación intelectual del mundo? En definitiva, la literalidad será considerada judaísmo, la mística será escándalo, así como las lecturas más inmediatas o politizadas de las escrituras serán consideradas heréticas. Sobre los judíos y los herejes, Orígenes advierte textualmente que "la causa de estas opiniones falsas, estas maldades y estas palabras tontas acerca de Dios parece no ser otra que el hecho de que interpretan las Escrituras sólo conforme el sonido de la letra (*secundum litterae sonum intellegitur*) y no en su sentido espiritual".[111] Este control del espíritu y su reubicación en el plan del sentido –cuya lectura está reservada exclusivamente a los elegidos para recibir la gracia de Dios– fueron la base de la semiología pneumatológica, que, desde entonces, ha podido continuar su curso.

A su vez, Basilio de Cesarea, uno de los padres de la Iglesia en Occidente, fue el máximo defensor de la divinidad del Espíritu Santo y fundó las bases de la pneumatología posterior, aunque en medio de conflictos teológicos críticos. Entre los Concilios de Nicea (325 d.C.) y de Constantinopla (381 d.C.), entre tantas *fake news* de la era de Constantino, hubo una gran disputa sobre la naturaleza de Dios y del Hijo. La posición ganadora fue la suya, defendiendo la consustancialidad entre el Padre y el Hijo, a diferencia de otras tendencias, como la de los arianistas, que defendían una esencia secundaria a la persona del Hijo. Basilio, además de defender el credo niceno contra el arrianismo, también estableció una doctrina contra las tendencias macedonias,

---

110 Orígenes, *De Principiis*, IV, 2, 4.
111 Orígenes, *De Principiis*, IV, 2, 2.

que negaban la divinidad del Espíritu Santo. De esta manera, fue un importante precursor de la pneumatología, porque, hasta entonces, los debates entre los sacerdotes de la Iglesia eran casi exclusivamente cristológicos.

Para Basilio, la venida de Cristo habría quitado el velo que cubría las escrituras para materializar la realidad que señalaban. Así, el autor consolida la concepción cristiana de la caducidad de la ley e, indirectamente, de la historicidad de la escritura. En esta deriva fonocéntrica, propia de la metafísica occidental, el sentido se convierte en el polo vivo y cambiante del lenguaje, adaptándose a cada contexto, a diferencia de los significantes o del propio texto material, que se consideran superfluos, inconvenientes o incluso pura ignorancia, como se suponía que sucedía en la lectura de los judíos. En todo caso, Basilio dice que Moisés, a su vez, fue un judío que se quitó, en la medida de lo posible, el velo de la Ley, porque pudo volverse a Dios y, quien lo hace, también realiza una contemplación espiritual. Sobre el tema del lenguaje, Basilio concluye que:

> El que se aferra a la letra y se limita a los requisitos legales tiene su corazón algo velado por una interpretación literal, como los judíos. Esto se debe al desconocimiento de que la observancia material de la Ley fue abolida en el momento de la venida de Cristo y, finalmente, que los tipos ahora se han hecho desvelamiento (*tôn túpôn loitpòn metalêphthéntôn eis tên alêtheian*). Las lámparas son innecesarias cuando sale el sol; y la Ley queda obsoleta, las profecías se silencian, cuando la verdad se manifiesta.[112]

Además de la cuestión del lenguaje, el espíritu se convierte, con Basilio, en la fuente de toda la jerarquía, ya sea en el mundo espiritual o en el mundo material. Sin él, ni siquiera los ángeles u otras denominaciones de los poderes celestiales, como tronos, dominaciones y potestades, permanecerían en orden, ya que ninguno de ellos sería divino por su naturaleza. Al contrario, sería precisamente el Espíritu Santo quien les otorgaría la justa

---

112 Basilio, *Liber de Spiritu Sancto*, 21, 52. Versión: Basilius Magnus, *Liber de Spiritu Sancto*. In: Migne, J. P (Org.). *Patrologia Graeca*, t. 32. París: Imprimerie Catholique, 1886.

          El Espíritu y la letra. Políticas del sentido

medida de santidad. El autor ejemplifica muy bien esta construcción conceptual en la figura de un coro: "Imagine una supresión del Espíritu. Los coros angelicales se romperían (*léluntai mèn angelôn choreîai*), se restaría la precedencia entre los arcángeles, se revolucionaría todo el conjunto, la vida entre ellos se volvería ilegal, desordenada, indeterminada (*anomothétêtos, átaktos, aoristos autón he Zoé*)".[113] Esta jerarquía se extiende también a asuntos mundanos como las leyes o la disposición del mundo, ya que, para Basilio, "no es posible, sin el Espíritu (*áneu toû Pneúmatos*), mantener una vida según las leyes; con el comandante ausente, no se conserva el orden en el ejército, o la armonía en el coro sin la dirección del coreógrafo".[114]

Sin embargo, si bien se recuerda la participación de Basilio en el credo niceno y en la consolidación de la pneumatología, muy poco se le atribuye sobre un aspecto fundamental de este momento en el pensamiento occidental: la comprensión de que el espíritu (*ruah*), que hasta entonces era un término conjugado en forma femenina en el *Bereshit*, que era un sustantivo neutro (*pneûma*) en la versión griega de la *Septuaginta*, se convierte en un sustantivo masculino (*spiritus*) en la teología latina, especialmente por la *Vulgata*. Al mismo tiempo, adquiere un aspecto de ley inmanente, todavía a la altura de la filosofía del estoicismo ordinario de la época, como si se tratara de un principio que crea y ordena la vida a la vez, perdiendo ciertamente mucho de su aspecto femenino de fertilizante o de cultura.

La pneumatología, Basilio y su hermenéutica impactaron decisivamente en el pensamiento de Agustín de Hipona, que consolidaría la interpretación alegórica y refutaría la lectura literal o milenarista de la Sagrada Escritura. El mismo Espíritu Santo se revelaría a los hombres solo en imágenes espirituales, como fuego, halos o palomas. Asimismo, Agustín lee al Espíritu Santo en clave alegórica, por lo que las portentosas imágenes de fuego o paloma en las Escrituras deben leerse con moderación,

---

113 Basilius Magnus, *Liber de Spiritu Sancto*, 16, 38.

114 *Idem.*

ya que solo serían un medio simbólico para que Dios se manifestase sobre problemas demasiado simples o demasiado complejos:

> Por lo tanto, aunque esa paloma se llama Espíritu Santo (Mt. 3:16), y se dijo sobre el fuego: Y aparecieron como lenguas de fuego, que se repartieron y se posaron sobre cada uno de ellos, y comenzaron a hablar en otras lenguas, como el Espíritu Santo les instó a hablar (Hch. 2:3-4), para referirse al Espíritu Santo, por este fuego así como por la paloma, no podemos, sin embargo, llamar al Espíritu Santo Dios-paloma, ni Dios-fuego, como llamamos al Hijo de Dios y Hombre. Tampoco podemos llamarlo así cuando al Hijo se le llama Cordero de Dios al decir, no solo Juan el Bautista: Aquí está el Cordero de Dios (Job 1:29), sino también Juan el evangelista, el vidente del Cordero inmolado en Apocalipsis (Ap. 5:6). Porque la visión profética no se muestra a los ojos corporales a través de formas corporales, sino que se muestra al espíritu, a través de imágenes espirituales de los cuerpos (*sed in spiritu per spirituales imagines corporum*).[115]

El espíritu llega a ser considerado en tres significados distintos. En tanto adjetivo, como en el ejemplo de "imagen espiritual", es una característica de algo que participa en la divinidad, como una cualidad de ser sagrado. Lo espiritual también aparece como sinónimo de la mente humana individual, como mostrarse al espíritu, un uso que, aunque no sea común en el mundo antiguo, se ha vuelto cada vez más común, incluso hoy. Finalmente, el Espíritu puede ser la persona de la Trinidad, que sería como fundamento de la alegoría hacia las verdades de la religión cristiana. Esta última utilización, en especial, es merecedora de atención, pues en torno a ella se pueden leer una serie de usos y abusos que marcan la afirmación de la jerarquía del mundo y también de las políticas del sentido en el Medioevo.

Las palabras de Pablo, "la letra mata y el espíritu vivifica" se convierten, desde Agustín, en la mayor institución hermenéutica medieval. En ellas, la nueva religión no solo buscó afirmar la relativización de ciertas partes de las escrituras por algún tipo

---

115 Agustín. *De Trinitate*, II, 6, 11. Agustín. De Trinitate. In: Migne, Jean Jacques. *Patrologia Latina*, v. 42. París: Excudebat Migne: 1815-1875.

   El Espíritu y la letra. Políticas del sentido

de conveniencia teológica, sino que también sirvió para refutar incluso la prevalencia del texto ante una entidad noética trascendente, llamada Espíritu Santo. La letra sin el espíritu sería causa de error y pecado, por lo que esta comprensión espiritual se convierte en un pilar insoslayable de la lectura misma. Según Gérard Verbeke,[116] la teología de Agustín fue la culminación de un proceso de "espiritualización", es decir, de trascendentalización del antiguo pneûma. Desde el comienzo de la vida, se convierte en fundamento divino que da la gracia tanto para la salvación de los hombres como para la correcta comprensión de las Sagradas Escrituras. Para Agustín, sin el Espíritu, la escritura —o simplemente la letra de la ley— sería peligrosa, ya que llevaría a los hombres (en especial a los judíos) a la corrupción, porque, supuestamente, aunque defendieran la santidad de la Torá, nunca podrían cumplirla en su totalidad. Así, el cumplimiento efímero de la ley, como en la defensa de los Diez Mandamientos o en el ritual de la circuncisión, no garantizaría la buena fortuna ni la salvación de una persona en su pensamiento. Al contrario, constituirían una ilusión de estar con Dios que solo podría llevar a la muerte, ya que ninguno de ellos lograría vencer el pecado solo. Por eso la gracia del Espíritu sería tan fundamental, ya que solo él podría otorgar redención y perdón a los hombres. Volvamos al epígrafe de esta jornada:

> La enseñanza, por la cual recibimos los preceptos ordenados para una vida sobria y recta dice que la letra mata, si el Espíritu vivificante no está presente. Pero las palabras: "la letra mata, pero el Espíritu vivifica" (2 Co. 3:6) (*littera enim occidit, spiritus autem vivificat*) no se interpretan solo considerando su sentido literal, como algo escrito metafóricamente con un sentido absurdo.[117]

Toda la pertinencia metalingüística del pasaje anterior, sin el corte, gana inmediatamente un tono simultáneamente intelectualista y ascético:

---

116 Verbeke, 1945.

117 Agustín, *De Spiritu et Littera*, IV, 6. Agustín. De Spiritu et Literra. In: Migne, Jean Jacques. *Patrologia Latina*, v. 44. París: Excudebat Migne: 1815-1875.

No las entendamos como suenan las letras, sino que, teniendo en cuenta otro significado, alimentemos al hombre inferior con inteligencia espiritual. Porque el deseo de la carne es muerte, mientras que el deseo del Espíritu es vida y paz (Rom. 8:6). La interpretación literal sería la misma que entender en el sentido carnal lo que está escrito en el *Cantar de los Cantares*, que no conduciría al fruto de un amor lleno de luz, sino a sentimientos de lujuria libidinosa.[118]

La ecuación de que la letra mata y el Espíritu vivifica, en Agustín, tampoco es solo hermenéutica porque encierra graves consecuencias jurídicas y políticas. En primer lugar, porque optar por su hermenéutica ya es una posición política. Ahora bien, el control hermenéutico está en la facultad exclusiva del intérprete del clero en establecer las relaciones miméticas. Simultáneamente, su proceder consiste en revelar explícitamente las claves del sentido espiritual, por ejemplo, por la imagen de la persona del espíritu en las lenguas de fuego de Pentecostés como universalismo de la fe, por el amor divino en los versos eróticos del *Cantar de los Cantares* como meditación a la sabiduría, entre tantas otras opciones. En resumen, Agustín consolida la posibilidad de una única respuesta correcta para problemas materiales e intelectuales, aun si, de manera concreta, todos los curas la interpreten de manera distinta. Finalmente, ese tipo de alegoría que luego revela lo que estaba supuestamente oculto, por más que haya sido el fundamento de toda la retórica del *sermo humilis* en las letras cristianas durante muchos siglos, se vuelve demasiado simplista para el lector actual. ¿Y por qué razón sería así? Posiblemente porque la decisión política más importante ha sido reducir la hermenéutica a un problema de sentido y no de imaginación. Y lo es por restringirla a lo semántico, aunque la belleza y la profunda afección del texto agustino en su retórica se mantiene como misterio para su propia obra, que llega a la ascesis con las propias palabras, en una especie de elegía de la propia lengua latina y, sobre todo, porque sus potentes imágenes,

---

118 Agustín, *De Spiritu et Littera*, IV, 6.

capaces de llevar a su lector a las lágrimas por su perspicacia con la desesperación y la vanidad, resumen una existencia humana.

Además, tales misterios no se entienden como meros tropos del lenguaje, como metáforas o incluso como alegorías. El ascetismo de Agustín, nuevamente, no es mero moralismo sino la supervivencia posible, en ámbito canónico, de los ejercicios espirituales estoicos o de la mística iniciática de los neoplatónicos, de manera que su propia letra sea un nuevo *medium* espiritual muy profundo y mucho más allá de meras reglas hermenéuticas.

Por otro lado, el condicionamiento del lenguaje figurativo en un plan de comprensión separado y, simultáneamente, la consolidación de un campo político restringido al simbolismo también plantean discusiones profundas. Es decir, ante el no advenimiento del Reino hasta el siglo V, Agustín privilegió lo indirecto sobre lo directo, lo figurativo sobre lo literal o, especialmente, la alegoría de Filón sobre el mesianismo de Pablo. Taubes resumiría este procedimiento afirmando que "la esperanza en el reino milenario es expulsada en forma definitiva de la Iglesia, y de aquí en más se vuelve un asunto de las sectas. En el lugar de la escatología *universal* aparece la escatología *individual*. Lo central es ahora el destino del alma, y el tiempo final es expulsado del último día de la vida humana".[119] Por fin, la separación de la literatura profana de la literatura sagrada es una de las consecuencias políticas más expresivas de este curso alegórico legado por Agustín, más concretamente, el establecimiento de una hermenéutica que ha simbolizado las cosas, pero que no ha cosificado suficientemente los símbolos.

El espíritu no es solo sentido espiritual

Para un lector actual, el sentido espiritual medieval (*sensus spiritualis*) no es solo un presupuesto hermenéutico para descubrir la semántica profunda de los textos y de los signos, sino también una forma de entender y relacionar los propios signos, formando, luego, un completo sistema semiótico (aunque esto

---

119 Taubes, 2017: 110.

todavía no sea todo). La oposición entre Espíritu y Letra, comentada por Agustín como alegoría, se convierte progresivamente en un método capaz de garantizarle una nueva referencialidad al lenguaje y nuevos procedimientos semióticos basados en las relaciones entre los signos de los textos bíblicos y los vínculos entre estos y la realidad. En este gesto, la palabra escrita vuelve a acechar las dos manos de Dios, ya que la Escritura centrará en torno a sí nuevos sistemas de verdad y referencia, incluso para las almas de los hombres, incluso para el orden del mundo. A partir del camino alegórico legado por Filón, Orígenes y Basilio, autores del siglo XII como Ricardo de San Víctor y Hugo de San Víctor asumieron este giro semiótico basado en la diferencia de sustancia entre escrituras profanas y sagradas. "En los libros de los gentiles, las voces significan cosas solo a través del intelecto (*tantum mediantibus intellectibus*). En las Sagradas Escrituras, no sólo el conocimiento y las cosas significan, sino las cosas mismas significan otras cosas (*ipsae res alias res significant*)".[120] En el concepto de teóricos tales como Beryl Smalley o Friedrich Ohly, esta diferencia no solo importa para una escala evaluativa entre lo que es canónico y lo que no lo es, sino también para reconocer que el significado espiritual concierne a las cosas del mundo, además de las palabras. El significado literal sería, por tanto, el conocimiento banal de una palabra de una experiencia del mundo, mientras que el de las escrituras daría el verdadero significado que surge de las cosas mismas. "Así, diferenciamos un doble sentido, uno del sonido de la palabra a la cosa, del *vox* al *res*, y otro superior, ligado a la cosa que apunta de la cosa a algo superior".[121] Según Ohly, el significado de la voz (*vox*) sería la atribución de los hombres, pues las palabras conciernen a la comunicación humana y se basan en instituciones también humanas. El significado de Dios, a su vez, proviene de su propia creación y sería deber de los hombres conocer su palabra en sus propias cosas (*res*), a través de instituciones divinas.

---

120 Hugo de San Victor. *Speculum Ecclesiae*, cap. 8. Hugo de San Victor. Speculu Ecclesiae. In: Migne, J. P. (Org.). *Patrologia Latina*, t. 177. París: Imprimerie Catholique, 1854.

121 Ohly, 2005: 5.

 El Espíritu y la letra. Políticas del sentido

En líneas generales, el método alegórico, a lo largo del medioevo, deja de ser una mera interpretación de las cosas para proporcionar una profusión de nuevas relaciones entre los propios signos, con un breve retorno a la semiótica. Al estudiar la relevancia de la voz en el sistema simbólico de la Edad Media, Paul Zumthor también señaló que la alegoría, hasta ese momento, no era más que un método de interpretación y no existía una distinción clara entre la realidad de las cosas y su iconicidad. A su vez, "El siglo XII vivió esporádicamente las primeras dudas".[122] A partir de entonces, se establece una forma completamente nueva de concebir los signos, cuando surgen nuevos regímenes de referencialidad y verdad a partir de una radicalización de la división cuaternaria del signo. Además del sentido literal, la escolástica consideró tres tipos de sentido espiritual: el *moral*, que se refería a alguna recomendación en la conducta; el *alegórico*, que ponía de manifiesto las verdades de la Iglesia o la correspondencia entre el Antiguo y el Nuevo Testamento; y el *anagógico*, significado que remitía a los grandes misterios de la fe y la gloria eterna. Esta teoría demuestra, por tanto, la relación entre espíritu y palabra en la Edad Media y apunta también a una jerarquía de sentido, que iría desde lo más terrenal, lo literal, hasta lo más sublime, lo anagógico. Al respecto, Friedrich Ohly recuerda que "Un ejemplo común que se suele retomar en la Edad Media es el de la palabra Jerusalén: históricamente es la ciudad de la tierra; alegóricamente es la Iglesia; tropológicamente es el alma del creyente; anagógicamente es la ciudad paradisíaca de Dios".[123] Todas estas subdivisiones metafóricas de los sentidos espirituales proporcionarán diferentes prácticas intelectuales de relacionar signos o símbolos, según determinado ámbito jerárquico.

Esto no se traduce en libertad sin restricciones. Por el contrario, los cuatro sentidos se restringían bastante, al menos en teoría, a la literatura canónica. En Tomás de Aquino, por ejemplo, es muy notorio cómo la alegoría realmente espiritual no pudo trasladarse a la literatura vulgar o los clásicos del paganismo,

---

122 Zumthor, 1993: 27.
123 Ohly, 2005: 17.

reservándose a escrituras o verdades eternas, para garantizar precisamente la posibilidad de una verdad coherente y eterna construida en conformidad con las cosas. Esto sería diferente de las alegorías de la poesía o la retórica, que, en teoría, serían figuraciones basadas "tan solamente" en palabras. La alegoría, a su vez, deja de ser un tropo del lenguaje para convertirse en diversas modalidades de práctica semiótica, comenzando a sustentar nuevos regímenes de verdad y nuevas formas de interacción entre palabras y cosas.

> Pertenece al poder de Dios utilizar para la expresión de cualquier verdad no solo palabras, sino también cosas. Y así la verdad ha sido manifestada en las Escrituras por dos modos: Por un modo, el sentido literal (*sensus litteralis*), en el cual las cosas son significadas por palabras (*res significantur per verba*), que es el sentido literal. Por el otro modo, el sentido espiritual (*sensus spiritualis*), las cosas son figuras de otras cosas (*res sunt figurae aliarum rerum*).[124]

Pero ese sistema no fue perfecto y, por lo tanto, nunca logró abarcar los vacíos de sentido y tampoco llegó a encontrarle lugar a todas las metamorfosis del sentido. Primeramente, Tomás reconoció la necesidad de una lectura más abierta y anárquica de las escrituras cuando las separó en su *Summa Teologica*, en la cual postuló un sentido también por el camino de la pura gracia conocedora (mística), o sea, más allá del camino más común de la creación (escolástica). Si este último consistiría en la actividad filosófica por excelencia, capaz de especular sobre realidades espirituales, cuyo fin sería la contemplación metódica del universo y la disposición de las cosas, el primero sería el camino de la gracia, resultado de la recepción directa del don de la Persona Divina, que consistiría en la difusión del amor mismo, mediado por el Espíritu Santo. Tomás afirma que: "Don es el nombre propio del Espírito Santo. (...) Don implica, por tanto, donación gratuita. Y el amor, la razón de la donación gratuita. Le damos

---

124 Tomás de Aquino. *Quaestiones Quodlibetales*, VII, q. 6, art. 1. Tomás de Aquino. *Quaestiones Quodlibetales*. Raymundi Spiazzi (Org.) Torino: Marietti, 1956.

a alguien algo por gracia porque lo amamos".[125] Y, en razón de
este contagio místico, incluso los más humildes podrían recibir
gracia o sabiduría para la elevación espiritual. Por tanto, en la
teoría tomista no se puede descartar la posibilidad de un sentido
místico del don del Espíritu Santo, algo que, en realidad, era una
forma de absorber las aporías de gran parte de la literatura de
los primeros sacerdotes de la Iglesia, así como los principales
misterios de la fe.

En efecto, más allá de la mediación del Espíritu Santo por la
vía de la gracia, la semiótica teológica no tardó en deconstruirse
en su propia inmanencia. O sea, las metamorfosis de los signos
no necesariamente respetaron los ámbitos semióticos del sentido
espiritual y la contención del método alegórico de construcción
de la verdad no llegó a fundamentar el nudo entre las palabras
y las cosas. Primeramente, el método alegórico trataba de las
Escrituras, pero también llegó a ser aplicado a las lecturas de
los clásicos paganos que intentaba cohibir, como Homero, Ovidio y Virgilio, del mismo modo que "inspiró" a la composición de
la nueva poesía que nacía.[126] La propia estructura de la *Divina
Comedia* separa, desde el título, un aspecto literal y mundano
contrapuesto a un sentido divino, el cual se puede vislumbrar
por abstracción. Pero en obras en prosa, como en su carta XIII,
a Cangrande della Scala, Dante no solo explicita la manera de
leer su obra mediante la teoría de los cuatro sentidos, sino que
amplifica la capacidad de polisemia y de expansión de sentidos
profundos más allá de las Escrituras Sagradas, de manera que
toda poesía nueva o incluso la profana podría participar de los
sentidos espirituales. "Por eso, esos sentidos se han denomi-
nado de modo diferente, en general, todos pueden ser llamados
alegóricos (*omnes dici possunt allegorici*), pues son diversos del
sentido literal (o histórico). Pues alegoría es llamada a partir
del griego 'alleon', que en latín es dicho alienum o diferente".[127]

---

125 Tomás de Aquino. v. I, q. 38, art. 2. In: Id. *Suma Teológica*, v. 2. San Pablo:
    Loyola, 2001.
126 Ohly, 2005: 26.
127 Dante, Epistola della Cangrande 7, 155. "*Et quamquam isti sensus mystici
    variis appellentur nominibus, generaliter omnes dici possunt allegorici,*

En última instancia, el *sensus spiritualis* medieval difunde una impactante imaginación bíblica, si bien esta ocurre bajo una institución y está mediada por un conjunto de reglas.

Cuando Marshall McLuhan afirmó que hubo un predominio de la oralidad en la Edad Media, frente a los medios escritos de la modernidad, también afirmó la posibilidad de una pluralidad de campos de conocimiento. Para el autor, la cultura oral medieval tiende a la simultaneidad de significados mientras que, en la visualidad post-tipográfica, se produciría el análisis, la especialización y la separación del conocimiento y la verdad. La simultaneidad de los sentidos espirituales en Santo Tomás podría entenderse en esta posición como una pluralidad inclusiva frente a la abstracción de una unicidad de conocimiento o de sentido después del establecimiento de la prensa. "El hombre visual del siglo XI es impelido a separar nivel a nivel, y función a función, en un proceso de exclusión especializada (*specialist exclusion*)".[128] El problema con el análisis de McLuhan está en subestimar la singularidad del conocimiento garantizada por la instrumentalización de la mística, ya sea en la jerarquía de significados espirituales o en la sacramentalización de la mística, incluyendo el "camino de la gracia" de Tomás. Estos factores demuestran que la inclusión del sentido escolástico también es excluyente. Y no solamente por el desdén de la literatura ordinaria, como recuerda Friedrich Ohly, sino también por los aspectos más viscerales de la espiritualidad, algo que le falta a la teología.

Así, toda la rica pluralidad de significados posiblemente fue una gran aliada del poder simbólico y temporal de la Iglesia Católica, teniendo en cuenta que se consideraba como la única capaz de mediar todas las diferencias y de establecer no solo las jerarquías temporales, sino también las espirituales, que no eran más que escalonamientos de las relaciones entre los signos. En esas políticas del sentido, las imágenes, las Sagradas Escrituras, las

quum sint a litterali sive historiali diversi. Nam allegoria dicitur ab 'alleon' graece, quod in latinum dicitur 'alienum', sive 'diversum'. Versión: Dante. *Le Opere di Dante. A cura de E. Moore.* Oxonii: Estampería dell'Università, 1924: 415.

128 McLuhan, 1962: 111.

costumbres y los mitos se entendían según diferentes ámbitos, jerárquicamente estables –más exactamente, el análisis lingüístico, la moral, la pastoral o la teología profunda–, aunque era el propio clero quien definía estas divisiones de la verdad y sus respectivas reglas de proceder, ya que, obviamente, mantuvo el monopolio de la cultura letrada.

En cuanto a la vía mística de producir sentido, como el mismo Tomás la definió, tampoco hay salida, sino un procedimiento más, ya que, desde el pseudo-Dionisio Areopagita, la Teología Mística se pensó en plena conformidad con una jerarquía celestial. En un estudio no precisamente sobre el Espíritu Santo, sino sobre la instrumentalización eclesiástica de la idea de fe, Iogna Prat entiende que la Iglesia no solo funcionaba desde la metáfora, sino también según la fuerza de la metonimia. Eso es sumamente importante para entender que, además de que la Iglesia sea metafóricamente Jerusalén, también era muy significativo pensar metonímicamente cómo la piedra de la Iglesia podría ser confundida con la piedra angular de la espiritualidad cristiana, tanto como la construcción material de los templos se consideraba sinónimo de la Iglesia como comunidad (*ekklesía*). En el límite, aún hoy esta metonimia entre la Iglesia como cualquier forma de templo es una práctica lingüística que mantiene a la Iglesia católica en una posición hegemónica ante las asociaciones cristianas o, especialmente, frente a otras religiones, pues, al fin y al cabo, normalmente solo el templo católico es llamado Iglesia sin necesidad de alguna otra determinación. Para el autor, "la confusión de tipo metonímico entre iglesia-monumento e Iglesia comunidad, característica de las representaciones gregorianas, dice mucho sobre el fenómeno de petrificación, de monumentalización de la Iglesia, de la cual el papado convertido en una verdadera monarquía espiritual asume la visibilidad terrena por las necesidades de su propia soberanía".[129] En este enfoque metonímico, y no precisamente por fidelidad al evento de la Resurrección, la Iglesia Católica pudo vincular una identidad religiosa con una identidad universal.

---

129 Iogna-Prat, 2016: 111.

La difusión de la alegoría ya no como figura poética o como imaginación interpretativa, sino como método, ciertamente fue una ofensiva del enfoque semiótico del lenguaje sobre el enfoque semántico, expresada principalmente en el aliento de las acciones humanas. Es en este último polo, es decir, en el campo pragmático del lenguaje, en el cual conviven la escritura y el habla, los gestos y las palabras, las comprensiones y los contenidos implícitos, el Espíritu Santo fue el gran fiador de las palabras y de las cosas en la Edad Media. Algunas veces como sentido, otras como voz, el Espíritu logró establecer un vínculo duradero entre las palabras, el hombre y el cosmos, aunque la letra judía y el aspecto erótico del espíritu hayan sido excreciones problemáticas. Eso no sólo se debe a su poder divinizador, cuya gracia lograría santificar el mundo al orden intelectual de Dios, tal como ocurrió en el pensamiento de Orígenes. En general, el poder del Espíritu Santo también estuvo mucho más allá de la metafísica, convirtiéndose en un dispositivo para santificar y conceder valor canónico a los actos de habla, como los sacramentos, además de proporcionar a los exégetas la consolidación de una cadena semántica estable y teóricamente capaz de vincular a los hombres a una jerarquía celestial, a los diferentes grados de significado e incluso a las realidades espirituales.

Ciertamente, todo este orden simbólico tuvo puntos de tensión desde sus inicios, como en el abandono de la afectividad en detrimento de la intelectualidad en Orígenes o la selectividad de sentido en la lectura alegórica. Sin embargo, también desde sus inicios, estos procesos han fallado, ya sea en la necesidad de combatir las exageraciones del canto litúrgico, en la extrapolación semiótica de la alegoría a la literatura profana o, incluso, en la deriva de un sentido místico en Tomás de Aquino. Esta relación entre mística y letra será investigada en la jornada siguiente, en la cual se discutirá el pensamiento escatológico de Joaquín de Fiore y algunos de sus impactos. De todos modos, el Espíritu Santo no es solo una metáfora absurda para Agustín y para sus sucesores, pues también ha sido siempre una práctica semiótica y no solamente semántica. Decir que fue una práctica semiótica también es decir que supo sostenerse directa o indirectamente

   El Espíritu y la letra. Políticas del sentido

a partir de textos y contextos de todos los aspectos de la vida e incluso que fue capaz de nutrir o nutrirse de lo que la sobrepasa, como la muerte o la imaginación. Finalmente, por más que no haya sido solo por esos factores —ciertamente también por la mediación del sentido espiritual, por la elasticidad del poder santificador del Espíritu Santo y por la pluralidad de significados concomitantes provistos alegóricamente—, la Iglesia Católica latina se ha extendido hábilmente entre tantas esferas intelectuales y entre tantos pueblos.

El espíritu no es solo el Espíritu Santo

El Espíritu Santo, en la Edad Media, era una doctrina (tanto política como metafísica), era hermenéutica y era, además, un conjunto de sistemas simbólicos, pero eso no es todo. Entonces, ¿qué quiere el espíritu en la Edad Media? Por caminos oblicuos, hay algunos aspectos espirituales que no formaban parte de la teología y del poder eclesiástico. Entre esas vías, se encuentra el problema de la veneración —culto, en realidad— a la Virgen María, especialmente a partir del siglo XI, algo que siempre ha sido un gran problema para la teología del Espíritu Santo, ya que la madre de Cristo supuestamente amenazaba suplantar el tercer elemento de la Trinidad. Y esta tensión es realmente evidente: María da vida, el Espíritu Santo da vida. María personifica a la Iglesia, el Espíritu lidera la Iglesia. María consuela, el Espíritu es Consolador. Y, lo que es más importante, María ha sido a menudo considerada literalmente la *mediatrix*, mientras que el Espíritu es igualmente un intermediario entre los hombres y el Padre. En general, la mariología sigue siendo una rama de estudios dedicada, en última instancia, a refutar la posibilidad de divinización de la madre de Dios y, en consecuencia, preservar la Trinidad a toda costa.

La relación entre el Espíritu Santo y el culto de María, o incluso la mariología, es de enorme importancia para comprender el camino histórico del espíritu. En un artículo dedicado a este tema, Laurentin resume la posición problemática de la mariología en relación con la pneumatología, para afirmar que María sería un signo vivo del Espíritu Santo. "Ella es el signo terrestre (*signe terrestre*) realizado del Espíritu (*de l'Esprit*) que forma el Cristo en la vida de los hombres y que reúne a los hombres en la unidad del Cristo".[130] María no solamente se parece (*sicut*) al Espíritu Santo, sino que también es la realización de un signo *terrestre*, o sea, telúrico, del Espíritu sin el cual no sería posible la formación de un cuerpo de Cristo. La definición teológica de la mariología abre una problemática única para definir algunos arcanos en la relación indisoluble entre vida, política y significación.

Por una vía tangente a tal problema, la mariología tradicional –y la mariología más reciente lo reconoce, como demostraremos– subestima a la Tercera Persona en el seno de la Iglesia Católica. Esa marginalización se debe principalmente al riesgo de entender a María y al Espíritu como mediadores en un sentido amplio, con el inconveniente de confundir la Trinidad y de enfatizar una miríada de nuevos mediadores entre los planos humano y divino. Para la visión de la teología católica tradicional, "todas las veces que se han querido instaurar intermediarios entre Cristo y nosotros, como hicieron los gnósticos, recaemos sin resistencia en una cascada infinita de nuevos mediadores. Es contra ese riesgo que san Pablo nos advierte".[131] Ahora bien, llegamos aquí al punto central de este ensayo pues se indica cómo, para comprender la profusión de nuevos medios, mediadores y tecnologías, es imprescindible comprender al Espíritu de la teología, que siempre ha buscado ser el único. No es sin razón que, hasta hoy, no tenemos suficientes categorías filosóficas para comprender el estatuto ontológico y el impacto sobre nuestras vidas por parte de las imágenes, de los ambientes o incluso de las relaciones y del universo. Abrir las puertas para pensar en otros mediadores paralelos a la deidad unitaria puede llevar a una comprensión más fragmentaria sobre la función más profunda de esos mediadores, algo inaceptable

---

130 Laurentin 1967: 42. "*Elle est le signe terrestre accompli de l'Esprit qui forme le Christ dans la vie des hommes et rassemble les hommes dans l'unité du Christ.*"

131 Laurentin, 1967: 30. "*Toutes les fois qu'on a voulu instaurer des intermédiaires entre le Christ et nous, comme les gnostiques l'ont fait, on est tombé irrésistiblement dans une cascade indéfinie de médiateurs. C'est contre ce risque, semble-t-il, que le texte de saint Paul nous prémunit*".

para la teología más ortodoxa. Este es precisamente el camino que corremos el riesgo de tomar. Más que eso, posiblemente esta sospecha teológica no sea en absoluto inocente y, por lo tanto, tal vez sea posible soñar con nuevas formas de vida, con una nueva relación con el medio o, simplemente, entender los nuevos medios a partir de un cuestionamiento del Espíritu Santo y de sus figuraciones periféricas. Volvamos, por tanto, al problema de la divinización de María en la Edad Media.

En las *Cantigas de Santa María*, de Alfonso X de Castilla, el sabio, un grupo de peregrinos se pierde en el camino a Santiago de Compostela, quedando a merced de los ladrones. Luego se les aparece la imagen de la Virgen cumpliendo una función de intermediación, cuando hace surgir un signo divino en el cielo con el propósito de servir de guía a los hombres reales.

> *Ben com aos que uã per mar*
> *a estrela guya. Outro ssi aos,*
> *seus guiar. uai santa maria.*
> *(...)*
> *E, segũd' eu oy dize,*
> *va mui gran cõpãna*
> *de romeus ar foi guarecer*
> *en va gran montãna,*
> *en que (...) ss ouuerã de perder*
> *con coita estranna,*
> *porque lles foi escurecer*
> *& perderon uia.*
> *bẽ com' aos que uã per mar*
> *a estrela guya,*
>
> *E poi la dõzela chegou,*
> *todas essas montãnas*
> *do seu grã lum alumẽou,*
> *e logo as compãnas*
> *dereito a seixon leuou*
> *& per muit estrãnas*
> *terras. en saluo os guyou*
> *come quẽ podia.*

María es un símbolo materno, pues tiene un vientre digno de concebir al Mesías desde la recepción del Espíritu Santo, convirtiéndose en *Theótokos*, madre de Dios. Es, además, la tierra fértil que permitió crecer a Cristo, así como el suelo para la edificación de la propia Iglesia, bastando recordar cómo, en el prodigio de las lenguas de fuego que se produjo en el milagro de Pentecostés, es primeramente María quien acoge la gracia, hecho que la hizo recibir el sobrenombre de madre de la Iglesia o esposa del Espíritu Santo. Sobre todo, es ella quien es fecundada por el poder de la Gracia. De todos modos, María, desde su nacimiento hasta su enigmática ascensión a los cielos siempre ha estado, como hemos insistido, muy relacionada con la Tercera Persona de la Trinidad. En la cantiga alfonsina, sin embargo, ocupa el espacio integral del Espíritu cuando es figurada en el cielo, ya que traslada la figura materna a una posición uránica, a una posición en el firmamento y a un punto de referencia para los peregrinos que se han perdido: "para guiar a tu Santa María".

La ubicación celestial no era solo un tropo extraño a la imaginación de los peregrinos ni apenas una referencia a la estrella de Belén, que había guiado a los tres reyes magos. En el primer capítulo del cuarto libro del *Liber Sancti Jacobi* (*Codex Calixtinus*), principal escrito relacionado con la promoción de los milagros y los Caminos de Santiago en la Edad Media, Santiago se

---

132 Afonso X, *Cantiga 49*. En la versión consultada, se trata de la Cantiga 63. Afonso X. *Cantigas de Santa María: códice de Toledo. Transcrición de Martha E. Schaffer*. Santiago de Compostela: Consello da Cultura Gallega, 2010: 143-144. Traducción en versos libres: "Así como a los que van por el mar / la estrella guía, / también a los suyos / guiará Santa María. (...) / E conforme escuché, / va con muy grande compañia / a los romeros ha dado guarida / en grande montaña / en que se perderían / con 'coita' estraña / porque escureció / y perderon el camino. / Así como a los que van por el mar / la estrella guía... / Entonces, la doncella llegó, / iluminó con grande luz / todas esas montañas / y llevó la compañia / bien a Seijón / y por muy estrañas / tierras. En seguridad llevó / como quien podía. / Así como a los que van por el mar / la estrella guía. También a los suyos / guiará Santa María".

apareció a Carlomagno pidiendo la "reconquista" de su tumba en Galicia, advirtiendo al rey al estar ubicado junto a la *Vía Láctea*, a partir de la cual siempre sería posible encontrar el Oeste, incluso después del crepúsculo.

Caminus stellarum quem in celo vidisti, hoc significat, quod tu cum magno exercitu ad expugnandam gentem paganorum perfidam, et liberandum iter meum et tellurem, et ad visitandam basilicam et sarcofagus meum (...).

El camino de estrellas que viste en el cielo significa que desde estas tierras hasta Galicia has de ir con un gran ejército a combatir a las pérfidas gentes paganas, y a liberar mi camino y mi tierra, y a visitar mi basílica y sarcófago.[133]

Ciertamente, desde la antigüedad, la mancha de leche en el cielo –galáctica– ha sido un punto de referencia para peregrinos y navegantes. Pero es en la Edad Media que esta misma referencia a la leche se denomina literalmente: "camino de Santiago" en la península ibérica. Por tanto, las palabras de *"Ben com' aos que van per mar / a estrela guia, / outrossi aos seus guiar / vai Santa Maria Ben com aos que uã per mar / a estrela guya. Outro ssi aos, seus guiar. uai santa Maria"*.[134] posibilitan una divinización simbólica de María en la que se confunde un aspecto telúrico de la divinidad con un aspecto uránico.

Distintas canciones gallego-portuguesas, en particular esas de Alfonso X, abordan la lactancia vigorizante y vivificante de María. La leche, además, es un símbolo pneumático por excelencia, dado que es una sustancia sutil común a muchos animales, capaz de nutrir y dar fuerza al desarrollo de una vida. De hecho, no solo de una madre en relación con un hijo, sino también de una madre con el hijo de otro: la leche, por ende, también sirve para fortalecer a diferentes animales. Sin ser un símbolo de fertilización y generación de vida, como el semen, la lactancia es fundamental para la creación, nutrición y sustento de la vida, genera-

---

133 *Liber Sancti Jacobi (Codex Calixtinus), libro IV*. Texto de K. Herbers y M. Santos Noia. Traducción al castellano de A. Moralejo C. Torres y J. Feo. Santiago de Compostela: Xunta de Galicia, 2001: 13-14.

134 Afonso X, 2010: 143.

ción tras generación. En definitiva, la leche es el primer alimento que comen los seres vivos más complejos después del nacimiento y es el primer alimento que consume casi toda la humanidad en los albores de cada nuevo día, aunque provenga de otro animal, siendo, por tanto, una analogía real de las principales funciones del espíritu bíblico y la comunión más inmediata que podemos tener con la vida. La *Cantiga de Santa María* n° 54, titulada simplemente como "*Esta é de como Santa Maria guaryu con seu leite o monge doente que cuidavan que era morto*", presenta solo un aspecto materno y pneumatológico de la divinidad al narrar la historia de un monje con una enfermedad incurable que, para ser curado, bebió la leche que le dio la Virgen.

E deitou lle na boca e na cara
do seu leite. & tornoulla tã crara
que semellaua que todo mudara
como muda penas a andorīa.

Y le puso en la boca y en la cara
un poco de su leche. Y le dejó piel tan clara
que parecía que todo había cambiado
como la golondrina cambia de pluma.[135]

No solo el poder nutritivo y curativo está simbolizado en la leche de la Virgen María, sino también el símbolo del pájaro, normalmente relacionado con el Espíritu Santo, ya que flotaba sobre las aguas. La figura del fraile mendicante, en cambio, es una alegoría del abad cisterciense Bernardo de Claraval (1090-1153), que además de haber sido un teólogo decisivo para la teología de María,[136] como se puede percibir, también fue una inspiración imagética para el culto mariano del siglo XI en Europa

---

135 Afonso X, Cantiga de Santa María n. 54. En esta versión, Cantiga 69, v. 69-72. Afonso X. *Cantigas de Santa María: códice de Toledo. Transcrición de Martha E. Schaffer.* Santiago de Compostela: Consello da Cultura Gallega, 2010: 154.

136 Entre sus principales obras en el tema, se destacan sus cuatro homilías. *Homiliae super 'Missus est'*, también conocido como *In laudibus Virginis Matris.* Bernardo de Claraval. *Sermones De Tempore. De Laudibus Virginis Matris.* In: Migne, J. P (Org.). *Patrologia Latina*, v. 183. París: Garnier Fratres et J. P Migne Successores, 1879: 56-88.

Occidental. La leyenda de la *Lactatio Bernardi* narra cómo el abad recibió un chorro de leche a partir de su plegaria a una imagen de la Virgen, lo que le habría concedido el don de la elocuencia. Ese mito también fue importante para la devoción por su propia imagen en la posteridad de su vida y puede sugerir que la temática de una supervivencia entre las imágenes, las palabras y la vida fue pensada muchos siglos antes de las intuiciones geniales de Aby Warburg.

Murillo, Bartolomé Esteban. *Aparición de la Virgen a San Bernardo.* Óleo. Hacia 1655. Colección del Museo Nacional del Prado.

En un estudio reciente sobre la poesía de Ana Cristina Cesar y Tamara Kamenszain, Luciana di Leone ha demostrado también la íntima relación entre la lactancia y la afectividad en el seno de la poesía en América Latina, que corporifica una lengua materna de las convivencias, de los errores, de los acentos ante una lengua paterna normativa y estatal, como el portugués o el español.[137] Si retomamos la hipótesis de di Leone en este ensayo, la leche en San Bernardo no debe ser meramente el éxtasis de un martirio fundador de toda una genealogía, sino que se parece a una economía afectiva, donde los cuerpos interactúan por succiones, más allá del lenguaje verbal heredado. En ese sentido, es síntoma de un proceso mucho más arcaico de circulación de los afectos y, en el límite, del arte mismo.

Desde la mitología comparada, Carl Jung destacó una relación intrínseca entre la Virgen y el carácter femenino del Espíritu Santo, que ciertamente podría estar vinculada con la Sabiduría (*sophía*) de Dios, que, en última instancia, puede considerarse como una emanación femenina de la Divinidad en los libros proféticos. Para el autor, "Como Sofía, ella es una mediadora (*mediatrix*), que lleva a los hombres a Dios, asegurando su salvación e inmortalidad. Su *Assumptio* (asunción) es el modelo de la resurrección corporal de la humanidad. Como esposa de Dios y Reina del Cielo, ocupa el lugar de Sofía del Antiguo Testamento".[138] Para Jung, más que un *signo* del Espíritu, María sería *símbolo* de una deidad femenina arcaica, de cierta manera comparable a Artemisa, una misteriosa divinidad telúrica, cuyas imágenes, algunas veces, han concedido gran importancia a un conjunto exagerado de senos.[139] Erich Neumann, a su vez, seguiría esta senda hasta su límite, al depararse con las figuras arquetípicas de una *Gran Madre*, amplia y eminentemente asociada con la tierra o con las grutas y con la vida en correlación con una deidad masculina parcialmente relacionada con el cielo y el orden.[140]

---

137 Leone, 2018: 113-132.

138 Jung, 2020: 52-53.

139 Sobre las figuraciones pre-históricas de diosas maternas, algunas con padrones repetitivos de senos, vulvas o faldas, consultar: Gimbutas, 2001.

140 Neumann, 1999.

    El Espíritu y la letra. Políticas del sentido

Esta conceptualización de Jung no ha quedado restringida
a la psicología ni a las religiones comparadas, pues se tornó un
problema fundamental de la Iglesia Católica en una de sus crisis más importantes del siglo XX. El teólogo brasileño Leonardo
Boff, uno de los principales nombres de la Teología de la Liberación en el mundo, llevó la tesis de Jung explícita y definitivamente a la teología misma, afirmando que María sería la personificación del Espíritu Santo, así como Cristo ha sido del Padre.
Para Boff, los cultos populares a María serían un aspecto de la
búsqueda de Dios en su propia femineidad, algo que la mariología habría ignorado en gran medida. Con un argumento que va
de Bernardo de Claraval a Simone de Beauvoir, Boff afirmó, en
los años ochenta, sin rodeos, que: "la Virgen María, Madre de
Dios y de los hombres, realiza de forma absoluta y escatológica
lo femenino, porque el Espíritu Santo ha hecho de ella su templo, su santuario y su tabernáculo, de manera tan real y verdadera que debe ser considerada como unida hipostáticamente a
la tercera persona de la santísima Trinidad".[141] El teólogo, sin
embargo, reconoce que hablaba desde dentro de la Iglesia (en
ese momento aún no había sido excomulgado) y que, en última
instancia, era un hombre hablando sobre lo femenino de su propia personalidad y no en cuanto una mujer. Obviamente, esta
última posición de género no es diferente a la mía, donde la mujer
y lo femenino son dichos tan solo a partir de una experiencia de
vida de alguien con el sexo biológico masculino. Sin embargo, la
teóloga feminista estadounidense Elizabeth Johnson, a su vez,
retomó la relación entre María y el Espíritu Santo a partir de
una crítica a la distinción sexual que marca las posiciones de
Boff y Jung, en el sentido de que lo femenino no puede reducirse
a un modelo mariano. En su argumentación, la autora reconoce
la marginación histórica de la importancia de María y sus legados de maternidad, compasión, fuerza, inmanencia y fertilidad
dentro de la ortodoxia del catolicismo.[142] Por lo tanto, estas posiciones siguen siendo solamente la puerta de entrada a muchas

---

141 Boff, 1984: 115.
142 Johnson, 1989.

otras problematizaciones de María y de la mariología en el cristianismo, lo que ciertamente conforma un debate muy fecundo. A partir de esas problematizaciones, por lo menos, es posible afirmar que el Espíritu Santo no puede ser entendido sin la mariología, no exactamente por una reivindicación de un lugar femenino en la metafísica o en la cosmología de los pueblos ancestrales, sino porque los más antiguos arquetipos o los más antiguos fundamentos históricos y lingüísticos de una comprensión de la vida (sea como *ruach*, como *sophía*, como *Grande Madre*, como *Artemisa*) apuntan hacia la necesidad de comprender lo femenino ancestral en los primeros cultos o culturas. No obstante, también es importantísimo comprender la omisión de esa característica en las religiones institucionalizadas, y en las metafísicas posteriores, así como es urgente buscar entender la importancia de sus excepciones, como los cultos marianos populares en el medioevo, las peregrinaciones a santuarios marianos en América Latina o incluso las pequeñas ofrendas en las grutas de nuestras rutas por todo el Occidente y sus periferias, hace milenios.

María no es solo teología. Y, ciertamente, sobrepasan el ámbito religioso su culto por la espiritualidad popular o incluso la búsqueda de un fundamento antropológico en las diosas en diferentes mitologías. Si olvidamos temporalmente la pregunta en términos esencialistas sobre María *siendo* Espíritu Santo, es posible que se escuchen algunos de los llamados a su papel (no tan) oculto de mediadora. Más que ser un mero ejemplo moral o una personificación femenina de Dios, la historia de María en la cristiandad es una historia de la permanencia insistente de la diferencia como un valor positivo. En otras palabras, es la continuidad de la aporía de una virginidad después del parto, de una mortal que asciende al cielo, de la divinización de la maternidad y la fertilidad, de un llamado de los peregrinos a dejar el mundo. María es un signo de que ella misma no es solamente eso. Y de que, independientemente de ser Espíritu o María, hombre o mujer (o neutro), la diferencia es más fuerte que la totalidad.

   El Espíritu y la letra. Políticas del sentido

SEXTA JORNADA

Joaquín de Fiore,
el tercer tiempo y el tercer mundo

> *Littera occidit: spiritus autem vivificat. Sive ergo quia*
> *pauci fuerunt in quibus promissio illa completa est: sive*
> *quia non frustra in rebus sacramentalibus est com-*
> *pleta: quae maius aliquid in future promittunt: pote-*
> *rat quidem tunc temporis aliquis scrupulos in corde*
> *hominum pro defectu fidei generari: abolendus peni-*
> *tus in tempore suo. Hoc est: cum plene et soleniter con-*
> *sumari incipiet.*[143]
>
> Joaquim de Fiori, *Introductio in Apocalipsim, Pars*
> *Prima*, sobre el ángel de Laodicea.

La letra mata, pero el espíritu vivifica. Así, sea porque pocos estuvieron en la promesa durante la cual ella se ha completado, sea porque no se cumplió en vano en las incumbencias sacramentales, esas cosas lanzan algo más grandioso al futuro: en realidad, anteriormente era posible producir escrúpulos en el corazón de los hombres por un defecto de fe. Este defecto debe ser abolido (*abolendus*) profundamente en su tiempo (*in tempore suo*), por así decir, para que [la promesa de la letra] empiece a ser consumada plena (*plene*) y habitualmente (*soleniter*).

---

143 Versión: Floris, Ioacchim. *Expositio magni prophete Abbatis Joachim in Apocalipsim*. Pars prima *(Angelus Laodiceae)*. Venetiis: In calcographia Francisci Bindoni [et] Maphei Pasyni sociorum impressum, 1527: 94-95. Edición mantenida y disponible por la Biblioteca Digital de Lyon (Numelio).

En sus *Comentarios sobre el Apocalipsis*, Joaquín de Fiore apunta a muchas relaciones no aleatorias entre las Sagradas Escrituras y los tiempos históricos, para afirmar la promesa de que la letra (*littera*) se cumplirá en un nuevo tiempo, esto es, en una nueva era. Este cumplimiento no sería exactamente la redacción de un nuevo testamento, propio de la era del Espíritu Santo. Sería simplemente un procedimiento nuevo, una manera, algo que está marcado en el pasaje anterior por los adverbios plenamente (*plene*) y solemnemente (*soleniter*), que se pueden traducir mejor como "de costumbre" o "habitualmente", algo viable en la etimología del verbo latino *soleo, solere*. La hipótesis de sus escritos no era tan radical ya que, en su mirada, este supuesto nuevo tiempo ya había comenzado muchas otras veces, remontándose a San Benito de Nursia y a la fundación del monaquismo benedictino. Con todo, fue considerada una doctrina herética de naturaleza mística, lo que condenó a su autor a una escasa difusión en la Edad Media. Sus impactos fueron siempre indirectos, además de haber sido esenciales para el surgimiento de la propia condición Moderna y, no menos, de la Postmoderna en Occidente. Si bien sus escritos no prevén exactamente la superación del clero por las actividades monásticas, es cierto que estructuran una nueva concepción de la historia en la cual lo más importante no será el defecto de fe que lleva a una institucionalización de la Iglesia, sino la espiritualidad misma; además, proponen el advenimiento pleno de una tercera era, sobre todo cuando consideran que el espíritu *cambia*. En este sentido, este ensayo buscará afirmar cómo esta tercera era, en las periferias de Occidente, estuvo más relacionada con una reformulación del espacio y la consecución de un Tercer Mundo.

La obra de Joaquín no es apenas una referencia para la temporalidad evolutiva de los modernos, pues tiene mucha más profundidad de la que se suele considerar. Buscamos demostrar sintéticamente también algunas de sus tesis más olvidadas, antes de tratar su legado. En primer lugar, su método de lectura bíblica, llamado concordancia o concordia (*concordia*), postula una nueva era, en la cual la gracia del Espíritu Santo se difundiría sin necesidad de un clero. Además, su teología realizó una

      El Espíritu y la letra. Políticas del sentido

lectura profundamente política de la Biblia y planteó una nueva historicidad para Occidente. Ambos caminos son muy politizantes y de inestimable importancia para la comprensión de símbolos, instituciones y temporalidades hasta nuestros días.

La concordia, en principio, no sería más que las relaciones tipológicas observables entre el Antiguo y el Nuevo Testamento, rescatando un gesto absolutamente escatológico al cristianismo. Pero, ¿en qué diferiría de la lectura alegórica de las Escrituras de los escolásticos, que ciertamente prevaleció en los siglos XI y XII, y por la cual se buscó una comprensión más amplia y supuestamente profunda de la letra? Ahora bien, la antigua búsqueda del sentido espiritual de las lecturas alegóricas, como ha sido demostrado en la jornada anterior, abría el texto bíblico para darle un sentido relacionado con la vida de los fieles, con la organización de la Iglesia o con los grandes misterios de la fe en un plan simbólico alejado del mundo temporal. El sentido dado por la concordia de Joaquín, a su vez, abrió recurrencias cuantitativas o jerárquicas entre los distintos pasajes de la Sagrada Escritura para alertar sobre el cumplimiento efectivo, inmediato e histórico de las promesas del texto bíblico. El significado espiritual y las promesas del Reino de Dios no se darían solamente en un nivel simbólico separado, como en la alegoría, sino también de manera concomitante y habitual con el propio mundo. En definitiva, a partir de Joaquín de Fiore, la Escritura puede, del mismo modo que los primeros cristianos, convertirse en Historia, en lugar de esperar, por así decirlo, la venida del Reino de Dios otra vez, cuando la humanidad comenzaría a vislumbrar, proyectar y trabajar por el advenimiento de un nuevo porvenir.

Las concordias serian semejanzas o proporciones fundamentalmente *numéricas*, o sea, serían recurrencias eminentemente cuantitativas, antes que valorativas. Entonces, si hubo doce profetas, también hubo doce apóstoles. Otro ejemplo: el número de la Trinidad es clave para la lectura de la historia misma. Luego, mediante las tríadas, existiría un estado de los casados, anterior a la venida de Cristo, un estado del clero, posterior a la venida de Cristo, así como un estado del Espíritu Santo por venir, aunque sus señales se hayan dado previamente. Pero, como se ha dicho, esas recurrencias serían antes proporciones que calidades, justamente para garantizar la superioridad del tercer momento. El autor es bastante claro al relegar los eventos y la sabiduría del Antiguo Testamento como inferiores a los del Nuevo.

Decimos que la concordia es la similitud de proporciones iguales para el Nuevo y para el Viejo Testamento: digo igual en número y no en dignidad: evidentemente cuando entre persona y persona, orden y orden, guerra y guerra a partir de las cuales es considerado por los aspectos recíprocos, como Abraham y Zacarías, Sara y Elisabeth, Isaac y Juan Bautista, Jacob y el hombre Jesús Cristo, doce patriarcas no conforme el sentido alegórico, sino que hizo concordia de los dos testamentos. Es cierto avanzar al verdadero intelecto espiritual desde ambos.[144]

Cuando el método de la concordia establece numéricamente una sucesión que va de un momento inferior de verdad a otro, a veces establece una idea de evolución temporal, de modo que la religión cristiana suplantaría a la verdad judía, aunque descendiera de ella. Pero entonces, ¿por qué su pensamiento habría sido contrarrestado e incluso parcialmente rechazado como hereje, si es bien sabido que no era nada nuevo? El rechazo de su pensamiento no se debió a una mera relectura del pasado, sino principalmente a una reinvención del futuro. Su libro *Concordia novis ac veteris testamenti* afirmaba que, después de una Era de Dios Padre, en la cual prevaleció el miedo, y otra de Dios Hijo, cuando prevaleció la sabiduría, por proporcionalidad, debería haber también una tercera era del Espíritu Santo, en la cual emanaría el amor y la libertad. "El padre impuso (*imposuit*) la labor de la ley (*labor*

---

144 "*Concordias proprie esse dicimus similitudinem eque proportionis noui ac ueteris testamenti, eque dico quo ad numerum non quo ad dignitatem; cum uidelicet persona et persona, ordo et ordo, bellum et bellum ex quadam mutuis se uultibus intuentur: utpote Abraham et Zacharias, Sara et Elisabeth, Isaac et Iohannes Baptista, Iacob et homo Christus Ihesus, duodecim patriarche, non pro sensu allegorico sed pro concordia duorum testamentorum facere. Certum est unum uero spiritualem intellectum ex utroque procedere*". Versión utilizada: Floris, Ioacchim. *Liber Concordiae novi ac veteris testamenti* (...), 2, 1, 2. Versión: Floris, *Liber Concordiae novi ac veteris testamenti*. Venetiis: Simonem de Luere 1519: 7-8. Edición mantenida y disponible por Bibliothèque Nationale de France (Gallica).

legis), que es temor. El hijo impuso (*imposuit*) el trabajo con disciplina (*laborem disciplina*), que es la sapiencia. El Espíritu Santo manifiesta (*exhibet*) la libertad (*libertatem*), que es el amor".[145] Y, aunque todas las personas de la misma sustancia divina siempre estuvieron entremezcladas, claro es el autor al decir que habría un cambio en el mundo, así como una reinvención completa de la Escritura en esa nueva era del amor, que sería prácticamente un Tercer Testamento, en el cual los hermanos leerían los otros dos libremente a fin de conocer y actuar de inmediato según la Verdad de Dios. En otras palabras, la teoría es herética porque predice una nueva era en la que el poder del clero podría perder su relevancia, ya que la humanidad —en realidad, los frailes— podrían tener un contacto más inmediato con el Espíritu, es decir, con la gracia de Dios. Evidentemente, no se trata de secularización, ya que la orden de los monjes sería, para Joaquín, de alguna manera una continuidad de la Iglesia Católica Romana. Sin embargo, las llamadas a la libertad de espíritu y de interpretación, así como la postulación de un acercamiento al fin de los tiempos, ha planteado y sigue planteando muchos desarrollos teológicos y, principalmente, políticos en la Modernidad, como profundizaremos en breve.

Otra característica interesante y poco comprensible en la historiografía moderna de las concordias de Joaquín es definir que cada evento, sea bíblico o histórico, tiene al menos *dos* orígenes. Además, por lo menos dos orígenes textuales. Nunca definitivos, esos orígenes serían un presagio de madurez, lo que indica que la historia se repite, pero de una manera muy intrincada, es decir, no consistente en una evolución lineal evolutiva que culmine en un apocalipsis o en un retorno al estado inicial del tiempo. Esto se debe a que cada momento histórico solo puede entenderse triangularmente y en más de una dimensión. Este aspecto, que es central en su idea de concordia, basta para situar lo histórico como heterogeneidad y no como teleología o causalidad. Cada momento histórico tiene, pues, dos orígenes, uno en que empieza y otro en que fructifica. Por ejemplo, "el orden de

---

145 Floris, *Concordia novi ac veteris testamenti*, 2,2,5.

los clérigos empezó con Ozías, quien, habiendo sido de la tribu de Judá, dedicó incienso al Señor, aunque no impunemente; pero fructificó con Cristo, quien es el verdadero Rey y Sacerdote".[146] Esa pluralidad de causas y toda esta heterogeneidad de eventos se diferencian de una causalidad unilineal de matriz cartesiana y de nuestros anhelos modernos de tiempos mejores o de la realización de la Historia, acercándose, entonces, mucho más a una concepción temporal benjaminiana, que considera el tiempo en constelación en su máxima complejidad, donde el futuro puede ya haber ocurrido y el pasado todavía puede estar en proceso de manifestarse.

Sin embargo, en nuestra opinión, el más importante legado de Joaquín no es una tipología histórica o principio de secularización de la fe, sino un tema mucho más fundamental: la breve sugerencia de que el espíritu *cambia*. Esta idea simple y marginal en su texto transformaría para siempre no solo el pensar sobre Dios, no solo el pensar el mundo, sino la *manera* y los *hábitos* de pensamiento a partir de entonces. Si el espíritu cambia, es porque cambia la vida también. Y luego, simplemente cambiando el mundo o la vida (*mutari vitam*), se cambia el espíritu. Con Joaquín, cada momento es singular ya que es el resultado de una red de significados propia de los caminos del espíritu. "Debemos, pues, mudar la vida (*mutari vitam*), pues mudar es necesariamente el estado del mundo, para que alcancemos como por el tránsito del desierto la paz de nuestro Dios: en la cual no son dignos de entrar quienes no acreditan en aquellos que dicen, pues piensan que esos que hablan sobre el fin del mundo son locos de todos los tipos".[147] Los herederos de Joaquín serían todos relativamente locos, como ebrios de mosto, tanto quienes hablaron del fin de la historia, como aquellos otros que intentaron cambiar la vida.

---

146 Floris, *Concordia novi ac veteris testamenti*, 2, 1, 5. "*Clericorum ordo initiatus est ab Ozia, qui cum esset de tribu Iuda obtulit incensum domino etsi non impune; fructificauit autem a Christo qui uerus est et rex et sacerdos*".

147 "*Oportet ergo mutari vitam, quia mutari necesse est statum mundi, ut quasi per transitum deserti perueniamus ad illam réquiem dei nostri, quam intrare non sunt digni qui non credunt dicentibus, qui, loquentes de fine mundi, putant omnimodis insanire*". Floris, *Concordia novi ac veteris testamenti*, 2, 2, 5.

De su obra impactaron directamente diferentes movimientos milenaristas o disidencias eclesiales, como los espirituales franciscanos y, en cierta medida, una parte de la orden dominicana, que reclamaría esta voluntad de cambiar la vida según la tradición de la regla monástica de San Benito, pero que temían el fin del mundo en el año 1260, principalmente, por el contenido profético de Joaquín, cuyas concordias también miraban al futuro.[148] La nueva disposición de estas fraternidades para cambiar la vida y transformar la historia, así como la discreta difusión de las ideas de Joaquín a lo largo del siglo XII, pronto pondrían en jaque el *statu quo* de la Iglesia, para quien la visión agustiniana aún garantizaba su perpetuidad hasta la llegada del final del mundo en el Apocalipsis. Para Karl Löwith, uno de los responsables de la recuperación de las temáticas de Joaquín y del joaquinismo en el siglo XX, "en cuanto los franciscanos espirituales esperaban todo en el futuro, la Iglesia establecida tendría que forzar la inmutabilidad de su estado y aplacar el fervor escatológico de su oponente, pues su propia existencia dependía, antes y hoy, de la ineficiencia de ese centro originario de la fe Cristiana".[149] Si la vía de la alegorización, ya en los primeros cuatro siglos de la Iglesia, había concedido explicaciones plausibles a la espera milenaria de los primeros cristianos, la vía milenarista del siglo XII, que proponía una nueva era, sacudió algunos dogmas eclesiásticos, como su condición de *Kátechon*, es decir, como la que retrasa la llegada del Apocalipsis, antes de la venida del Reino.

Cansado de la jerarquía del presente y del peso de la tradición, el momento de ruptura lanzado por Joaquín se convierte en un arcano de la propia cultura occidental, cuando el espíritu empieza a reconocerse cambiante, lo que permite una nueva escritura y nuevas concepciones de historia. Este nuevo espíritu, que es también una nueva temporalidad, a su vez, se escindió en dos matices principales interconectados, que se trabajarán a continuación: si, por un lado, se puede entender una búsqueda constante de la ruptura de la tradición de la modernidad central

---

148 Consultar Duby, 1973.
149 Löwith, 1957: 155.

(por ejemplo, Europa), en la cual se busca acelerar la llegada de un tercer tiempo, por otro lado, también existe una tradición de ruptura en las modernidades periféricas (por ejemplo, América Latina), en la cual está en juego acelerar la construcción de un nuevo espacio.

Tercer tiempo y modernidad

El legado de Joaquín de Fiore se diseminó de manera bastante desigual, aunque a lo largo de los próximos siglos tuvo un impacto decisivo en la construcción de la Modernidad de aquello que se suele llamar Occidente. Si bien no fue un crítico de la Iglesia, habiendo siempre respetado la autoridad papal y la jerarquía canónica, la sospecha que suscitaron sus ideas fue suficiente para evitar que prosperara la orden de Fiore, fundada por él mismo. Sus ideas impactaron de inmediato, sobre todo en los frailes dominicanos y, principalmente, en los franciscanos espirituales, que reivindicarían el legado para trabajar en favor del monaquismo reformado a la manera de las enseñanzas de la patrística y de la humildad de los primeros cristianos. Este movimiento generó cada vez más tensión con los franciscanos más moderados hasta que, entre 1317 y 1318, los espirituales, mucho más estrictos al voto de pobreza de San Francisco, fueron condenados como herejes por la Inquisición bajo el papado de Juan XXII.

La condena misma de muchos textos de los espirituales franciscanos cedió lugar a un aura de transgresión en las ideas de Joaquín, comenzando por el texto *Introductorio in Evangelium eternum*, de Gerardo de Borgo san Donnino, todavía perdido. Es posible afirmar, sin embargo, que este y otros textos anónimos, como *Oraculum Cyrili cum expositione Abattis Ioachim* o *Vaticinia de summi pontificibus* motivaron mitologías de un Papa angélico o de un Emperador en la cristiandad, que convertiría a los judíos, uniría griegos y latinos y establecería un mundo nuevo.[150] Tales ideas conformarían un joaquinismo cada vez más transgresor y cada vez más fuera de la ortodoxia, dando lugar, pues, a una

---

150 Consultar sobre el tema: Dutra, 2008: 99-115.

mezcla de escatología cristiana, imaginación medieval e incluso denuncia de la política eclesiástica.

Las ideas de Joaquín, del joaquinismo y, principalmente, de los franciscanos espirituales volvieron al corazón de la filosofía política actual, especialmente con Gianni Vattimo. Para el autor, con la caída de los grandes relatos y con el fin de la larga tradición metafísica en plena crisis de la modernidad, la filosofía occidental puede basarse en la concepción judeocristiana de un acontecimiento y, más concretamente, en los que pensaron la historia de la salvación, como el abad de Fiore. Para Vattimo, "el significado de las enseñanzas de Joaquín para nuestra discusión parece fundamentarse en el 'descubrimiento' de que la historicidad es constitutiva de la revelación".[151] En este gesto, el autor busca separar la imaginación bíblica de Joaquín para resaltar la semilla del secularismo y el esfuerzo por modificar la Historia, en gestos que, en tesis, componen el pensamiento joaquinista sobre la salvación.

La propuesta de Vattimo, en el sentido de resaltar una visión histórica judeocristiana para buscar sutilmente salvar la filosofía en la condición de la modernidad tardía, es absolutamente válida. Más problemático es el rechazo que hace de la escatología de Joaquín a expensas de resaltar la historicidad inmanente. En sus palabras: "He dicho repetidamente que no intento seguir a Joaquín de Fiore en su esfuerzo demasiado literal e insuficientemente espiritual para vaticinar acontecimientos futuros fundamentado en un desciframiento simbólico complejo de los textos escriturales".[152] Así, el imaginario bíblico de Joaquín, es decir, el procedimiento mismo de la *concordiae*, es sublimado para salvaguardar la historicidad libertaria y evolutiva, que fue sólo una de las consecuencias del enorme razonamiento del viejo abad de Fiore. La solución de Vattimo parece heredar el legado afectivo secuestrado por milenios de pneumatologías, cuando dice que "nuestra civilización (...) nos ofrece la posibilidad de realizar el Reino del Espíritu entendido como esclarecimiento y

---

151 Vattimo, 2002: 31, traducción nuestra.
152 Vattimo, 2002: 44.

poetización de lo real".[153] Por otro lado, destaca esta poetización en un plan estético cuando dice: "Soy plenamente consciente de que la poetización del mundo es, en la actualidad, absolutamente imaginaria".[154] Vattimo emprende un renacimiento de la religión, pero renuncia a las causalidades alienígenas de las dichas "proporciones numéricas" de la historia y, por así decirlo, abdica también de la profecía de Joaquín, que no es un mero formador, sino un deconstructor de la temporalidad moderna.

Sin embargo, el más importante desdoblamiento de las ideas de Joaquín sobre un tercer estado o sobre la era del Espíritu Santo no se limitó al monaquismo, llegando a otras esferas menos ortodoxas de la cultura letrada de la Iglesia Católica, a la experiencia de la hermenéutica protestante e incluso a los pensadores más seculares. En esa flexión, el pensamiento de Tomás Campanella es un vínculo fundamental entre el joaquinismo y la modernidad secular. Según Henri de Lubac, el joaquinismo estuvo muy presente en los medios editoriales del siglo XVII, por lo que no sería demasiado relacionarlo con *La ciudad del sol*, ciertamente el *opus magnum* de Campanella. Es cierto que el abad ya había leído la *Expositio in Apocalipsim* hacia 1607, como quedó documentado ya sea por cartas o por citas en las obras. Mencionamos además la forma en que Campanella reelabora la escatología de Joaquín en sus *Articuli prophetales*, en los cuales confecciona una escatología del fin de los tiempos, en la que el Espíritu Santo se infundiría en unos pocos para una reconstrucción de la Iglesia. Sin embargo, Campanella establece una temporalidad heterogénea, no solo reelaborando las imágenes de Joaquín, sino también aplicando su método de "concordias", a fin de que una época pasada pueda ser el inicio de otra y viceversa. Esta compleja temporalidad lega tanto un ideal del futuro como la posibilidad de la profecía a la humanidad moderna.

Un impacto muy importante y muy poco recordado de Campanella es su propia concepción de espíritu, considerado mediador entre la profecía del futuro y sus vínculos con el pasado, siendo,

---

153 Vattimo, 2002: 54.
154 *Idem.*

     El Espíritu y la letra. Políticas del sentido

por tanto, el *medium* entre las cuestiones del alma y las cuestiones naturales. En el libro 14 de su *Teología*, escrito para distinguir los tipos de magia teológicamente legítimos, entiende que el espíritu "puede en relación con el cuerpo porque es corpóreo: porque la mente, a través de él, está unida al cuerpo y así afecta al cuerpo espeso, antes de afectar lo tenue, que es el espíritu que imagina".[155] Tanto la magia de causas naturales como la magia divina o las profecías serían posibles porque el Espíritu Santo hace la mediación entre la materia y el cuerpo o porque une la materia a Dios. Con la profecía, sería lo mismo, o sea, el espíritu sería mediador tanto en la supuesta profecía corporal, revelada en el cuerpo, como en la profecía imaginaria, llegando en imágenes fantásticas a los espíritus animados y, finalmente, en la profecía intelectual, que es una iluminación que concierne al futuro o a las cosas ocultas. (También hay que mencionar la profecía diabólica, muy difundida en toda la literatura sobre el tema, que sería realizada a través de pactos con el diablo: se trata de una división muy común en la época para garantizar la licitud de otras formas de magia o de profecía, como en la magia que trabaja con fuerzas naturales). En definitiva, la profecía es un legado del espiritualismo de Campanella a toda la modernidad, cuando advierte sobre la posibilidad de conocer el futuro a través de recurrencias históricas, a través de portentos divinos o mediante la caída absoluta satánica en el mundo y sus artificios, una figura constante del tiempo, desde el *Fausto* de Goethe hasta los ensayos de Flusser.[156] En síntesis, Campanella nos enseña la relación indisoluble entre espíritu, historicidad moderna y profecía, que luego serán enlazados por distintos nombres nuevos, como ilustración, dialéctica, lucha de clases, acontecimiento, entre otros milagros.

---

155 Campanella, Tommaso. *Magia e Grazia. Theologicorum liber XIV*, fr. 914. Roma: Fratelli Bocca, 1957: 172. Original: "*Et quoniam corporeus est propterea potest in corpus: mens enim corpori unitur per ipsum et ideo afficit corpus crassum, prius afficiendo tenuem, qui est spiritus imaginans*".

156 Para este último, que pensó la proliferación de las imágenes en la actualidad en puras mediaciones técnicas, el Diablo, "su surgimiento y su caída, representan el principio del drama del tiempo, y que 'diablo' e 'historia' son dos partes del mismo proceso". Flusser, 2008: 21.

Evidentemente, no fue solo entre los católicos donde se extendió el pensamiento joaquinista. Jakob Böhme se expresó muchas veces en términos similares y la revuelta anabaptista de Thomas Müntzer, en 1524, llegó a reclamar las ideas de Joaquín abiertamente. Este movimiento campesino, en especial, se extendió rápidamente por Alemania con su predicación contra las jerarquías eclesiásticas, siendo condenado como herético incluso por Martín Lutero. Aunque no predicó una era del Espíritu Santo, sino el fundamento terrenal de un Reino de Cristo, su discurso[157] era altamente milenarista y supo movilizar a los sectores más desfavorecidos dentro de su contexto. Si bien no logró condenar a su líder a la decapitación por herejía, Friedrich Engels es bastante claro al reconocer este movimiento social como uno de los antecedentes fundamentales del comunismo por venir en el texto *La guerra de los campesinos alemanes* (*Der deutsche Bauernkrieg*), escrito en 1850.[158] Ya sea por el impulso anti-jerárquico o por la promesa de un futuro, el pensamiento de Joaquín se diseminó por medios que sobrepasaron el ámbito religioso, aportando importantes sentidos a la política de los siglos posteriores.

La retomada del joaquinismo en el siglo XVII, tanto por la prensa como por los humanistas católicos y, sobre todo, por el luteranismo, preparó el ambiente para la publicación de los manifiestos rosacruces, como *Fama Fraternitatis* (1614), *Confessio Fraternitatis* (1615) y las *Bodas Alquímicas de Christian Rosenkreutz* (1616), pues, en esos escritos, resuena totalmente la atmósfera escatológica del joaquinismo. Por cierto, el imaginario alquímico en tales textos y la osadía de la búsqueda por la libertad de pensamiento fueron importantes vínculos entre la textualidad póstuma de Joaquín y la Modernidad. Mas allá de autores directamente relacionados con la Orden o con el círculo universitario de Tübingen, como los alquimistas Johann Valentin Andreae (1586-1654), Johann Arndt (1555-1621) o Tobias Hess (1558-1614), muchos autores plantaron ideas seminales a la modernidad desde el suelo fértil de las ideas rosacruces, como

---

157 Consultar: Müntzer, 1990.
158 Engels, 1870.

   El Espíritu y la letra. Políticas del sentido

Robert Fludd, Iohannes Comenius o también sus discípulos más inmediatos, como René Descartes o Francis Bacon.[159] Por más distintas que sean esas filosofías, la espiritualidad fue el médium para una relación más directa –hasta mística– con la divinidad y, además, la escatología cristiana reinventada ciertamente proporcionó un carácter práctico y mundano a esas ideas.

Otro vínculo importante entre el pensamiento de Joaquín de Fiore y la modernidad fue Gotthold Ephraim Lessing, quien retomó las ideas de un tercer estado como una nueva era de ilustración (*Aufklarung*) para la humanidad. El punto-clave de su conferencia *La educación del género humano*[160] destaca que las religiones, especialmente el judaísmo y el cristianismo, fueron etapas en la iluminación de la humanidad, que sin duda serían superadas por un tercer tiempo, una Era del Espíritu Santo. El autor incluso menciona directamente al pensamiento de Joaquín de Fiore y a los franciscanos espirituales como las primeras manifestaciones de ese futuro que se estaba revelando en el proceso de la Ilustración, de la evolución moral y de la educación difundida a toda la humanidad. Las religiones serían meros instrumentos que utilizarían la inteligencia para hacerse oír y para impulsar a diferentes pueblos hacia el pensamiento y la ética. En los aforismos 86 y 87, Lessing es enfático: "Vendrá sin duda el tiempo de un nuevo eterno evangelio, aquel que nos es prometido en los propios libros básicos de la Nueva Alianza. Quizás ya algunos soñadores de los siglos XIII y XIV habían vislumbrado un destello de este nuevo eterno evangelio, errando sólo en lo de anunciar para tan pronto su advenimiento".[161] Se observa, sin embargo, que Joaquín fue llevado nuevamente a pensar una base evolutiva para una historia lineal, por ejemplo, en una construcción civilizatoria por la educación. Otra vez, su escatología y hasta su profecía de una era futura fueron más determinantes que la complejidad semiótica de sus *concordiae*.

---

159 Sobre el tema, consultar: Yates, 1972.
160 Lessing, 1962: 93-105.
161 Lessing, 1962: 102.

La conceptualización de Lessing es, sin duda, un pasaje que impactará no solo en autores más cercanos, como Herder –que será tema de la siguiente jornada– sino también en la próxima generación de filósofos, como Fichte y, especialmente, Hegel, cuyas investigaciones han hecho del concepto de Espíritu (*Geist*) el más determinante para la filosofía moderna, así como para varias ramas de las llamadas ciencias humanas. Sin embargo, Joaquín de Fiore no debe ser entendido como el santo patrono de la secularización. Por ahora, es importante señalar que Karl Löwith[162] retoma su pensamiento justamente como voz de una secularización, que hubiera sido más decisiva que los impactos que sus ideas tuvieron dentro de la propia iglesia. A pesar de la precisión de sus análisis, los diferentes rescates de Joaquín a lo largo de la modernidad fueron precisamente el soporte metafísico necesario contra una época de lento declive del humanismo, de una perpetua duda acerca de los derechos humanos, de los sentidos de los enlaces sociales y del acoso de las instituciones más arcaicas. El rescate recurrente del espíritu como mutabilidad, *mutari vitam*, puede no ser exactamente secularización, sino mejor una reelaboración de la teología escatológica con el pronóstico de un final redentor de la historia. En el legado teológico de Joaquín, la comprensión de las rupturas de jerarquías sociales puede ser sintomática de la gracia y la ruina es símbolo de la danza de la vida misma. Frente a esta supervivencia de Joaquín, podemos afirmarlo verdaderamente como el santo patrono de la modernidad y de la postmodernidad, solamente si lo depuramos del contenido escatológico de sus *concordiae*. Eso ocurre porque este homenaje seria reductivo en relación con la complejidad de su hermenéutica y de su semiótica, ya que solo se adhiere a la idea joaquinista de un tercer tiempo, algo que, incluso, es un poco diferente en los textos y contextos latinoamericanos, como se verá enseguida.

Susan Buck-Morss señaló el impacto que las periferias de Occidente tuvieron en su propia filosofía, cuando dijo que Hegel solamente elaboró su dialéctica del amo y el esclavo después de la

______

162 Löwith, 1957.

revolución haitiana, desatada en 1791.[163] Posiblemente, la modernidad ha tenido la necesidad de fabricar sus propios sueños. Así, la escatología cristiana, no apenas en la modernidad central, como en la periférica, fue una fuente importante de dinamismo y de recristalización de su imaginario. En esa perspectiva, la autora también demuestra, desde una visión que pretende estar mínimamente a la altura de la tradición de los vencidos, que los *Dreamworld* propagados por utopías de masas en el siglo XX, como el capitalismo y el comunismo, nunca se sostuvieron sin un colonialismo, sin guerra o sin exclusión, en otras palabras, sin catástrofe. Esa época en que las utopías y escatologías eran proyectos sociales, de modo que el cultivo de lo humano a través de la manipulación de los espíritus y la esperanza era primordial, colapsó, así como también el proyecto de una humanidad ilustrada, que está cada día más distante, con cada vez menos dinero y energía destinados a la educación o a la cultura, tanto en países centrales como periféricos. Sea por motivaciones ambientales, culturales o espirituales, hoy parece no haber más tiempo para un tercer tiempo, esto es, para la consecución de una era absolutamente moderna, en la cual la espiritualidad, las jerarquías y las mistificaciones terminarían por promover una mayor consciencia de las técnicas laicas de producción y gerencia de la vida. En cambio, es posible preguntarse cuál es el papel del Tercer Mundo, sobre todo después del fin de las utopías de la guerra fría, en una era de globalización de las precariedades. Observar el otro lado, el *orbis tertius,* es fundamental para entender lo espiritual que resta de la modernidad.

Espíritu, Latinoamérica, Orbis Tertius

"Tercer mundo" es un término teóricamente atribuible al economista Alfred Sauvy, en su artículo para el periódico *L'Observateur* del 14 de agosto de 1952, basándose en la idea de un "tercer estado" de Sièyes. Ese "tercer mundo", por más que fuese considerado una ausencia geopolítica buscando existencia en el mundo

---

163 Buck-Morss, 2000.

desarrollado, era reducido por las disputas entre el primer mundo capitalista y el segundo mundo socialista. Pero ese término ciertamente no es la donación de una gracia taxonómica a los pobres, pues hay otra historia periférica muy compleja, relacionada con la tercera parte del mundo. Buscamos demostrar la cuestión, a partir de un camino distinto, donde "tercer mundo", "tercer estado" e incluso "hombre nuevo" no son, para nada, "nuevos". Sus términos no son más que la continuidad de una tradición disidente de las ideas de Joaquín de Fiore; y la condición de vida de los países pobres se remonta a las distintas prácticas coloniales fracasadas de promover la vida en América Latina. En ese proceder, el tercer mundo no es simplemente una ausencia de desarrollo, sino también una condición constitutiva e inseparable de la modernidad occidental y de todas sus paradojas. En resumen, América Latina no es un accidente en los caminos de algún Espíritu Occidental, pues es parte integral de toda su Historia, de manera que no se comprende el Espíritu de Occidente sin sus cercanías. Haciéndolo, demostraremos cómo ella integra la tradición, pero también cómo es la prueba de la imposibilidad de consecución del espíritu o de la letra.

La modernidad canónica iberoamericana, que buscaremos releer, ha sido siempre marcada innegablemente por numerosas paradojas y antagonismos. A su vez, también ha mediado algunos importantes conceptos de Joaquín de Fiore en la cultura contemporánea, especialmente en las recurrentes oleadas de edificación de un mundo nuevo por el hombre nuevo. El paradójico empeño jesuita de apostar por la enseñanza de los "bárbaros", por una manera no aislada, pero ciertamente distinta de los propios procesos de colonización portugueses y españoles, puede señalarse como un desdoblamiento importante de la escatología joaquinista. Esa, a su vez, aunque sus impactos sean difíciles de determinar, también participa de las instituciones políticas y culturales latinoamericanas actuales, además de redefinir el propio pensamiento europeo. Incluso, si se considera el proceso de secularización desde el pensamiento de Joaquín de Fiore, cuya suma sería la prescripción weberiana de una sociedad legitimada por la legalidad, ¿cómo podemos ignorar que, en importantes centros culturales y económicos de la propia Europa, como Coímbra o Lisboa, Salamanca o Sevilla, o incluso Roma o Milán, la modernidad difícilmente haya dejado de ser canónica? De hecho, las prácticas de conocimiento y los poderes en las periferias de la cultura latina son inseparables, si la modernidad es considerada desde sus propios antagonismos.

A partir de algunas recurrencias de las palabras de Joaquín en prácticas políticas específicas, tales como los sermones de Vieira o las revueltas cristianas populares en Brasil, hasta las teologías de la liberación en Latinoamérica hacia fines del siglo XX, demostraremos cómo: (a) no hay ni tampoco existió alguna vez una modernidad completamente secular, si entendemos a Occidente en su totalidad, o sea, con sus excolonias; (b) las tentativas de instalar una cultura en contraste con otros pueblos, costumbres e ideas impide que el espíritu en Latinoamérica sea tan solo orden o sistema, pues sólo es posible formar alguna organicidad con tanta heterogeneidad si se entiende paralelamente la formación de ruinas; (c) por esa inseparabilidad entre canónico y secular, América Latina permanece como una alteridad que impide la consecución del espíritu o de alguna totalidad histórica.

El hombre espiritual medieval, y todo el milenarismo joaquinista asociado a él, tiene su correlato moderno en la construcción de un *mundo nuevo* desde un *hombre nuevo*. Este último término proviene especialmente de la *Carta a los Efesios*: "Ustedes, sin embargo, no aprendieron a Cristo de esta manera, si realmente lo escucharon. Y, como es la verdad en Jesús, en él fueron enseñados a renunciar a su modo de vida anterior (*tèn protéran anastrophên*), el hombre viejo (*tòn palaiòn ánthropon*), que se corrompe con el sabor de las concupiscencias apáticas. Y así, para ser renovados en la mente para el espíritu (*tôi pneúmati*) y para vestirse del Hombre Nuevo (*ton kainòn anthrôpon*), creado según Dios, en la justicia y santidad de la verdad".[164] Así, el logro de una tercera era, aquella del Espíritu Santo, no era una mera obra interior, sino también exterior a la construcción de un nuevo hombre. ¿Pero nuevo en qué? Ciertamente en relación con una sociedad corrupta.

---

164 Ef. 4:20-24.

Sin embargo, la experiencia latinoamericana fue más que una utopía en el sentido de un comienzo desde la nada, como sería en la Utopía de Moro, tratándose más propiamente de la utopía bíblica de Campanella, es decir, de una continuidad del proceso de revelación de la Palabra, donde esa tierra nueva está en un momento tardío y no exactamente nuevo. Esta "novedad" sólo puede ser entendida desde la presencia del Espíritu Santo, que es la forma de ser del nuevo hombre: si bien es nuevo, es ya muy ancestral o, no tan lejos de lo que diría Lévy-Strauss en *Tristes Trópicos*, ya nace viejo. Como se podrá percibir, el término Tercer Mundo puede entenderse como una herencia natural del trabajo espiritual, en última instancia, es la continuación indirecta del Tercer Testamento intuido por Joaquín de Fiore.

La búsqueda de la edificación del hombre nuevo es la principal representación de la colonización espiritual de América desde los primeros misioneros jesuitas, como José de Anchieta. Enviado muy joven para evangelizar los asentamientos portugueses en el nuevo continente, participó en el episodio de la Guerra de Tamoios, algo que provocó la expulsión de la ocupación francesa y la fundación de la ciudad de Río de Janeiro. Además, también fundó su nueva escuela, el Colegio de Piratininga, en medio de las montañas y más cercano a los nativos que a los asentamientos, hecho que sería la piedra angular de la actual ciudad de San Pablo. Esta acción, a la vez evangelizadora y espiritualizadora, quedó también inmortalizada en sus escritos. En uno de sus poemas, dedicado a San Francisco de Asís, Adán se asocia con el primer hombre, fruto de la corrupción, llegando a ser opuesto al "hombre nuevo", personificado en San Francisco, el agraciado por Cristo.

Mas Cristo, Deus humanado,
glorioso São Francisco,
para limpar o treslado,
que Adão tinha borrado,
pondo o mundo em tanto risco,
quis pintar,
e com isso conformar
a vós, de dentro e de fora,

com graça tão singular,
que vos podemos chamar
homem novo, em que Deus mora.[165]

Ahora bien, ¿serían esas tipologías bíblicas entre Adán, Francisco o los hombres nuevos ecos de las *concordiae*? Sobre el tema, es importantísimo entender que el hombre nuevo no se sitúa explícitamente como el agraciado por el Espíritu Santo, siendo más comúnmente entendido como aquello que vive en Cristo, aunque persista la idea de un tercer estado en el hombre nuevo, en el cual Dios vive dentro y fuera. Y, por mucho que no se mencione a Joaquín, cuyas tesis quedaron grabadas como heréticas, es en la figura de San Francisco donde pervive su legado sobre *mutari vitam*.

El Padre Antônio Vieira, jesuita portugués del siglo XVII, también correlacionó la creación del mundo y la venida del hijo del hombre con el descubrimiento de América en términos aun más escatológicos. Su *Sermón de la Epifanía*, pronunciado en 1662, arranca con un juego de palabras afirmando que las Escrituras comienzan a predicar a través del Predicador y no al revés. *"Esta é a novidade que trago do Mundo Novo. O estilo era que o pregador explicasse o Evangelho: hoje o Evangelho há de ser a explicação do pregador. Não sou eu o que hei de comentar o texto: o texto é o que me há de comentar a mim"*.[166] A continuación, afirma que, si Cristo nació en el Viejo Mundo, en el Nuevo Mundo ocurriría el nacimiento del verdadero cristianismo. Además, hace una alegoría de que los tres reyes magos corresponderían a Europa, Asia y África respectivamente, que, según la Biblia, sería como si las personas de todo el mundo vinieran para adorar al Salvador. La falta de un espacio para el continente americano en el Evangelio no lo invalida en el camino de la revelación de la palabra de Dios. Para Vieira, a pesar de que América llegó tardíamente para dar gracias a Dios, ella fue la que supuestamente se convirtió más

---

165 Anchieta, 2004: 42-43.

166 Versión utilizada: Vieira, Pe. Antônio. *Sermoens do Padre Antonio Vieira* (…), v. 4. Lisboa: Officina de Miguel Deslandes, 1685: 491-492. Edición digital disponible por Biblioteca Guita y José Mindlin (Brasilianas), junto a la Universidad de San Pablo.

rápidamente. Para probar esta tesis, lee literalmente las escrituras, a través de la cual afirma que estas nuevas tierras serían la semilla de un nuevo mundo para albergar una nueva Jerusalén.

Uma das coisas mais notáveis que Deus revelou e prometeu antigamente foi que ainda havia de criar um novo céu, e uma nova terra. (...) Logo, que terra nova, e que céus novos são estes, que Deus tanto tempo antes prometeu que havia de criar? Outros o entendem doutra maneira, não sei se muito conforme à letra. Eu, seguindo o que ela simplesmente soa e significa, digo que esta nova terra e estes novos céus são a terra e os céus do Mundo Novo, descoberto pelos Portugueses, cujo soberano seria o quarto rei mago. Não é verdade que, quando os nossos argonautas começaram e prosseguiram as suas primeiras navegações, iam juntamente descobrindo novas terras, novos mares, novos climas, novos céus, novas estrelas? Pois esta é a terra nova e esses são os céus novos que Deus tinha prometido, que havia de criar, não porque não estivessem já criados desde o princípio do mundo, mas porque era este Mundo Novo, tão oculto e ignorado dentro do mesmo mundo, que quando de repente se descobriu e apareceu, foi como se então começara a ser e Deus o criara de novo. E porque o fim deste descobrimento, ou desta nova criação, era a Igreja, também nova, que Deus pretendia fundar no mesmo Mundo Novo, acrescentou logo pelo mesmo profeta e pelos mesmos termos – que também havia de criar uma nova Jerusalém, isto é, uma nova Igreja, na qual muito se agradasse: Quia ecce creo Jerusalem exultationem, et populum ejus gaudium (12).[167]

Vieira afirma, en el *Sermón de la Epifanía*, la creación de una nueva Iglesia y, más que eso, una modificación de las referencias espaciales (como nuevas tierras y constelaciones), así como el cambio de las referencias temporales (en las que el nacimiento de Cristo se repetiría con el nacimiento del cristianismo). Esta lectura utópico-escatológica intentaba criticar el régimen colonial estatal, y específicamente la esclavitud indígena, si bien para reclamarle a los jesuitas el monopolio de tratar con los nue-

---

167 Vieira, 1685: 492-493.

   El Espíritu y la letra. Políticas del sentido

vos habitantes, es decir, de la "salvación de sus almas", por más inquietante que sea esta declaración.

¿Y Vieira conocía efectivamente los textos de Joaquín? La respuesta es afirmativa, aunque se trate más de un conocimiento superficial del joaquinismo que efectivamente de un rescate directo de los textos del abad calabrés. Según Noeli Dutra, aun sin un conocimiento directo de Joaquín, Vieira conocía y se interesaba por el autor a través de los textos joaquinistas, más precisamente mediante Coelius Pannonius (*Collectanea in sacram Apocalipsim,* 1547), Serafino da Fermo (*Breve dichiaratione sopra di Apocalisse di Giovanni,* 1538) y Pierre Boulenger (*Ecphrasis in Apocalypsin,* 1589), además de obras apócrifas, como la difusión de profecías que se le atribuyen en ediciones del siglo XVII. Para la investigadora, por lo tanto, "lo que Vieira debería considerar como siendo el pensamiento del abad calabrés probablemente venía de la lectura de estos comentaristas milenaristas del siglo XVI y, alternativamente, de textos pseudojoaquinistas, aunque haya consultado algunos de los comentarios sobre el Apocalipsis de Joaquín de Fiore".[168] Luego, por más indirecto que sea su conocimiento, es posible decir que las ideas de Vieira tienen cierta intertextualidad, si no con el núcleo de su pensamiento, al menos, con la imaginería de Joaquín.

Por otro lado, Vieira también fue un cripto joaquinista, especialmente cuando difundió la idea milenarista de Portugal como el Quinto Imperio, el cual suponía que debería inaugurar una era dorada de mil años. Sus textos mantuvieron encendida la creencia en el retorno del Rey Don Sebastián, muerto en las arenas de Marruecos durante la aciaga batalla de Alcazarquivir. En las palabras de Vieira en su *Historia del futuro,* esta profecía del retorno del Rey oculto sería parte de un ciclo histórico, precedido por los imperios asirio, persa, griego y romano.[169] Este, así como su *Clavis Prohetarum,* son textos tardíos en su obra e inacabados, posteriores, por lo tanto, a la restauración portuguesa ante la corona de Castilla, lo que sucedió definitivamente en 1640.

---

168 Rossato; De Martini, 2012: 281.
169 Vieira, 2005.

Por ello, no buscaban una insurrección portuguesa o glorificar el pasado, sino entretejer la historia del pasado con el porvenir. Pero esa historicidad doblada, con causas anteriores y posteriores, era paralela a las escrituras bíblicas, como suele resaltar el autor: *"Assim como os que escrevem anais ou histórias passadas e antiquíssimas, recorrem aos autores mais antigos, (...) assim nós que escreveremos do futuro, devemos recorrer e buscar a verdade e notícia da nossa História nos autores dos tempos futuros, que são somente os profetas, pois só eles os conheceram"*.[170] Más que anunciar una nueva profecía milenarista, Vieira propone un estudio meticuloso y polisémico sobre las Sagradas Escrituras, que ya estaban dadas de manera definitiva por Dios. Repite, quizás sin saberlo totalmente, el método de las *concordiae*, de Joaquín, excepto por una menor figuración pneumatológica. Curiosamente, ese futuro leído por Vieira en las letras, además de intentar restaurar la nacionalidad imaginaria portuguesa en el siglo XVII, posteriormente se torna una recurrencia en muchos movimientos milenaristas por donde pasó el jesuita en Brasil, como en la cultura popular desde los tiempos coloniales de Maranhão, llegando sus palabras hasta el siglo XX en guerras contra el estado brasileño de movimientos cristianos populares, como Canudos (1895-1897) o Contestado (1912-1916).

Vieira es uno de los autores más canónicos de toda la lengua portuguesa y jamás dejó de ser leído y enseñado, a pesar de que la actividad misionera jesuita prácticamente desapareciera del reino portugués en 1773, con el establecimiento de las ideas ilustradas del Marqués de Pombal. Incluso después de la restauración de la Sociedad de Jesús, en 1814, ella nunca volvería a tener la prominencia de antaño. Aun así, las ideas milenarias del "hombre nuevo" y el "mundo nuevo" de los viejos misioneros jesuitas, como Anchieta o Vieira, nunca han dejado de estar presentes en el imaginario lusitano y brasileño, especialmente en las revueltas mesiánicas de finales del siglo XIX y principios del siglo XX, como la guerra de Canudos. Esta revuelta fue promovida por un líder mesiánico llamado António Conselheiro para

---

170 Vieira, *História do Futuro*, 9, 166.

     El Espíritu y la letra. Políticas del sentido

toda la gente famélica del interior del noreste brasileño y requirió el desmantelamiento total de cuatro expediciones estatales para su total destrucción. Sobre toda la matanza, el periodista positivista y escéptico Euclides da Cunha llegó a transcribir una de sus canciones en su clásica obra, *Os Sertões*, con un lenguaje absolutamente árido, para acuñar la locura de los sertanejos, donde se manifiestan las ideas sebastianistas del Rey oculto:

> *D. Sebastião já chegou*
> *E traz muito regimento*
> *Acabando com o civil*
> *E fazendo o casamento!*
>
> *O Anti-Christo nasceu*
> *Para o Brazil governar*
> *Mas ahi está o Conselheiro*
> *Para delle nos livrar!*
>
> *Visita nos vem fazer*
> *Nosso rei D. Sebastião.*
> *Coitado daquelle pobre*
> *Que estiver na lei do cão!* [171]

Los sertanejos famélicos cantaban la vuelta del Rey y la suspensión de la ley civil, lo que fue considerado, para el ejército republicano con ideales positivistas, como una actitud de locura. Esos fanáticos no se conformarían con el ordenamiento jurídico o con el civismo republicano y tampoco podían pertenecer al "sistema". Locura, sin embargo, sería entender esas canciones en cuanto una restauración monárquica en Brasil o como un rechazo de los derechos civiles republicanos, como el divorcio por la "lei do cão" ("ley del perro"). Canudos, quizás, sea una primera eclosión de los conflictos agrarios contra el monocultivo latifundista en Brasil, que persiste hasta nuestros días, como en el Movimiento de

---

171 Cunha, 1982: 154. Traducción en versos libres: *"Don Sebastián ya llegó / y trae mucha disciplina / terminando con el civil / y haciendo el matrimonio./ El Anticristo nació / para gobernar Brasil, / pero ahí está el Consejero / para deshacerse de él. / Visita nos hace / el rey Don Sebastián / Pobre de quien / está en la ley del perro"*.

los Sin Tierra (MST). Para su líder, João Pedro Stédile, "desde 1500, la utilización de la tierra en Brasil benefició apenas a una minoría de la sociedad –su clase dominante–, impidiendo que la mayoría de la población tuviera acceso a la pose o al usufruto de ese bien de la naturaleza".[172] El simbolismo del rey Don Sebastián, el lenguaje apocalíptico del Anticristo y la abolición de la ley civil (la ley del perro) son manifestaciones de la escatología política de jesuitas como el padre Vieira por parte de una cultura popular profundamente heterogénea, pero también heredera de una apropiación injusta y violenta de la tierra y sus recursos naturales por parte de una elite minoritaria. Finalmente, en un genial gesto de Euclides, la narrativa de *Os Sertões* naufraga cuando contrasta las ideas republicanas laico-racionalistas con la masacre de la guerra civil. Esa cuestión es interesante, no necesariamente para rescatar un mesianismo religioso en la actualidad –aceptando las premisas mesiánicas sin filtro– sino para, al menos, relanzar la sospecha de que la política en América Latina, por más moderna que sea, es siempre inseparable de espiritualidades populares y de sus jerarquías canónicas, como también es indiscernible de su injusticia social predominante y, por fin, del artificialismo de las instituciones estatales para la población o para las naciones mismas todavía negadas.

La obra prima de Eduardo Galeano, *Las venas abiertas de América Latina*, también con un lenguaje muy árido, padeció bajo el mismo asombro que Euclides da Cunha, después de prácticamente un siglo. Ahora bien, ¿no intentó el autor establecer una escritura con la objetividad necesaria para los parámetros de la sociología marxista, cuando, en contrapartida, se diseminó por las sensaciones de revuelta que su ensayo propone? En una de esas imágenes potentes que desvían al lector de los hechos comentados sobre la usurpación colonial de las riquezas en el continente, Galeano trata del sistema. Sistema que ya no es apenas el capitalismo, sino la venta del alma al Diablo, el principio mágico de la modernidad, según Campanella, Goethe o Flusser. En contrapartida, alerta Galeano que, en Latinoamérica, "el

____

172 Stédile, 2011: 13.

  El Espíritu y la letra. Políticas del sentido

sistema es muy racional desde el punto de vista de sus dueños extranjeros y de nuestra burguesía de comisionistas, que ha vendido el alma al Diablo a un precio que hubiera avergonzado a Fausto".[173] La producción continúa en el camino del desarrollismo, religión de estado de los países de la región, pero sin romper las desigualdades estructuradas. Por otro lado, "El sistema no ha previsto esta pequeña molestia: lo que sobra es gente. Y la gente se reproduce".[174] La producción de un sistema económico o cultural estable deja escapar incesantemente las diferencias del pueblo o la ductilidad de su sangre. En realidad, el espíritu en América Latina, donde todo es inestable y desigual, no abarca las heterogeneidades para merecer el nombre de sistema (y sus derivaciones como cuerpo, organicidad o formación), pues eso sería admitir una falencia originaria.

Por su parte, José Enrique Rodó, cuyo arielismo pensó al americano como el hombre espiritual, se deparó anteriormente con ese problema por la vía del idealismo –y no por aquella del materialismo de Euclides da Cunha o Eduardo Galeano. El autor llegó a la misma capitulación en sus ensayos cuando pensó al espíritu, que no puede ser la cumbre o la síntesis de nadie. La heterogeneidad del continente y su propia condición fragmentaria manifestó el espíritu vivificador como un Proteo, una divinidad antigua con una capacidad continua de mutación y de adaptación, pues "reformarse es vivir".[175] Más adelante, declarará directamente cómo en América, posiblemente ante sus anacronismos y falta de tiempo, el espíritu se da en términos principalmente espaciales:

Espacio, espacio es lo que te queda, después que la esperanza con color y figura, y el ideal concreto, y la fuerza o aptitud de calidad conocida, te abandonaron en mitad del camino. Espacio: mas no ese donde el viento y el pájaro se mueven más arriba que tú y con alas mejores; sino dentro de ti, en la inmensidad de tu alma, que es el espacio propio para las alas que tú tienes. Allí queda infinita extensión por conquistar, mientras dura tu vida: extensión siem-

---

173 Galeano, 2004: 18.
174 Galeano, 2004: 19.
175 Rodó, 1909: 7.

pre capaz de ser conquistada, siempre merecedora de ser conquistada. (...) ¿América cuyo único descubridor posible eres tú mismo, sin que puedas temer, en tu designio gigante, no émulos que te disputen la gloria, ni conquistadores que te usurpen el provecho?[176]

Por más que entienda un espacio interior, y conforme un joaquinismo radical deseante de "conquistar" el espacio en su mutabilidad con sus propias manos, la escritura de Rodó abandona la sistematización histórica, abortada en la mitad del camino.

Un poco más relacionado con el idealismo de Rodó, resurge en el siglo XX un pensamiento cristiano con algunas supervivencias de la escatología y del imperativo *mutari vitam*, además de construir un mundo nuevo. Esas tendencias católicas resurgirían dentro de la propia Iglesia en movimientos intelectuales inicialmente más conservadores y, en seguida, con una vertiente social amplia, como la "teología de la liberación". Desde la recepción de ideas como el personalismo de Emanuel Mounier y de la *"Nueva Edad Media"* de Nicolau Berdiaeff, además del humanismo integral de Jacques Maritain en sectores culturales defensores de la ortodoxia eclesiástica, especialmente en Brasil y Argentina, es posible observar a estos sectores del clero y de los fieles a través de una lectura más politizada de la Biblia a lo largo del siglo XX. Así, hay que reconocer cómo la estructura y el contacto cultural entre las ideas del *Renouveau Catholique*[177] hicieron posible una

---

176 Rodó, 1909: 43-44.

177 *Renouveau Catholique* ha sido el movimiento de conversión de intelectuales a principios éticos y estéticos de la Iglesia Católica ante corrientes hegemónicas del fin del siglo XIX, como el positivismo, el socialismo o el liberalismo. Se difunde principalmente desde Francia con autores como León Bloy, François Mauriac, Georges Bernanos o Jacques Maritain. Ese gesto tiene paralelos en todo el mundo con G.K. Chesterton, en Inglaterra, Nicolas Berdiaev, desde Rusia, hasta poetas latinoamericanos como Jorge de Lima y Murilo Mendes en Brasil o Leopoldo Marechal y Francisco Luis Bernardes desde Argentina. Sobre la temática, Compagnon, Olivier. *Jacques Maritain et l'Amérique du Sud: le modèle malgré lui*. París: Septentrion, 2003. También Sudlow, Brian. *Catholic literature and secularization in France and England, 1880-1914*. Manchester: Manchester University Press, 2011. Oliveira, Leonardo D'Avila. *Ordenar o Espiritual: letras e periodismo católico no Brasil (1928-1945)*. [Tesis de doctorado]. Florianópolis: Universidad Federal de Santa Catarina, 2015. Cabezas, Laura. *La espiritualización de la*

    El Espíritu y la letra. Políticas del sentido

actividad más escatológica, más solidaria y más politizada de la
Iglesia en América Latina a partir de los años sesenta, alcanzando una denominación definitiva especialmente después de la
publicación del libro *Teología de la Liberación, Perspectiva*, por
parte de Gustavo Gutiérrez, en 1971.

La teología de la liberación latinoamericana solamente fue
impactante porque también impactó en la Iglesia, que se mantiene como una institución clave para la política en los cinco últimos siglos. La modernidad espiritual latinoamericana incluso
incidió en la estructura canónica de la Iglesia Católica, que, en
algunos contextos, se convirtió en un actor político importante
en el escenario de resistencia a las dictaduras militares que se
extendieron por toda América Latina durante la Guerra Fría.
(Aunque, en muchos contextos, la Iglesia fue partícipe en golpes
de Estado y dictaduras militares, esta ambivalencia solo refuerza
aun más la tesis de que la política latinoamericana es impensable sin la espiritualidad popular y sus instituciones religiosas).
Las Comunidades Eclesiásticas de Base (CEBs), la Pastoral de
la Tierra (Pastoral da Terra) y la pedagogía de los oprimidos,
de Paulo Freire en Brasil, así como el movimiento de sacerdotes por el Tercer Mundo en Argentina fueron actores políticos
indiscutibles, cada uno en la proporción de sus posibilidades. Y,
en su afán por el hombre nuevo y por una filosofía del Tercer
Mundo, Salazar-Bondy, a su vez, lanzó la posibilidad de una
Filosofía de la Liberación, que intentaba ser el auténtico pensamiento de América Latina, en 1968, idea que sería cuestionada
por Leopoldo Zea en *Una filosofía americana como filosofía sin
más*, al año siguiente. Independientemente de la posición más
o menos canónica, más o menos localista, comenzó una filosofía
colectiva, una política y casi una nueva Iglesia latinoamericana,
algo que se convirtió en una posición filosófica con cierto peso en
el mundo, ante su condena por parte del Vaticano y la crisis del
pensamiento de izquierda después de los noventa.[178]

---

vanguardia, o el diseño de una modernidad católica entre *Paris y Buenos
Aires*. Estudios de Teoría Literaria, v. 8, n. 17, 2019: 35-46.

178 Entre otros documentos, la encíclica *Centesimus Annus,* firmada por Juan
Pablo II el 1° de mayo de 1991 condena las ideas de la Teología de la Liberación.

Sí, el "hombre nuevo" estuvo en los comentarios a la propuesta educativa peruana, cuando Salazar-Bondy afirmaba: "En primer lugar, se debe mencionar un nuevo sustento doctrinal para la educación y la fijación de objetivos, acorde con el proceso global peruano, para el surgimiento de un nuevo hombre en una nueva sociedad".[179] Pero ese hombre nuevo, hombre que no depende necesariamente de una conclusión o síntesis, también se manifiesta en el no tan secular Ernesto Che Guevara, quien lo reafirma en el ensayo *Socialismo y hombre cubano*: "Creo que lo más simple es reconocer su calidad como no hecha, como un producto no acabado. (...) es necesario desarrollar una conciencia en la que los valores adquieren nuevas categorías. La sociedad en su conjunto debe convertirse en una escuela gigantesca".[180] Finalmente, el hombre nuevo regresa en Frei Betto, en su carta abierta dedicada al propio Ernesto Che Guevara, cuando plantea la idea de una militancia audaz para el desarrollo del hombre nuevo: "Con tu agudo sentido crítico cuidaste de advertirnos que 'el socialismo es joven y tiene errores. Los revolucionarios carecen muchas veces de conocimientos y de la audacia intelectual necesarios para enfrentar la tarea del desarrollo del hombre nuevo por métodos distintos de los convencionales, pues los métodos convencionales sufren la influencia de la sociedad que los creó'".[181]

El nuevo mundo y el pensamiento latinoamericano, por lo menos, le demuestran al mundo cómo el espíritu jamás puede ser total, jamás completarse. Uno de los teólogos de la liberación más impactantes, el argentino Enrique Dussel, establece, por su parte, algunas divisiones importantes que necesariamente conducen a la filosofía de Joaquín de Fiore y a un pensamiento para el Tercer Mundo, especialmente cuando busca dar voz a los pueblos oprimidos de América Latina. Independientemente de concordar o no con las premisas epistemológicas de Dussel, muy apegadas al humanismo moderno y la hermenéutica, el autor propone con noble sencillez una América Latina como una exterioridad (algo

---

179 Salazar-Bondy, 1975: 35-36.
180 Guevara, 2005: 50-51.
181 Betto, 2007: 129.

     El Espíritu y la letra. Políticas del sentido

del orden del no-ser) de la filosofía occidental. Por tanto, no se trataría de incluir los discursos como una parte más de la totalidad, como ocurre con el cosmopolitismo más ingenuo, sino de una alteridad radical que diversifica la causalidad occidental rumbo a la pluralidad de causas y de referencias escritas, como (*sicut*) en las *concordiae*. Las lecturas de Pablo realizadas por el autor son sumamente interesantes cuando retoman una antigua búsqueda de una espiritualidad escatológica y de un gesto de atravesar la Biblia con una visión de la historia que exige acción política y un cambio efectivo no solo dentro de la Iglesia, sino dentro de la vida misma. En América Latina, regresar a Pablo y a Marx no es, para nada, infructífero, pues acá todo siempre tuvo, por lo menos, dos causas.

Si bien estas experiencias religiosas populares y canónicas de América Latina continúan siendo indispensables para comprender gran parte de la política secular de sus respectivos países, hoy no son tan fuertes como solían ser. Y, si bien se planteó una remota posibilidad de verlos en el centro de la Iglesia, justo cuando un latinoamericano se convertía en la máxima cabeza de la cristiandad, eso, en todo caso, ocurrió ya muy tarde. El papado de Francisco ocurre concomitante a una Basílica de San Pedro vacía de fieles en una Roma desierta de turistas, además de las heridas insuperables provocadas por una serie de escándalos derivados de los casos de abusos sexuales o de las sospechas de corrupción generalizada. En la actualidad, la difusión de discursos y de pensamientos marginales de la filosofía o de la literatura occidental ciertamente no ocurren por el trabajo misionero, como en los tiempos jesuíticos. Tampoco se dan por colectivos políticos de la Iglesia o de los movimientos cristianos espontáneos ni tampoco por la antropología, sino por las distintas luchas por formas alternativas de vida que, desde hace siglos, insisten en no formar un único hombre. Algunas prácticas políticas inclusivas provenientes directamente de demandas de pueblos Amerindios llegaron a instituciones tradicionales de algunos países, como propuso el *Buen Vivir* (o *sumak kawsay*) en Ecuador o el *Vivir Bien* (o *suma qamaña*) en Bolivia, movimientos de matrices comunitarias que intentan invertir las relaciones productivas, luchar por estados plurinacionales y también reconocer jurídicamente el medio ambiente como sujeto de derechos. Esas propuestas sufrieron sucesivos ataques, tanto por parte de gobiernos dichos progresistas como por otros impudorosamente reaccionarios.[182] De todos modos, esas experiencias pueden ser leídas como expresiones típicas de tiempos escatológicos, en el cual la linealidad temporal se rompe y, aun más, se cuestiona la ocupación de los espacios. Las *concordiae* de Joaquín de Fiore y, sobre todo, de su concepción de espíritu, que sorprendentemente es pensado como pura metamorfosis y que, por tal razón, se debe cambiar la vida (*mutari vitam*), adquirieron una derivación más trágica en América Latina, donde se anuncia hace quinientos años que tal vez no haya tiempo para la consecución de un tercer testamento. Precisamente por así serlo, sin esperar por el fin del capitalismo, mirando simultáneamente la precariedad y la belleza de la vida, empezamos a entender la condición de vivir un Tercer Mundo, que no es otra cosa sino vivir siempre el fin del mundo.

Otro gesto de pensar nuevos mundos en el "tercer" espacio latinoamericano viene del líder indígena Ailton, de la etnia Krenak, que sintetizó magistralmente la escatología apocalíptica de la modernidad occidental y de sus periferias, en sus procesos de cosmopolitismo y eurocentrismo. Indagado sobre lo que los indios irían a hacer con la catástrofe ambiental inminente, es decir, sobre el fin del mundo, respondió: "Hace quinientos años que los indios están resistiendo, lo que me preocupa son los blancos, cómo van a hacer para escapar de esta".[183] Para los pueblos originarios, el mundo ya terminó muchas otras veces y este parece ser el caso de la modernidad en el antropoceno. Hay motivos para preocuparse, sobre, si al menos, sabremos contar otras historias para vivir y concebir el fin de nuestro propio tiempo. Ojalá entendamos, con los pueblos originarios, por lo menos, las ideas de Joaquín sobre las causalidades plurales desde las escrituras (como en sus *corcordiae*) y sobre la posibilidad de que la historia empiece o termine más de una vez (como en sus comentarios sobre el Apocalipsis).

---

182 Acosta, 2016.
183 Krenak, 2021: 23.

   El Espíritu y la letra. Políticas del sentido

Como tributo a esas otras modernidades latinoamericanas, es posible concluir que el Tercer Testamento de Joaquín, el espacio del Espíritu Santo, por tanto, es indiscernible de la modernidad alternativa de la península ibérica o de la alteridad de las modernidades latinoamericanas. Y, si no es posible ser justos con los pueblos amerindios ante tantas "buenas intenciones" del nuevo hombre joaquinista, al menos es necesario reconocer la importancia mutua del Tupi para la cultura de los educadores jesuitas, el predominio de la condición de los pueblos originarios y esclavos de Maranhão en el siglo XVII para los sermones barrocos de Vieira, así como la "locura" de los sertanejos por la parafernalia institucional de la República de Brasil. Son muchísimos los impactos de los amerindios Bororo en el pensamiento estructuralista europeo de la segunda mitad del siglo XX con Lévy-Strauss y, del mismo modo, se puede hablar de una coautoría de los indios yanomami para la antropología especulativa de Viveiros de Castro, a principios del siglo XXI. Se comprende con esas intersecciones de humanos y contextos que América Latina, por lo menos, persiste como *entre-lugar*, como conceptualizó Silviano Santiago hace ya cincuenta años: no por aquello que reunió, sino por sus heterogeneidades y por sus paradojas. La radicalidad de la modernidad es, sobre todo, latinoamericana, donde todo y cualquier campesino, indígena o caboclo puede especular con mucho más facilidad sobre la palabra "diferencia" que sobre la palabra "orden". Orden, palabra que ha sido tematizada directa o indirectamente por toda la filosofía que prevaleció en Occidente. Los hombres nuevos que no exactamente existen justifican, en y con su propio aliento, cómo América Latina imposibilita cualquier idea de pureza cultural, cualquier síntesis, cualquier totalidad.[184] Ya sea en el Joaquín sobreviviente en Vieira, en Dussel, en Silviano Santiago o en Krenak, el tercer mundo sigue siendo una exterioridad gritante, injusta y flagrante que abniega la consecución del espíritu de orden y de progreso de la modernidad.

---

184 Santiago, Silviano. *Uma Literatura nos Trópicos: ensaios sobre dependência cultural*. San Pablo: Perspectiva, 1973.

<h1 style="text-align:right">SEPTIMA JORNADA</h1>

<h1 style="text-align:right">Geist, cultura y lenguaje</h1>

> Eso me parece el Espíritu (*Geist*) de la lengua hebrea:
> es el aliento del alma. (*Athems der Seele*). No reclama
> la belleza del sonido, como el griego, sino que respira
> y vive (*lebet*).[185]
>
> Johann Gottfried von Herder,
> Vom Geist der Ebräischen Poesie

El espíritu también es el sustentáculo de las modernas concepciones de cultura y, por eso, toda discusión crítica sobre sus presupuestos epistemológicos (como los binomios naturaleza-cultura, pueblo-nación, sociedad-estado) no puede dispensarlo. Por ello, este ensayo realiza una incursión en el pensamiento germánico y en toda la tradición del Espíritu (*Geist*), principalmente a partir del pensamiento de Johann Gottfried von Herder (1744-1803), pues sus ideas sobre cultura son las más canónicas. Si el Espíritu (*Geist*) es el concepto que, como se verá, posibilita culturas desde el alba del romanticismo, en contrapartida, sus principales manifestaciones se dan, sobre todo, en el lenguaje. Lenguaje que, a su vez, pasa a ser más que un instrumento del pensar individual y colectivo, para tornarse el medio insoslayable de la vida colectiva. Se podrá demostrar también cómo la concepción herderiana de cultura está directamente ligada a la tradición judeocristiana del espíritu y la letra, y, específicamente, situar algunos retornos espectrales de una serie de imágenes y de restos del naciona-

---

185 Herder, 1825: 13.

lismo, de la organicidad y del evolucionismo en las últimas décadas. Sin embargo, esta incursión puede, especialmente, resaltar algunas inconsistencias de estos rescates póstumos en el sentido común actual. Si así lo es, quizás también pueda señalar algunos puntos de tensión inherentes a las principales doctrinas del *Geist* que no pudieron ser tomadas en serio por los caminos más rigurosos o más audaces de las humanidades.

En un texto dedicado a conceptualizar de forma sintética lo que entiende precisamente por cultura, Raymond Williams proporciona una referencia teórica fundamental, no solo para los estudios culturales, sino también para todas las ciencias humanas, comenzando justamente con una cita de Herder. Es decir, en el momento más decisivo y preciso de su texto, su principal cita es la del autor prusiano, rescatándolo para sostener el aspecto material y el alcance global de los elementos sociales que sustentan su propia conceptualización de la cultura.

> Empezando como el nombre de un proceso –cultura (cultivo) de vegetales o (creación y reproducción) de animales, y, por extensión, la cultura (cultivo activo) de la mente humana (*culture of human mind*)– se ha vuelto, a fines del siglo XVIII, configuración o generalización del 'Espíritu' (*configuration or generalization of the 'spirit'*) que informaba el 'modo de vida global' de determinado pueblo. Herder (1784-91) ha sido el primero en utilizar el significativo plural 'culturas' (*first used the significant plural, 'cultures'*), para intencionalmente diferenciarlo de cualquier sentido singular o, como se dice hoy, unilineal de 'civilization'.[186]

¿Sería conveniente recurrir justo a Herder dentro de la tradición alemana del Espíritu, cuando autores más sistemáticos y menos oscuros, como Fichte o Hegel, hicieron del espíritu una cuestión insoslayable en la filosofía occidental por la vía idealista? Vale recordar que Herder es un pensador ligeramente anterior al idealismo alemán, aunque lo haya marcado muchísimo. Sin embargo, el autor no debe encajar dentro de esta etiqueta de idealista (menos aun en la de prerromántico o post-iluminista), ya que

---

186 Williams, 1981:10.

hay demasiadas divergencias para ser resaltadas, de la misma manera que no se puede confundirlo con la tradición romántica, que también se inspiró en sus escritos. Herder debe ser abordado un poco más profundamente en sus propios escritos y sin temor a establecer otras conexiones con su pensamiento para comprender las principales paradojas de algunos conceptos fundamentales que legó a todas las humanidades, como la nación y la cultura.

El Espíritu (*Geist*), para Herder, es el dinamismo de vida común a toda la humanidad y también el principio capaz de diferenciar a los pueblos en sus variantes lingüísticas o expresiones autóctonas. Aun así, este *Geist* no se limita a la estética o a la estilística, sino que también incluye importantes consecuencias políticas, éticas y lingüísticas. En otras palabras, el Espíritu abraza a los pueblos y a sus interacciones con los climas, las costumbres y, sobre todo, con los idiomas, es decir, en una concepción de hombre abierta a la espiritualidad y a la materialidad. Por supuesto, aunque toda su obra tenga aspectos suficientes para entender conceptos como Espíritu y cultura, investigaremos sus categorías a partir de sus ensayos bíblicos, justamente también para demostrar la relación entre el *Geist* alemán y la tradición teológica cristiana. En su texto sobre Pentecostés, por ejemplo, titulado *Von der Gabe der Sprachen am ersten christlichen Pfingstfest*, de 1794, el Espíritu (*Geist*) llega a ser considerado como un elemento unificador de los hombres, que sólo tienen "un mito, una lengua y un lenguaje: une espíritus, que las armas y la política rompen y separan entre sí. El entusiasmo no puede hacerlo solo, sino también la interpretación, el trato fraterno y la conciliación".[187] Por lo tanto, el Espíritu es, para Herder, un concepto que funda cierto organicismo, aunque no sea un hecho trascendente o una mera idea, sino una amplia fuerza vital que se confunde con las circunstancias materiales y con acciones de los hombres mismos. En otras palabras, el procedimiento de Herder no es ni teológicamente ortodoxo ni inflexiblemente económico. Ni meramente filosófico ni meramente estético: es, después de todo, un concepto con un contenido holísticamente antropológico.

---

187 Herder, 1794: 140.

Herder empieza a entender esa pluralidad que su visión antropológica y organicista de espíritu ve en distintas individuaciones, esto es, en distintas culturas. Pero no está lejos de la tradición judeocristiana de *ruah, pneûma* o *spiritus*. Apenas intenta comprender el contexto y los sentidos de cada época para darles historicidad. Un primer trabajo en esta dirección fue su comentario al *Cantar de los Cantares*, en el cual realiza una de las primeras lecturas estilísticas sobre poesía bíblica, aunque su objetivo era buscar datos antropológicos sobre el pueblo judío y no resaltar precisamente algún sentido religioso o incluso alguna belleza meramente estética. Bajo el título *Lieder der Liebe: Die ältesten und schönsten aus Morgenlande, nebst vem und vemzig alten Minneliedern*, el libro fue publicado originalmente en 1778, constituyendo hoy una de las bases para leer las características de esta poesía, justo después de la obra del británico Robert Lowth, *De Sacra Poesi Hebraeorum*, publicada originalmente en latín en 1753 y traducida al inglés por G. Gregory en 1787.

Robert Lowth entendió que la poesía hebrea no se debería leer según reglas retóricas ni según la poética grecolatina clásica, so pena de cometer enormes errores, ya que se trata de otra lengua, la cual tiene una tradición diferente y, por supuesto, otros elementos formales que merecen ser destacados y entendidos. En palabras más exactas, el autor fue pionero en el siglo XVIII en reconocer, en un contexto cristiano, la importancia de paralelismos semánticos en la poesía bíblica, es decir, sus repeticiones intencionales de significado, más que sus repeticiones de sonidos. Por ejemplo, la poética hebrea no utiliza las rimas o la métrica, sino repeticiones o contradicciones de ideas en cada verso. En su lectura del *Cantar de los Cantares*, Herder retoma y comenta la obra de Lowth, no necesariamente para refutar las tesis del antecesor, sino, sobre todo, para afirmar que las diferencias de la poesía hebrea van mucho más allá de las cuestiones formales, ya que constituyen una parte de la cultura de otra época, más precisamente de un espíritu de esa lengua, que contiene su propio contexto, además de poseer sus propias reglas.

Esa búsqueda por la capacidad universalizante del espíritu y la propiedad individualizante de cada modo de vivir el espíritu, que es la cultura, está muy bien marcada en los ensayos bíblicos de Herder, pues no utiliza la religión para establecer ningún criterio unificador de los pueblos, sino para resaltar sus diferencias y sus aspectos más originarios. Y lo hace incluso en su propia tradición, cuando intenta dar un tono más relacionado al pueblo judaico para comprender mejor la Biblia. En lenguaje accesible y dirigido al público laico, Herder va más allá de una mera lectura de formalidades estilísticas, enfatizando sobre todo la poeticidad del libro sagrado, determinada por su proceso y su contexto de formación (*Bildung*). En este sentido, el autor enfatiza la expresión y la música del *Cantar de los Cantares* en una metáfora orgánica: como flores que crecen, la poesía hebrea sería el resultado de una vitalidad popular, posible de dar sentido al lector de la actualidad.

> Serían pedantes o "presumidos" quienes deseasen enseñarnos solamente hebreo o metro anacreóntico en el *Cantar de los Cantares*, simultáneamente previniendo otra aplicación o aliento del alma. La Naturaleza, dulzura y amor, es una en toda parte. Por donde el corazón adentra con las palabras de este libro para orar, discursar, contemplar, amar, ahí se puede actuar como Isaías, Cristo y Juan. Por lo tanto, cada flor podrá florecer en esta nueva posición y su alma y su Espíritu les prestarán hermosos colores vivos en este contexto y en este tiempo.[188]

Herder valora la autenticidad popular de la poesía bíblica, cuestionando los cánones estéticos de la Ilustración y del neoclasicismo setecentista, que solían restringir la belleza a la tradición grecolatina. En este sentido, retoma algunas ideas de su mentor Johann Georg Hamman (1730-1788), como la de que el griego bíblico (o *koiné*) no sería inferior al griego homérico o ático, ya que su simple expresión sería la más acorde a su contexto histórico. En *Kleeblatt Hellenistischer Briefe*, de 1762, Hamann llega a afirmar que los libros del Nuevo Testamento fueron escritos "en tierras judías bajo el dominio romano por personas que no eran literatos de su *saeculum*, por lo que la característica de su estilo

---

188 Herder, 1781: 127.

es la prueba más auténtica del autor, sobre el lugar y la época de estos libros".[189] Además de un principio de historicismo, esta preocupación principalmente estilística marcaría profundamente a Herder, así como a todo el romanticismo alemán posterior en términos de expresividad mediada por el lenguaje.

La argumentación del ensayo *Lieder der Liebe* de Herder va más allá de la estilística y la teología e incluso puede ser concebida como un intento temprano de antropología, ya que busca considerar las más variadas peculiaridades del hombre y de la nación judía en relación con sus tradiciones y medio ambiente físico. En la investigación de los *Cantares*, considera el texto poético como una auténtica emanación del "Espíritu", aunque su fuerza se deba únicamente a las palabras y a los pensamientos, igualmente humanos. Por lo tanto, la poesía hebrea no sería un código místico digno de adoración, sino una revelación divina operada dentro de la historia real. Johannes Schmidt, así como gran parte de las críticas más recientes, llama a esta actitud "antropología religiosa". Además, según el autor, "esto, de hecho, permite comprender a Dios utilizando los mismos datos empíricos y sensoriales, considerados por Herder para su comprensión de la naturaleza, la historia, la cultura y el ser humano".[190]

En *El Espíritu de la poesía hebrea* (*Vom Geist der Ebräischen Poesie*), originalmente de 1782, se piensa en el *Geist* no solo como la mayor marca de la poesía bíblica, sino como un vínculo vital que une pueblos y tradiciones, permitiéndoles diferenciarse entre sí. En ese libro ya queda muy clara una búsqueda por la diferenciación de la cultura hebrea, aunque sea considerada como la dadora del espíritu vivificante a todas las otras. El texto, además, establece algunos puntos de contacto tanto con el sesgo grecolatino como con el hebreo cuando entiende al *Geist* como todos los aspectos colectivos de un pueblo en un sentido no necesariamente trascendente, pues la lengua, la moral y la geografía son consideradas características absolutamente espirituales. Sin embargo, hay que decir que el autor concede un lugar especial a

---

189 Hamann, 2007: 36.
190 Schmidt, 2017: 189.

　　El Espíritu y la letra. Políticas del sentido

la tradición hebrea, entendida como un aliento fuera de los seres que se da como gracia, la cual comienza a leerse análogamente como expresividad en los lenguajes a través del aparato fónico. Dice Herder: "Cuando se abren esos labios, la expresión se llena de vida y los cuerpos expresan la forma de las cosas, entregándose a los sentimientos; y este, me parece, es el Espíritu (*Geist*) del idioma hebreo: está lleno del aliento del alma (*Athems der Seele*). No reclama la belleza del sonido, como el griego, pero respira y vive (*lebet*)".[191] En esa perspectiva, las lenguas son uno de los aspectos centrales de la vitalidad espiritual común a todos los pueblos y, si fuera posible diferenciarlos de sus monumentos literarios, también sería posible acercarlos mediante las respectivas acciones expresivas del lenguaje.

Esta necesidad de valorar el propio idioma del *Geist* y lo que llegaría a ser considerado como la nación alemana no significa, por supuesto, el rechazo o la discriminación de otras tradiciones poéticas o de otras culturas. Sikka, en la línea iniciada por Isaiah Berlin, entiende que Herder sobrepasa un pluralismo o un mero multiculturalismo, reconociendo en él un verdadero relativismo antropológico. Para el autor, el ensayista prusiano abdica del rigor filológico en sus comparaciones de lenguas para enfatizar la forma de vida que generó estas variaciones. Por tanto, "el propio análisis de Herder de las obras literarias plantea la necesidad de interpretarlas dentro de sus contextos históricos y culturales además de sugerir que revelan el Espíritu de un pueblo de una manera específica y profunda".[192] Esta expresividad del Espíritu no tiene por qué ser tomada necesariamente como un aspecto estético, sino como un vínculo común para pensar los diferentes hombres y pueblos de cada momento. En esta línea, sobre estas características del pensamiento de Herder, Graukoger señala que el lenguaje no es simplemente "un medio de representación para él, sino más bien un medio de expresión. Y es este papel expre-

---

191 *"Wenn diese Lippen sich öffneten, ward es gewiß lebendiger Laut, Bild der Sache im Athem der Empfindung; und das ist, dünkt mich, der Geist der Ebräischen Sprache. Sie ist voll Athems der Seele: sie tönt nicht wie die Griechische, aber sie haucht, sie lebet"*. Herder, 1825: 13.

192 Sikka, 2011: 139, traducción nuestra.

sivo del lenguaje lo que es crucial para su consideración de la formación del carácter, que es el punto final de su antropología".[193]

El texto que más se relaciona con el vínculo entre espíritu, lenguaje y cultura es el libro *Sobre el don de las lenguas en el primer Pentecostés cristiano* (*Von der Gabe der Sprachen am ersten christlichen Pfingstfest*), de 1794. Esta obra es un gran hito en la historia del Espíritu, sea por el esfuerzo de secularizar los conceptos de la tradición judeocristiana, sea por su conceptualización de la organicidad social espontánea de cada pueblo: ambas nociones están profundamente relacionadas con el concepto germánico de cultura (*Kultur*) en reacción a la Ilustración y al concepto latino de civilización (*civilization*).

Cuestionándose sobre Pentecostés, Herder no lo entiende simplemente como una especie de metalenguaje, cuya gracia estaría en el entendimiento de cada pueblo. Si bien era un pastor luterano, prefirió afirmar que no se trataba exactamente de un milagro, sino que "hablar en lenguas" sería un modismo retórico del Nuevo Testamento para afirmar un discurso con entusiasmo. Así, "hablar con la lengua significa, por tanto, al estilo hebreo, nada más que hablar con cariño, entusiasmo, fuerza y cordialidad".[194] Sobre todo, Herder no entiende el Pentecostés como una lengua franca o como una especie de metalenguaje, ya que afirma que es ingenuo pensar que tantos pueblos diferentes en la Palestina romana no hayan tenido la experiencia de la lengua franca, como el latín y, principalmente, el griego *koiné*, el mismo idioma de las cartas de los apóstoles. Entonces, dado que la lengua franca no era ninguna novedad, Pentecostés no sería una redención de la separación de las lenguas de Babel, sino una posibilidad de colaboración ritual, cívica y afectiva de diferentes pueblos, como los medos, partos y persas mencionados en los *Hechos de los Apóstoles*. El verdadero milagro estaría en la capacidad de que pueblos muy diferentes sigan el mismo credo y los mismos cultos en una unidad mayor, aunque divina e intangible a los hombres.

---

193 Graukoger, 2016: 99.
194 Herder, 1794: 62.

En este sentido, el verdadero significado del don de las lenguas sería la colaboración.

> La administración de Dios desarrolló, a lo largo del tiempo, incluso aquello que el símbolo de Pentecostés demostró, o sea: las lenguas divididas se unieron en algunas lenguas comunes conocidas y los propios apóstoles hicieron una gran escritura bajo esa unión. Si bien eran incultos, todos escribieron en la lengua culta mundial. El hecho de que algunos de ellos se acostumbraran a conceptos admitidos o a formas verbales de ese idioma griego, como Juan y Pablo, promovió aun más la reunión entre las naciones.[195]

Por eso, el don de las lenguas pentecostales en Herder (1794) sería, mucho más allá de una lengua franca, una organicidad inmanente al trabajo, incluso en grupos heterogéneos o en diferentes lenguas: distintos pueblos llegarían a unirse en espíritu por un mismo culto. "La obra que produjo este don permanece y se magnifica hasta el final de los días, ya que es una reunión de espíritus (*ecclesia*), la más hermosa y grandiosa que ocurre entre los hombres en la Tierra".[196] Finalmente, Herder va más allá de la esfera religiosa, buscando el universalismo para toda la humanidad en la organicidad de su lectura luterana del Espíritu Santo y Pentecostés.

El *Geist* herderiano –y su organicidad resultante– sería el principio unificador, el vínculo vital necesario para unir a los diferentes pueblos y, al mismo tiempo, sería el sustrato para los diferentes modos de vivir el Espíritu, que son las diferentes culturas (*Kulturen*). Ya la posibilidad de especializarse en diferentes culturas (*Kulturen*) justifica, a su vez, la capacidad de individuación del espíritu en naciones. Así, Espíritu (fundamento), cultura (modo, mediación) y Nación (individuación) son tres conceptos de Herder insoslayables para toda la modernidad siguiente. Sin embargo, cabe recordar que en Herder el concepto de cultura no es precisamente un concepto esencialista, ya que se especula con datos empíricos de diferentes naciones, como sus

---

195 Herder, 1794: 138.
196 Herder, 1794: 135.

lenguas, sus costumbres, sus respectivas historias, sus climas, entre otros aspectos.

En el *Ensayo sobre el origen del lenguaje* (*Abhandlung über den Ursprung den Sprache*), de 1772, Herder hizo una gran ruptura con la filosofía de su época al estipular que sería el lenguaje el que daría forma al pensamiento y no al contrario, convirtiéndose en una conceptualización fundamental para toda la filosofía contemporánea del lenguaje. Estas ideas ciertamente enfrentaron la solución de un sujeto trascendental del conocimiento en Kant, quien sustentaba todo conocimiento en datos *a priori*, para los cuales el lenguaje tendría un papel secundario. Herder inicia el giro romántico de la significación, privilegiando la productividad de los significados y la subjetividad del hablante, en detrimento de la producción de significado clásico, que se basa en ideales atemporales. Para Todorov, "La retórica y la estética clásicas (en la medida en que esta última existía) atribuían al arte y al lenguaje un papel puramente transitivo. (...) Conocemos la reacción romántica: rechaza toda función y afirma la intransitividad tanto del arte (Moritz) como del lenguaje (Novalis)".[197] La consecuencia práctica de la nueva condición es que el lenguaje –más precisamente cada lenguaje en sus respectivas singularidades– deja de ser un mero instrumento de simbolización y se convierte en algo constitutivo del acto mismo de reflexionar, poetizar o filosofar. Se necesitaría aproximadamente un siglo para que estas ideas de Herder fuesen desarrolladas aun más por la semiótica de Charles Sanders Peirce, cuando los objetos, la mente y los signos serían comprendidos en cuanto una tríada indisoluble y cuando, entonces, el lenguaje pasaría a estar intrínsecamente asociado con el pensamiento convirtiéndose, más que un instrumento, en un medio insoslayable, sembrando una de las más importantes bases epistemológicas del siglo XX.

Sin embargo, las especulaciones de Herder sobre el lenguaje también son fundamentales para las nuevas epistemologías del siglo XXI. A diferencia de Rousseau, que separaría muy bien el grito, el gesto y el lenguaje, Herder diría que los animales tam-

---

197 Todorov, 1993: 433.

     El Espíritu y la letra. Políticas del sentido

bién tendrían lenguaje y, además, que la separación en relación con el lenguaje humano sería solo una diferencia de intensidad, dada por la mayor o menor especialidad en relación con su medio ambiente. Así, el lenguaje humano en la superficie terrestre sería demasiado dúctil, pues llega a entenderse como un elemento tan maleable como las metamorfosis del dios Proteo, un ser mitológico capaz de tomar prácticamente cualquier forma. Porque "el hombre debe vivir en todas las regiones de la tierra, mientras que un animal solo debe tener su zona y una esfera reducida. (...) Por tanto, tu lengua será también la lengua de la tierra; distinto en cada mundo distinto, nacional en cada nación".[198] La única diferencia en el lenguaje humano sería la amplitud, o sea, el resultado de la necesidad de adaptarse a los polos o al Sahara, es decir, el lenguaje humano sería flexible para adaptarse a todos los medios, mientras que una especie como la araña se reduciría a vivir en su telaraña por un río con total dominio y arte, ya que su lenguaje sería mucho más especializado y adaptado a cada ambiente. Pero, ¿sería posible considerar este punto como una concepción ingenua de la obra de Herder en relación con los supuestos epistemológicos iluministas, en los que se consolida la concepción moderna de representación? Incluso podría ser este el caso, si no fuera por el detalle biográfico (aunque muy significativo) de que Herder no solo fue un lector, sino el estudiante más destacado de Immanuel Kant en la antigua ciudad de Köningsberg. A partir de esta consideración del lenguaje como condición de la propia animalidad, algo que aún no podía ser explorado adecuadamente por la filosofía del lenguaje, el pensamiento de Herder puede, por lo menos, resaltar cómo el lenguaje, o mejor, los lenguajes, estarían marcados por la expresividad, la afectividad, el contexto y, no menos importante, por el medio ambiente.

En su ensayo profundamente creativo, Herder restablece el paradigma espíritu-letra al oponerse a un modelo "espiritual" germánico de pensamiento y sociedad basado en costumbres históricas y relaciones humanas afectivas, en contraposición a un modelo teóricamente "literal", relacionado con el pensamiento francés.

---

198 Herder, 1772: 192.

Acerca de esa separación, Norbert Elias[199] redefine esas dos líneas al decir que "el concepto francés e inglés de civilización puede referirse a hechos políticos o económicos, religiosos o técnicos, morales o sociales". También según el autor: "El concepto alemán de *Kultur* alude básicamente a hechos intelectuales, artísticos y religiosos y presenta una tendencia a trazar una clara línea divisoria entre hechos de este tipo, por un lado, y hechos políticos, económicos y sociales, por otro".[200] En otras palabras, *Kultur* se convierte en datos espontáneos, mientras que civilización se vuelve sinónimo de estatuto. Así, Herder no elaboró el concepto moderno de "cultura" solo como una categoría de afirmación de la identidad germánica, sino eminentemente como una posición especulativa para todas las humanidades, concepto que fue el principal heredero de la tradición judeocristiana del espíritu.

En síntesis, *Kultur* adquiere con Herder el estatuto de heredera intelectual del espíritu, pues es capaz de unir la materialidad del ambiente, la existencia de las lenguas y la experiencia de una manera más libre de lo que sería con la especulación de Hegel o Fichte. Herder también ha impulsado concepciones literarias, antropológicas y, sobre todo, sociológicas de cultura y espíritu. Obviamente la idea de una humanización del espíritu no llega directamente hasta Raymond Williams, dado que también se relaciona con el proceso de secularización y con todas sus consecuencias económicas y políticas. Un paso importante en el camino fue la obra *La ética protestante y el Espíritu del capitalismo*, en la que Max Weber buscó los orígenes de las ideas burguesas europeas y, además, cómo la religión fue un factor de gran importancia para la formación de la economía capitalista moderna. Es bastante reconocida su posición acerca del desencanto religioso y sobre la ascensión de un nuevo organicismo, en el cual la disciplina y la gracia material divina no evitarían una explotación del trabajo de los más pobres. Al contrario, ese proceso consolida el capitalismo industrial, que atravesaría posteriormente un amplio ciclo de secularización, legando una carencia espiritual

---

199 Elias, 2011: 24.
200 Elias, 2011: 24.

   El Espíritu y la letra. Políticas del sentido

y no un presupuesto ético: "El caparazón (*Gehäuse*) ha quedado vacío de espíritu, quién sabe si definitivamente. En todo caso, el capitalismo victorioso ya no necesita de este apoyo religioso, puesto que descansa en fundamentos mecánicos".[201] Norbert Elias y, más recientemente, Byung Chul-Han problematizan la diseminación disciplinar de los restos de la antigua providencia y, por supuesto, la introyección de la antigua organicidad del espíritu en las mínimas conductas individuales. En cambio, para Walter Benjamin, el capitalismo sería estructuralmente religioso, como en un culto sin dogma, y no un vestigio de una estructura religiosa. El propio cristianismo se habría convertido en capitalismo. La única diferencia notable sería que en él ya no habría un ciclo de tiempo expiatorio para la culpa, como en casi todas las religiones, sino una universalización de la culpa. "El capitalismo es la celebración de un culto *sans trêve et sans merci*".[202] En lugar de un universo desencantado, Benjamin piensa en una aceleración temporal por un culto continuo sin ningún enlace con la vida de los individuos y tampoco con vínculos comunitarios, difundiendo apenas una última experiencia colectiva, que sería la cuantificación de todo y la desesperación sin objeto.[203]

Luego de toda esta incursión, es posible volver a la cuestión inicial acerca de la referencia de Herder en la conceptualización moderna de cultura de Raymond Williams. Para resumir la defi-

---

201 Weber, 2011: 248.

202 Benjamin, 2013: 21. También hay críticas textuales que leen ese fragmento como: *sans rêve et sans merci* (sin sueño y sin piedad). Por más que ambas sean posibles y tengan interesantes repercusiones, aquí se toma la forma: *sans trêve et sans merci* (sin tregua y sin piedad), según la lectura de Werner Hamacher (2002).

203 En efecto, nada es más adecuado a la realidad actual que comprender, por un lado, una multitud de sujetos consumidores culpables de la barbarie de la insostenible vida cotidiana de la que no pueden escapar y, por otro, una colectividad tendiente a culpar a una divinidad trascendente. Esta divinidad se presenta a través de varios avatares, como un Dios humanizado, como en los enunciados que culpan a un cierto "mal humano", como en la "reorganización del mercado" o, entre otras posibilidades, como una armonía de la naturaleza que, si bien puede presentar episodios aislados de destrucción de los vivos, como terremotos y huracanes, debería, al final, mostrar el camino para salvarse de la extinción.

nición de Williams en sus términos: "Herder (1784-91) fue el primero en usar el plural significativo, 'culturas', para diferenciarlo intencionalmente de cualquier sentido singular o, como diríamos hoy, unilineal de civilización".[204] Pero sería discutible pensar si Williams abarca también el profundo sentido religioso en el pensamiento de Herder. En verdad, no sería nada absurdo pensarlo. Hasta uno de sus interlocutores más próximos, Terry Eagleaton, no niega que la cultura intentó reclamar para sí misma todas esas características. "La religión es tanto visión, como también institución, experiencia sentida y Proyecto universal, y la cultura en su punto de más amplia confianza buscaba reclamar todas esas características".[205] El autor afirma que la cultura no logró obtener toda la capacidad de diseminar una cosmología en la vida diaria de los hombres, a pesar de que heredó de ellos la capacidad de cuestionar y de movilizar luchas sociales. Ese tipo de construcción solamente plantea otra vez cómo, desde Herder, la cultura es pensada simultáneamente en términos ideales y materiales, cosmológicos y políticos, especialmente por estar inequívocamente relacionada con toda la tradición teológica cristiana del espíritu.

Con esa claridad en mente, Herder es una paradoja porque se mantiene como la principal referencia para una idea identitaria de cultura, que busca en la individualidad la pluralidad, pero también es una fuente imprescindible para las alternativas a ese paradigma de cultura autónoma, así como no deja de ser una fuente potencial para los nacientes neo-fascismos. En lugar de considerar solo una pluralidad de culturas singulares, como en la tradición romántica posterior, el pensamiento profundamente antropologizante de Herder también proporciona bases suficientes para pensar en una pluralidad de culturas altamente heterogéneas. Se trata, más exactamente, de la búsqueda de heterogeneidad no tanto *de* las culturas, sino *en* las culturas y, principalmente, en la *reinvención* de las culturas mismas.

El Espíritu (*Geist*) herderiano, por lo tanto, es fundamental para pensar la metaforicidad de las culturas, los espectros de la

---

204 Williams, 1981: 10.
205 Eagleton, 2014: 120.

   El Espíritu y la letra. Políticas del sentido

religión en las instituciones y, sobre todo, para cualquier esfuerzo
de volver a cuestionar el binomio naturaleza-cultura. Ciertamente, el camino para la difusión del pensamiento de Herder es
amplio y necesariamente habría que realizar exhaustivas incur-
siones en varios autores, desde Goethe a Hegel, de Nietzsche a
Bajtín, en un gesto que no se corresponde con los objetivos de este
ensayo. En cualquier caso, su propio ensayo bíblico es suficiente
para destacar tres maneras distintas de producir sentido: (a) un
camino más sistémico del Espíritu, desde la formación (*Bildung*)
de naciones y culturas; pero (b) también es posible resaltar que el
concepto de Espíritu es suficientemente amplio para abarcar no
solamente los textos o los lenguajes intra-sistémicos o dialécticos
de culturas y naciones, sino también el principio de emergencia
y trabajo conflictivo con los textos, lenguajes y contextos extra-
sistémicos y amenazantes de los propios sistemas. Y finalmente,
(c) desde que el Espíritu abraza nociones materialistas, como
los climas o las tierras, el autor deja espacio para que cualquier
semiótica apueste también por alteridades radicales inmanentes
a las culturas mismas hasta su propia (in)humanidad, como en
la animalidad que la configura o como en los ecosistemas de los
cuales depende completamente. Todas esas cuestiones resurgen
hoy con gran relevancia en esfuerzos epistemológicos que ponen
en jaque el binomio naturaleza-cultura y sus derivados, como
pueblo-nación, sociedad-Estado, etc. En cualquier caso, la obra
de Herder y, más concretamente, su concepto de Espíritu, que es
el fundamento para toda la filología, la filosofía y las historiogra-
fías modernas, desde las más radicales hasta las más ortodoxas,
también indica que en esta búsqueda de significados más allá de
la cultura o más allá del lenguaje no hay intenciones absurdas,
sino solo potencialidades subestimadas.

OCTAVA JORNADA

Espíritu y naturaleza

En un ensayo de juventud, titulado *La fuerza vital o el Genio rodio* (*Die Lebenskraft oder der rhodische Genius*), publicado en 1795 en la revista *Die Hören*, dirigida por Schiller, Alexander Humboldt reelabora el *Geist* romántico a partir de una nueva idea de naturaleza. Sin embargo, ¿cómo no sorprenderse con el espíritu pensado como naturaleza, si naturaleza es justamente opuesta a cultura, otro avatar del espíritu? Ese texto temprano, profundamente marcado por las ideas de Goethe e, indirectamente, de Herder, quedó en el olvido por cierto tiempo, incluso para su autor, ya que llegaría a negar su clave vital en detrimento del empirismo en sus estudios posteriores sobre los seres vivos. Sin embargo, al final de su vida, Humboldt insiste en incluir su enigmático ensayo en la segunda edición de su colección de escritos más importante, titulada *Ansichten der Natur* (*Cuadros de la Naturaleza*).

Profundamente impactado por la amistad de Goethe en Jena, Humboldt elabora una alegoría filosófica en la cual imagina la lectura que hace el sabio cómico Epicarmo de Cos sobre dos obras de arte similares de autoría desconocida. En la primera, habría un genio con fuego en los ojos, con una antorcha y una mariposa en la espalda, y paralelamente habría un grupo de hombres y mujeres jóvenes con la mirada baja y la tez apagada.

Brzozowski, Julian. *Cena 1*, Tinta china y carbonilla. 2021.

En la segunda pintura, se suponía que ocurría todo lo contrario: la obra sería una figuración del genio ya inerte, mirando hacia abajo, mientras que la mariposa habría volado y los jóvenes estarían felices y saltando de la mano mirando al genio sin vida.

Brzozowski, Julian. *Cena 2*, Tinta china y carbonilla. 2021.

   El Espíritu y la letra. Políticas del sentido

Estas dos obras supuestamente habrían hecho pensar al maestro Epicarmo en la metamorfosis de la vida, que incluye seres humanos, animales, vegetales e incluso minerales, que luego serían abandonados para dar paso a nuevos seres. El sabio concluye al final que la vida involucra materia y cuerpo de manera erótica:

Si la dualidad de sexos funda entre los seres vivientes una alianza bienhechora y fecunda, la materia bruta, de la que se compone la naturaleza inorgánica, preciso es que se mueva por resortes parecidos. (...) Todo en la naturaleza inanimada anhela unirse al objeto que lo solicita. Resulta de aquí, que no hay sustancia en la tierra (¿y quién osaría dar a la luz semejante nombre?) que subsista en su simplicidad primitiva y en el estado de virginidad. La existencia no es más que punto de partida, desde donde se lanza cada cosa a nuevas combinaciones.[206]

Alexander Humboldt considera que lo inorgánico –como los climas, las montañas o las rocas– sería inerte, aunque tuviera la capacidad de estar envuelto por la vida. Al contrario, en el sistema orgánico, las sustancias, la vida y la muerte no son atributos exclusivos de los animales, de las plantas y de los organismos más pequeños. En esa mirada, la vida y la muerte se difunden en todo tipo de seres, como magnetismo que el Genio difunde, el cual, a su vez, atrae a los amantes como en una especie de Himeneo, el canto poético de los matrimonios. Así, "la materia inerte, animada por la fuerza vital, ha pasado por una interminable serie de generaciones, y acaso, sirvió de envoltura al divino espíritu de Pitágoras la misma sustancia en que arrastró por momentos un gusano su miserable existencia".[207] En otros términos: aunque la naturaleza sigue siendo considerada como un principio, Humboldt también abraza el mundo físico. Por primera vez, surge un pensamiento que expone de manera vívida y expresa cómo la naturaleza se compone simultáneamente de vida silvestre, elementos inorgánicos e incluso creaciones humanas. Así, se puede constatar que, paralelamente a la difusión de sus viajes por el

---

206 Humboldt, 1876: 529.
207 Humboldt, 1876: 530.

mundo, también se difunde el concepto de naturaleza, ese gran Genio, como auténtico organismo vivo.

El pensamiento de Herder ciertamente tuvo un impacto en todas las tendencias idealistas del Espíritu, culminando en el denso sistema filosófico idealista de Hegel y en la tenue disciplina del comportamiento, como teorizó Max Weber. Sin embargo, las especulaciones marginales de Herder impactarían en tendencias opuestas, como esta de Humboldt, en la cual se piensa en conjunto lo espiritual, lo vital, lo natural, lo cultural e incluso lo estético para aproximar la organicidad filosófica a los seres más materiales de la naturaleza. Este nuevo acercamiento entre Gaia, Urano y Eros, más específicamente en la confluencia entre las ideas de naturaleza (*phúsis*) y espíritu (*pneûma*), permanece, hasta hoy, como uno de los arcanos fundamentales de la cosmología contemporánea. Por mucho que se cuestione si la Modernidad mató o no a todos los mitos, la espiritualización de la naturaleza, por sí misma, suple, incluso en las ciencias humanas, las necesidades de un cosmos organizado. A partir de este arcano, podrían surgir nuevas mitologías –o al menos, fragmentos mitológicos, adoptando el concepto de Furio Jesi[208] de la prevalencia de materiales mitológicos fragmentados antes que mitologías universales en la Modernidad– como la selección natural hasta la difusión de la idea del ADN como revelación del "secreto de la vida", algo que esta reproblematización del espíritu ciertamente permite poner en crisis. La vida hoy no es más entendida como la gracia del Dios abrahámico, sino que pasa, prácticamente en una manera teológica, como mecanismo cognoscible de la naturaleza. Comprender la vida actualmente ya no es difundir un mito moderno y tampoco lo es disecar la tradición o defender el creacionismo, sino más bien establecer otras mediaciones –más allá de una mirada meramente intelectual– con lo cósmico o con mitologías arquetípicas, como el Genio Rodio, antes que esas fuerzas vuelvan como un nuevo despertar de los titanes o como venganza irrestricta de Dios.

---

208 Jesi, 2004.

   El Espíritu y la letra. Políticas del sentido

Indagando con mayor profundidad, se ve cómo la mención a Epicarmo en el texto juvenil de Humboldt no es aleatoria, dado que el sabio es mencionado por Platón en el *Teeteto*, más concretamente cuando enumera ejemplos de filósofos que no buscan el ser último (*eînai*) de las cosas, sino que los entienden como devenir (*gígnesthai*). En otras palabras, Humboldt entiende el fluir de la vida según la tradición filosófica del devenir y no exactamente según la tradición metafísica que busca las esencias eternas o la posibilidad de conocer las cosas como son. Platón, que sin duda es uno de los fundadores de la ontología esencial, pero también una referencia fundamental de las escuelas de misterios occidentales, dice sobre la corriente marginal del devenir que, para ella, "nada es jamás, una campana que él siempre dice ser. Sobre este tema todos los sabios en general, con excepción de Parménides, podrían reunirse: Protágoras, Heráclito y Empédocles; y entre los poetas, los más destacados de cada tipo de poesía: Epicarmo en la comedia, Homero en la tragedia, quien decide decidir 'y el océano, el origen de los dioses, y la Madre Tetis', ha querido decidir que todo es sonido. Ve a la corriente y muévete".[209] Dado que esta es la cita más accesible del ya inaccesible Epicarmo, es profundamente significativo que Humboldt le haya dado voz a ese nombre exactamente cuando intuyó sobre la relación entre espíritu y naturaleza o sobre el propósito del mundo.

Humboldt pudo haber dudado de su visión idealista de un principio único que regiría la vida, pero legó para siempre la visión de una comunión entre lo mineral, lo vegetal, lo animal y lo humano bajo una única naturaleza que, más que abarcarlos, los integra. Se trata, sin duda, de una importante pervivencia del espíritu antiguo y una mitologización que no dispensa la ciencia empírica moderna y que igualmente no excluye un fondo cosmológico, aunque lo hace con una mitología diferente. Antes de que Humboldt saliera al mundo para analizar, catalogar y disecar seres vivos, pensó en una especie de relación entre las cosas. Es en esta búsqueda de heterogeneidad que Humboldt propuso una organicidad en la vida y en el mundo, incluso antes de

---

209 Platón, *Teeteto*, 152e. Versión: Platón, 1921.

su epifanía en el monte *Chimborazo* en Ecuador, donde escribe que la naturaleza es toda como un organismo vivo.[210] Aun si este hallazgo fue repensado en su propia vida o abandonado por sus herederos, la singularidad del mundo físico, la vida humana y el arte permanecen.

La idea de naturaleza profundamente estética de Alexander von Humboldt no es la única evidencia moderna del enfoque arcano entre espíritu y significado, ya que su propio hermano, Wilhelm von Humboldt, en ese momento ya un filólogo de renombre mundial, postuló, con enorme determinación, al lenguaje como organismo vivo. Para el autor, en *La fisionomía de las plantas*, "no se puede mirar a las lenguas como un producto muerto, sino más bien como una producción".[211] Ahora bien, intuía que las lenguas nacían, vivían, se multiplicaban y morían, así como plantas y animales. No obstante, al recurrir a categorías aristotélicas, las lenguas no solo tendrían algunos rasgos en común en términos de forma (*érgon*), es decir, en sus niveles más superficiales, como cambios fonéticos o semánticos a lo largo del tiempo. Al contrario, estarían unidas por una fuerza común (*enérgeia*) que compartirían, a pesar de sus diferencias locales.

Tanto como Herder, Humboldt llega a establecer algunas comparaciones de contenido ligeramente evolutivo, destacando que el tronco lingüístico indoeuropeo, más que el hebreo y el chino, favorece la libertad. En general, lo que importa es que cada cultura reconozca su propia originalidad, según el espíritu de su propia lengua. Y, por supuesto, las lenguas constituyen una individualización asociada, cada vez más, como una particularización de lo nacional. La nacionalidad y el nacionalismo (que están otra vez muy en boga) son nociones relacionadas directamente a la concepción de la lengua como un ser vivo, un nuevo avatar del espíritu. Obviamente esa organicidad, a su vez, debe mucho al concepto herderiano de Espíritu, pero ya remodelado para establecer definitivamente un concepto unitario de Naturaleza y un concepto autonomizante de Estado. Alexander lo hizo para las

---

210 Humboldt, 1876: 271-490.

211 Humboldt, 1836: 39. "*Man muss die Sprache nicht sowohl wie ein todtes Erzeugtes, sondern weit mehr wie eine Erzeugung ansehen (…)*".

ciencias naturales y Wilhelm para las humanidades. Sin embargo, posiblemente la superposición moderna entre Naturaleza y Espíritu de ambos se haya desbordado desde lo científico para abarcar al sentido común hasta hacerse una mitología auténtica que coordina un nuevo firmamento.

Cuando el Genio Rodio se calla, el espíritu ya no habla más a los hombres, pero inspira a la naturaleza englobante. Contrariamente a lo que se pueda pensar, el espíritu no estuvo siempre y necesariamente ligado a la naturaleza. Ciertamente muchas tradiciones metafísicas lo hicieron, pero esta conexión no es obligatoria, considerando que el espíritu es comúnmente el resultado de tradiciones de pensamiento en las cuales prevalecen la heterogeneidad, el cosmopolitismo o el choque de mundos. Además, en la tradición de la pneumatología cristiana, la naturaleza es algo marginal a las discusiones fundamentalmente hermenéuticas o semióticas acerca del espíritu. Así, el Genio de Rodas, de Alexander Humboldt, anuncia una nueva era de unión entre espíritu y naturaleza, cuando la metamorfosis del mundo material pasa a ser explícitamente entendida como una vida cósmica, capaz de abarcar a los jóvenes que danzan, las mariposas que vuelan y hasta las piedras o metales de las estatuas, a pesar de que el Genio mismo, o sea, la alegoría del propio espíritu, ya esté muda.

Todavía es tiempo de denunciar los costos irreparables de las abstracciones teologizantes del espíritu, sea como cultura, sea como naturaleza. La separación entre esas dos nociones compromete diferentes posibilidades de una vida futura, donde no habrá jóvenes para danzar. Así, cuando la cultura es pensada sin su relación con el ambiente, las investidas intelectuales agotan su potencialidad, sea en el pensar académico aislado de la realidad, sea en la consideración de la cultura urbana como superior a la rural. A su vez, la naturaleza pensada fuera de la cultura también es una sangría mortal. Actualmente, los campos son sistemas complejos, así como las selvas o las ciudades, en los cuales la vida vegetal y animal sustentan a los hombres y sus técnicas son interdependientes, siendo imposible definir una frontera entre la vida y la técnica. Eso no significa abandonar las causas ambientales, pero saber que no habrá ninguna naturaleza milagrosa que corresponda a una cultura promisora. Vivimos en un ambiente frágil del cual somos creadores y actores en simultáneo, de manera que actitudes irresponsables llevarán a un agotamiento de nuestra capacidad de vivir. La agricultura vendida por la "revolución verde" a lo largo del siglo XX, por ejemplo, ha matado el suelo de países ricos y pobres por la cantidad irresponsable de fertilizantes sintéticos producidos por la industria petrolífera. "En el paradigma de la agricultura industrial, el suelo es entendido como materia muerta (*dead matter*): como un contenedor vacío para derramar fertilizantes sintéticos, especialmente NPK (Nitrógeno, Fósforo y Potasio). Así ocurre aun si las plantas necesitan de treinta y tres elementos para el crecimiento saludable".[212] Dependemos todos de un suelo vivo para vivir, algo que es progresivamente ofuscado por las ofensivas intelectuales, comerciales e, incluso, paramilitares del negocio de los monocultivos. El futuro de los más jóvenes tiene entonces el desafío de intentar un cambio simultáneamente epistemológico, ético y político donde la biósfera sea entendida como nuestro propio medio de estar en el mundo –o en diversos mundos– y que las técnicas de reproducción de la vida tengan más sentido que las técnicas de producción de lucro.

Darwin, Wallace, Malthus: mitologías de la naturaleza

El espíritu también es como una mediación que busca hacer conexiones imposibles en contextos normalmente muy heterogéneos. No es el fruto privilegiado de la era de la especulación milesia o de la metafísica de la *polis* ateniense, en la que algunos valientes se enfrentaron a todos los desarrollos posibles del griego ático. Por el contrario, es un concepto más relacionado al conocimiento práctico y ecléctico, como la medicina o el estoicismo, de la Roma imperial, desde los cuales surgieron lenguajes más completos, como el griego *koiné* o las variaciones del propio latín. Las grandes oleadas del concepto de espíritu en la Antigüedad, por tanto, aparecieron en contextos de enorme heterogeneidad, de expan-

---

212 Shiva, 2019: 21.

sión política, comercial e incluso religiosa. Es curioso cómo, en la Modernidad, el espíritu tampoco surgió como un concepto determinante en los primeros tiempos de la Ilustración[213], con todos sus conceptos universalizadores que atestiguaban una era de oro intelectual concentrada en el ágora parisina, sino que adivino del deseo de conocer las tradiciones concretas y las variaciones de los pueblos distintos o distantes y sus respectivas lenguas, como sería el caso de la experiencia más descentralizada del pensamiento, que marcó los antecedentes inmediatos del romanticismo.

Con la asociación indisoluble entre espíritu, estética, lenguaje y naturaleza hecha por Humboldt, sin embargo, el concepto de espíritu, con su significante siempre muy problemático, ya no necesita ser presentado. Aun así, legó la concepción posterior de la naturaleza y todo el desarrollo científico asociado a ella, aunque muchos otros relatos o incluso mitologías toman ahora su lugar como puente mediador entre la tierra, el cielo y la realidad humana. Una de estas mitologías es la propia selección natural, pues, incluso ella, es una forma de mitología. No se trata, de ninguna manera, de defender aquí el creacionismo. Todo lo contrario. Se trata simplemente de reconocer que la idea de selección natural no debe confundirse con la observación empírica moderna de que los seres vivos han variado en el planeta Tierra durante miles de millones de años de diferentes formas hasta alcanzar la biodiversidad actual, como atestiguan la paleontología, la geología y la genética.

Darwin no niega exactamente la selección natural. La selección natural fue una figura retórica para ilustrar las conclusiones de sus observaciones en todo el mundo en el celebérrimo ensayo de 1859, *The Origin of Species*. Más precisamente, el autor afirma abiertamente que se trata de una formulación metafórica para señalar las consecuencias biológicas del concepto de la "lucha por la existencia" en la sociología del también célebre Thomas Malthus.

---

213 Concepciones como el *Coeur* de Pascal o el *Génie* del iluminismo son manifestaciones modernas del espíritu, aunque normalmente son consideradas como un soporte accesorio o una Libertad para la *Rgison*, jamás se confunden con ella. Sobre el tema, consultar Jefferson, 2015.

Así, cuanto más individuos sean producidos más allá de la posibilidad de supervivencia, debe haber una lucha por la existencia, sea entre individuos de la misma especie, sea entre individuos de especies distintas o entonces contra las condiciones físicas de la vida. Es la doctrina de Malthus aplicada con fuerzas múltiples a la totalidad de los reinos animal y vegetal (*It is the doctrine of Malthus applied with manifold force to the whole animal and vegetable kingdoms*). En ese caso, no puede haber aumento artificial de alimentos, ni restricción prudencial de enlace.[214]

Más que la de Darwin, la obra de Malthus es el gran oráculo del siglo XIX. La crudeza de sus posiciones empiristas y utilitaristas fue un determinante importante para la recolección de conocimientos y poderes como la sociología, la biología, la medicina y las políticas públicas. Y no fue precisamente por su cálculo social sobre los desajustes entre el crecimiento de la población y la producción de alimentos, de donde nace la crítica por no haber previsto los impactos de la "tecnología" en la garantía de la existencia de los vivos. El problema más profundo acerca de Malthus es acusarlo de ser el difusor del causalismo científico, sobre todo por lecturas muy literales de su obra. Al contrario, creemos que su obra fue el mayor relato fantástico de los tiempos modernos. Y eso no se debe a sus tesis sobre el "equilibrio de la naturaleza", la "lucha por la existencia" y el mito de la "causalidad científica" en todos los extremos de las ciencias exactas, humanas y biológicas, tanto por quienes las recuperaron como por quienes las criticaron. Su centralidad en la obra de Darwin y Wallace a la hora de elaborar el concepto más importante para entender la principal concepción moderna de vida prueba especialmente cómo el autor no ha dejado de ser un gran semiótico, no solo por llevar sus conceptos más allá de los nuevos descubrimientos en botánica y zoología, sino también por incursionar en medicina y epidemiología. Para Malthus, por ejemplo, no solo la comida sería perjudicial para la felicidad de las poblaciones pobres porque causaría superpoblación a largo plazo. La enfermedad también sería un regulador natural, responsable del desastre en el corto

---

214 Darwin, 1859: 6.

          El Espíritu y la letra. Políticas del sentido

plazo, pero de la felicidad en el medio, cuando la población más joven puede aprovechar más recursos (antes, claro, de volver a disminuir por el hambre o por la peste otra vez). En sus propias palabras, sobre la reaparición de la viruela, "en general, al año siguiente después de los afectados por enfermedades o mortalidad, es fructífera en proporción al resto de los reproductores (*breeders*)".[215] Malthus fue el mayor oráculo de la modernidad por pensar en la miseria como una cuestión técnica, cuya responsabilidad (en realidad, la culpa) siempre recae en los propios pobres. No ha sido tarea simple refutar este mitema moderno, pero las humanidades sólo pudieron confrontarle mediante la consecución del *Welfare State* en Occidente y sus alrededores, posiblemente ejemplificado por las experiencias de los países escandinavos al combinar la libertad con la igualdad (los casos ingleses, franceses, belgas, entre muchos otros, deberían ser descalificados de la competición al "desarrollo", ya que el bienestar a precio de colonias o de la matanza es hacer trampa en el juego) o los efímeros gobiernos progresistas que, en el pasado reciente, por lo menos propusieron conjuntamente alternativas para América Latina, capaces de probar que es posible alimentar a los *breeders* de manera sensible.

Sin embargo, durante la pandemia del virus Covid-19 en 2020, considerando todas sus consecuencias sanitarias y económicas, la frialdad de Malthus retorna triunfalmente en las estadísticas diarias de muertos, en forma de anuncios pagos en las redes sociales sobre cómo lucrar con la crisis y, más que nada, sobre cómo echarle la culpa a los pobres, esperando que la naturaleza haga su propia justicia. Y nadie puede presumir que las teorías malthusianas no se apliquen hoy, ya sea por la trágica condición de que los recursos son realmente limitados, o por la asfixiante falta de alternativas cuando, no solo la tradición socialista, sino también los ideales ilustrados, como la igualdad, se convirtieron en broma para los más chicos. En estos albores del siglo, la culpa por el aumento de la miseria vuelve a ser entendida por

---

215 Malthus, 1826: 526. Original: *"In general the next year after sickly and mortal ones is prolific in proportion to the breeders left"*.

causas naturales, cuya solución, en cambio, se entiende como una mera cuestión de técnica, por ejemplo, en la producción de alimentos transgénicos o en la expansión de la tierra cultivable hacia biosistemas considerados "improductivos", como las tierras de los pueblos amerindios. Finalmente, el coro de la tragedia de la humanidad disfruta viendo cumplida la profecía de Malthus y el reajuste del hombre ciego de alternativas y errante por los senderos de su miserable destino. No es otra la palabra para nuestros tiempos sino asfixia, algo que inspiró el ensayo de Franco Berardi, *Respiración – Caos y poesía,*[216] antes incluso de la pandemia de Covid-19, condición que hoy se transforma en un sentimiento global espiritual y literalmente.

La parte de Darwin en la mitología de la selección natural consistió solamente en elegir un nombre para la variabilidad observable de la vida, pero el sentido era de Malthus. Y no parece haber sido tarea fácil encontrar un término capaz de solidificar precisamente las metamorfosis que el medio y que los propios individuos ejercen entre sí para formar una especie. "Esta preservación de variaciones favorables y el rechazo de variaciones perjudiciales, la llamó Selección Natural (*Natural Selection*)".[217] Ciertamente, el científico imaginaría la magnitud del problema semántico en el acto de establecer un término para explicar la variedad observable de seres vivos según sus investigaciones empíricas. De hecho, no fue un consenso inmediato para el coautor de la teoría de la evolución de las especies, Alfred Russel Wallace, quien, según Chris Bateman en su obra *The mythology of evolution*, habría entendido *Natural Law* como muy antropomórfico, lo que llevaría a una encarnación de la naturaleza como si fuera capaz de efectivamente seleccionar o preferir.[218] Así, el término elegido por Darwin sería, según Wallace, una prosopopeya.

A pesar de todo esto, sería engañoso pensar que cualquier nombre podría corresponder a la realidad de lo natural, ya que lenguaje, mundo y vida no conviven sin fisuras. El lenguaje, en

---

216 Berardi, 2020.

217 "*This preservation of favourable variations and the rejection of injurious variations, I call Natural Selection*". Darwin, 1859: 80.

218 Bateman, 2012.

   El Espíritu y la letra. Políticas del sentido

última instancia, solo se refiere a sí mismo y la significación, como se ha demostrado, es un problema tan antiguo como la propia biología; basta recordar que la posibilidad de hacer de las metamorfosis de la vida un conocimiento requiere no solo la adopción de términos nuevos o tradicionales, sino también un orden (otorgado) a los nombres, por ende, una taxonomía. Hacer biología, tanto como hacer medicina, no es otra cosa que hacer semiótica.

Otro vestigio del intento de organizar todo el asombro de las metamorfosis en la civilización occidental es la nomenclatura de nuevos seres como nuevas especies y subespecies por intermedio de la lengua latina. No por casualidad, la catalogación e inscripción de la naturaleza en términos latinos (como *homo sapiens sapiens*) es la única manera que Occidente encontró para preservar viva su lengua más clásica en una cosmología hegemónica y de hacer que los humanos entendieran lo que supuestamente son. Ahora bien, el oficio de la taxonomía por los escribas de la vida mantiene viva la divinidad y la propia cosmología enferma, constituyendo quizás el último suspiro de la utilización de ese lenguaje divino en usos que no son meramente lúdicos o humanistas (también surgen dudas sobre la Iglesia como fiel preservadora de la tradición del latín eclesiástico cuando ni siquiera los cardenales comprendieron la elocuencia papal en la renuncia de Benedicto XVI el 28 de febrero de 2013). Además, a pesar de las dificultades semánticas y léxicas para entender la vida científicamente, es innegable que las primeras especulaciones sobre lo natural crearon significado, movieron la imaginación y produjeron documentación en lengua hierática.

La naturaleza, describible y mesurable por biólogos, médicos, físicos y paleontólogos, se convierte hoy en día en una de las deidades más importantes a nivel mundial, aunque sus contornos con pervivencias de diversas concepciones de espíritu aún no sean muy conocidas. No debe sorprender el hecho de que Wallace, coautor de la teoría de la selección natural, haya sido seriamente un practicante y estudioso de los fenómenos espiritualistas, más precisamente en contacto con las mentes incorpóreas de los muertos, participando en claro acuerdo con la proliferación de escuelas ocultistas que abundaban en el siglo XIX. Pero, ¿qué implicancias se pueden extraer de esta asociación con las ideas espiritualistas decimonónicas? Uno de los textos que resultan importantes al respecto es *The Scientific aspect of the Supernatural*, en el cual no sustenta sus opiniones en meras impresiones, sino que indica –siguiendo los requerimientos de la lógica– alguna bibliografía en autores como *Researches on Magnetism, Electricity, Heat, Light, & crystallization, and chemical attraction, in their relations to the vital force*, del barón Karl Von Reichenbach (1850) o *Experimental Investigation of the Spirit Manifestations*, de Robert Hare (1855). Para Wallace, siempre que se observe el método científico y se evite la asociación de estos fenómenos de los espíritus con un milagro, sería posible estudiarlos como parte de la naturaleza misma, sin romper sus reglas.

> Aunque el espíritu es en general inseparable del cuerpo viviente al que da vida animal e intelectual (*to which it gives animal and intellectual life*), pues las funciones vegetativas del organismo podrían continuar sin espíritu, muy frecuentemente se presentan *individuos* (*individuals*) así constituidos que el espíritu puede percibir independientemente del cuerpo, de los órganos de los sentidos, o incluso puede abandonar total o parcialmente el cuerpo por cierto tiempo y después volver a él. Al morir, abandona el cuerpo definitivamente.[219]

En otras palabras, Wallace creía hacer ciencia estudiando y experimentando estos fenómenos anteriormente llamados necrománticos. Pero no nos importa aquí exactamente entrar en las creencias de Wallace o discutir los rituales espiritistas de ayer y de hoy, sino que es profundamente importante darnos cuenta de cómo, incluso para Wallace, el espíritu dejó de tener su alcance de fluir y su principio impersonal de vida para ser tomado sobre todo individualmente y como una entidad eminentemente indi-

---

219 *"Though the spirit is in general inseparable from the living body to which it gives animal and intellectual life (for the vegetative functions of the organism could go on without spirit), there not unfrequently occur* individuals *so constituted that the spirit can perceive independently of the corporeal organs of sense, or can perhaps wholly or partially quit the body for a time and return to it again. At death it quits the body for ever"*. Wallace 1875: 100-101.

vidual, en su caso, análogo a la mente humana. En el empirismo del pensamiento inglés, que desde la Edad Media se ha opuesto a los universales y privilegia a los individuos, sintomáticamente la obra de Wallace traslada el concepto más universal a la empiria, si bien la propia noción impersonal de espíritu continúa de manera tácita en la idea misma de una naturaleza. Si, por un lado, el espíritu, que tradicionalmente era una fuerza sutil y no individual, deviene justamente con Wallace una pluralidad de espíritus atomizados de entes humanoides, donde la palabra es asociada fuertemente a nociones como asombro, fantasma o espectro, por otro, el antiguo sentido metafísico de los tantos *pneúmata* o *spiritus* permanece analógicamente en la tentativa de una naturaleza monista que englobe todo, no sólo a los vivos, como, a veces, también a los muertos.

Finalmente, las respectivas ficciones de Darwin y Wallace, cada uno a su manera, fusionaron el espíritu con la idea de Naturaleza. Sin embargo, esto fue nutrido progresivamente por nuevos significados y nuevas imaginaciones dadas por el darwinismo. Pronto, las ideas de evolución y supervivencia de los más aptos se convertirían en la base de las simplificaciones del cosmos humano, donde la semiótica de lo Natural pierde el dinamismo y los colores dados por sus fundadores naturalistas para volverse una mitologización de la propia técnica en las sociologías, criminologías o moralismos nacientes. Y nadie fue más lejos en ese propósito que Herbert Spencer, quien buscó explicar la historia universal, ya sea natural o cultural, como una sucesión de mecanismos. "Esa supervivencia de los más aptos, que aquí busqué expresar en términos mecánicos, es lo que el Sr. Darwin ha llamado selección natural (*natural selection*), o la preservación de razas favorecidas en la lucha por la vida (*the preservation of favoured races in the struggle for life*)".[220] A partir de entonces, en todas partes, las injusticias se enmascaran en fatalidades en la supervivencia del más apto o simplemente en la evolución de la vida. *Ecce* un arcano del tercer mundo, más especialmente de Latinoamérica, cuyas instituciones criminales, médicas y educa-

---

220 Spencer, 1864: 444-445.

cionales luego adoptarían sus respectivas *raisons d'État* conforme esas referencias de las teorías raciales y evolutivas del siglo XIX iniciadas por Spencer, pero impulsadas por todo el racismo estatal. Por más que el evolucionismo de Spencer haya sido una importante fuente para todas las teorías raciales en las instituciones jurídicas, médicas o biológicas de los estados nacionales nacientes en el siglo XIX, hasta hoy, esas tesis no dejaron de generar efectos observables, como en la violencia policial contra negros en Brasil[221] y en Estados Unidos[222], países que pueden demostrar perfectamente cómo la mediocre condición social malthusiana jamás llegó a ser superada por las promesas humanistas de los estados nacionales centrales o periféricos de Occidente.

No es fácil separar los legados de este evolucionismo de todo el pan-nacionalismo que antecedió a la Primera Guerra Mundial o del racismo que precedió a la Segunda, tanto como el desarrollismo a cualquier precio de los países pobres que buscaron insertarse en el mismo "mecanismo virtuoso" que el de sus antagonistas "ricos". Si Spencer utilizó la causalidad mecanicista para hacer un discurso semánticamente vacío sobre cualquier cosa (vida, cultura, física e incluso las estrellas), ciertamente estableció una cosmología ecléctica de la superación (*fitness*). Además de los racismos estatales, las ideas de evolución, motivación y superación sustentan también los discursos cotidianos más banales, desde el emprendimiento individual hasta las nuevas prácticas espirituales, como el cross*fit*, cuyos gurús (*coaches*) brindan las disciplinas para la mente y el cuerpo respectivamente conforme la evolución natural.

---

221 En Brasil, por ejemplo, en la criminología hubo importantes representantes, como Raymundo Nina Rodrigues (1935), que también fue el primer interesado en estudiar científicamente a los negros en su obra *Os Africanos no Brasil*, publicada póstumamente en 1932, en la cual defendía la inmigración de individuos blancos para desarrollar el país. Obviamente, otros científicos brasileños se basaron profundamente en Spencer para ejecutar el mismo racismo de Estado, como Silvio Romero, fundador también de la historiografía literaria, o Oliveira Viana, sociólogo que fundó la organización del trabajo. Sobre la cuestión de la marginalización de los negros en el Brasil actual, consultar: Dunker, 2015.

222 Alexander, 2010.

Esto no es comedia. Los sacerdotes de hoy no son más los filósofos y ni siquiera los biólogos o pseudo-biólogos, sino más bien los profetas de discursos de auto-ayuda y de prosperidad. Así como la propia palabra auto-ayuda ya es una paradoja, sea en el centro o en la periferia del mundo globalizado en gestación, el legado ecléctico evolutivo spenceriano hoy es dominante en un nuevo consenso de que la vida-física puede ser comprendida y dominada según una causalidad espiritual-mecánica a nivel individual-colectivo. Pero no se busca aquí defender que las literaturas semánticamente genéricas, cuyos discursos venden muy bien, sean tergiversaciones trágicas del saber académico auténtico, el cual estaría amenazado por las invasiones bárbaras de los *coaches*. Hasta la tesis contemporánea más importante sobre la vida no es inmune a algún tipo de mácula –y, como se demostrará– tampoco de desarrollismo y de racismo.

El *ADN* y la vida como información

El logro de la saga de la fusión moderna entre espíritu y naturaleza parece haberse obtenido mediante la comprensión del mecanismo del ácido desoxirribonucleico (ADN), cuyos detalles fueron publicados en la revista *Nature* el 25 de abril de 1953 por James Watson y Francis Crick, descubridores del supuesto "secreto de la vida" (*secret of life*). Además, el encuentro definitivo entre Espíritu (*Geist*) y Naturaleza también es la superación dialéctica entre espíritu y letra, si hubiera alguna dialéctica posible, pues el código genético es la consecución del principio de lo vital (*genetic*) comprensible como letra y de la letra (*code*) como la base de la vida. Pero, al contrario de lo que podría pensarse, el descubrimiento no obtuvo fama de inmediato. De hecho, ni siquiera fue mencionado por los principales periódicos británicos o estadounidenses, a excepción de un artículo en *The Times* el 16 de mayo y otro en el *New York Times* el 13 de junio. Por otro lado, antes de la fama mundial, la difusión académica se hacía en el entorno más propicio para el intercambio de ideas: en el bar. Los propios científicos trataron las cartas temáticas "más o menos en broma (*half-jokingly*) como el secreto de la vida (*secret of life*)".[223]

La estructura en espiral del ADN, mencionada como hermosa y reconocida como una escalera, vinculaba definitivamente las letras a la vida, más precisamente las siglas de moléculas conectadas por enlaces de hidrógeno. Esas moléculas serían de apenas cuatro tipos para el ADN: "si una adenina forma un miembro de un par, en una de las cadenas, en estos supuestos el otro miembro debe ser timina; lo mismo ocurre con la guanina y la citosina".[224] Luego, A (de adenina) se une sólo a T (de timina); mientras que G (de guanina) se une a C (de citosina). Ahora bien, para un observador actual, no sería del todo necesario entender que esta sucesión de letras en línea espiral, que sería el "secreto" mismo para la reproducción de la vida, es, en su origen, digital: tanto como un disco duro o una tarjeta perforada. La diferencia estaría solamente en no ser una estructura binaria, como las computadoras actuales, sino cuaternaria. A pesar de eso, como una calculadora, la vida del carbono podría almacenar información y reproducirse. Pero, como sostiene Joanna Zylinska, la mitologización del gen es parte del apego de Watson a las teorías de Erwin Schroedinger dadas a conocer en la década de 1940, las cuales identificaban la vida como información, algo que tenía sentido en la era de los nuevos medios, como la radio o la televisión. El énfasis excesivo y la equiparación de la vida con la información genética, no lleva a cabo una metáfora, tal como ocurrió con el "Genio Rodesio" y con la "Selección natural" o incluso con el "secreto" de la vida. Al contrario, la figura de lenguaje preponderante en relación al ADN fue la metonimia.[225] Metonimia porque los genes (parte) se toman como la totalidad del problema de la vida de todos. Esta mitología de la totalidad de la vida en la *información* genética

---

223 Berry; Watson, 2004: xi.

224 Crick; Watson, 1953: 737.

225 "*The specific scientific task of attempting to map the structure of the essential "carrier of life," DNA, was given extra valence through the cunning use of a figure of speech known as metonymy: a series of laboratory experiments and modeling exercises became equivalent to cracking the secret of life*". Zylinska 2009: 128.

sería coronada por el Premio Nobel de Medicina en 1962, sumando también al investigador Maurice Wilkins y omitiendo a la profesora Rosalind Franklin, debido a su muerte prematura en 1958 provocada por un cáncer en gran parte causado por las fotografías de rayos X de la estructura del ADN. ¿Era el sueño de Hegel de fusionar forma y contenido al final de la historia del espíritu lo que finalmente se había hecho realidad?

La hermosa estructura intuitiva de Watson y Crick y la fotografía instigadora tomada por Franklin no explicaron ningún secreto o misterio de la vida, a pesar de toda su genialidad y de todo su potencial para brindar descubrimientos y amenazas inconmensurables en los campos de la biología, la medicina o la bioética. Y esto ni siquiera se debe a que Watson pasara de ser un genio laureado en la década de 1960 a un científico loco medio siglo después, cuando defendió, de una manera aun más tecnocrática que Malthus, la posibilidad de modificar genes para controlar la violencia[226] y actualizó las mismas posiciones racistas y eugenistas de la tradición del darwinismo en su deconstrucción spenceriana. El escándalo definitivo llegó en 2019, cuando Watson obtuvo el estatuto honorario del propio laboratorio que dirigió en su vida (*Cold Spring Harbor Laboratory*) en la ciudad irónicamente llamada "Laurel Hollow" –NY–, después de afirmar que las personas negras serían intrínsecamente menos inteligentes.[227]

El descubrimiento del ADN no fue el conocimiento del secreto de la vida ni la realización del sueño de Hegel ni tampoco el capítulo final de la unión moderna entre espíritu y naturaleza. Esto se debe a que el sistema de Hegel basaba todo el dinamismo de ideas en sucesiones de positividades y negatividades, mientras que la bella estructura del ADN apuesta solo por los elementos químicos, es decir, solo por las positividades. Sin negatividad o al menos algún elemento de nulidad o espectralidad, no se puede

---

226 "*Those of us who feel no need for a moral code written down in an ancient tome have, in my opinion, recourse to an innate moral intuition long ago shaped by natural selection promoting social cohesion in groups of our ancestors*". Berry, 2004.

227 Consultar: Harmony, Amy. James Watson had a chance to salvage his reputation on race. He made things worse. *The New York Times*. 1. Jan. 2019.

conocer la vida en toda su complejidad, ni el paradero del espíritu. Los laureles en el descubrimiento del secreto por parte del Premio Nobel fueron una purga de la negatividad o del aspecto de vacuidad (basta recordar toda la tradición de la *vanitas*) en la vida que la epistemología imperante de la ciencia moderna no puede abordar en profundidad. Por lo tanto, el culto al Genio del ADN no es nada sino una purga de la muerte. Y entendemos que, sin una apertura a esta esfera de lo negativo, vano o espectral, no se puede conocer el espíritu, ni siquiera disfrutar de la vida. Nada más ejemplar que el mismo momento de la confirmación al mundo del *secret of life* siga estando completamente afectado por la presencia misma de la ausencia de Rosalind Franklin –auto-sacrificada por la ciencia– o incluso la omisión de la carga afectiva de cada fotografía de núcleo de ADN legada por ella a la vida de ayer y de hoy.

¿Genética o genealogía? El encubrimiento de lo negativo, del otro o del sin sentido en la búsqueda por entender la vida también se relaciona con un encubrimiento de la muerte, que, en el fondo, es también una cuestión de lenguaje. El descubrimiento del "secreto de la vida" en el ADN sella el triunfo de la genética sobre la genealogía, es decir, la búsqueda de material verificable y el abandono paulatino de la ficción de linajes, lengua ancestral, nombres e instituciones familiares por la localización simbólica del individuo. Hoy en día, las pruebas de ADN han ido más allá del ámbito de la ciencia, aplicándose a contextos más graves, desde investigaciones sobre inmunidades virales, tendencia a consumir drogas, desarrollo de cánceres, además de incompatibilidades genéticas para la reproducción. La genética se difundió en el sentido común de una manera que Darwin o Mendel nunca hubieran imaginado: hoy está en los programas de televisión sobre pruebas de paternidad e incluso en las investigaciones para demostrar algún porcentaje de alguna etnia, dependiendo de la moda. Este camino de positividad vincula el cuerpo del consumidor directamente con la información específica que se busca, como en una base de datos orgánica. La búsqueda del origen es el esbozo de la investigación genética en los estudios literarios sobre el material genético (de manera similar a la práctica de la crítica genética, cuando comienza a transformarse en un fin en sí misma). Independientemente de las comodidades, los aspectos prácticos o incluso los cómicos de la genética, ¿no es una buena idea cuestionar lo que quedó atrás? ¿Dónde están los lazos de parentesco, las fijaciones, los cambios, las enfermedades, los amores, las peleas, excepto en las fotos opacas, las escrituras amarillas o los chismes maliciosos? Aunque la genética sea una posibilidad para elaborar distintas ficciones biográficas, especialmente para aquellos cuyos archivos se quemaron o cuyos antepasados no fueron considerados dignos de vivir, la búsqueda de este lado oscuro de la vida no es posible sin cierta dosis de genealogía de lo invisible.

Toda genealogía, por supuesto, tanto aquella de la vida personal o la del saber académico, depende de documentos o agujeros que sean huellas de los contextos, de los puntos clave e incluso de las omisiones por las cuales la vida pasa para llegar a donde llegó. La búsqueda del origen de la propia vida en cualquier genealogía familiar, en un momento determinado, sospechará de la interpelación por la muerte, especialmente por la repetición de nombres de antepasados o por el asombro de las imágenes en registros públicos, cartas, certificados o incluso en lápidas. No es diferente en las humanidades, ya que la genealogía de Michel Foucault, que rescata a Nietzsche para hacer su propio procedimiento genealógico, abdica de una búsqueda de origen definitiva por parte de los saberes y de las ideas. Para demostrar algo, ella ciertamente depende del contacto con los archivos y normativas en los vestigios de las propias instituciones más que de las teorías que la fundamentan: su objetivo no está en comprender la institucionalización del conocimiento y la producción, de manera negativa, de subjetividades. No es casualidad que el autor fuera el mayor difusor del término biopolítica para entender el proceso de control de la "población" en sentido genérico a partir del siglo XIX, tesis que se sustentaba eminentemente en poderes difusos, como archivos hospitalarios, asilos, prisiones, etc. En este ensayo —aunque no se propuso ser un estudio histórico basado en una metodología foucaultiana *per se*— solo fue posible trazar una cierta historia del espíritu (*ruah, pneûma, spiritus, Geist*) dependiendo exclusivamente de la espectralidad de las huellas consultadas: más que lo visible de la fotografía, importa también cada tipo de ortografía para volver más vivo el trabajo con los archivos muertos. Por lo tanto, cuestionar y tratar de comprender la vida y la animalidad humanas desde la inscripción del conocimiento en la carne de la población o del cuerpo individual es también comprender una interpelación constante con los espectros. (Evidentemente más en las brechas de los vestigios metafísicos o mitológicos de la cultura contemporánea que como manifestación de los espíritus de Wallace).

Finalmente, la escritura (por el énfasis en la piedra de los escribas, por la pluma de los teólogos o por las paletas de los maestros), es decir, la letra, es el campo mismo de manifestación de la espectralidad inherente al espíritu. Y, por tanto, el espíritu nunca pudo eximirse de la letra porque la muerte misma es inherente a aquello que ha sido grifado, pero también fuente de metamorfosis capaz de proporcionarle una apariencia de tener historia y de estar, más que nada, viva. La letra dentro del Occidente post-cristiano, en cambio, nunca logró prescindir por completo del espíritu, porque si lo hiciera abdicaría de una posibilidad de verdad universal en la significación: universalidad buscada secretamente incluso en la soledad de los diarios y en el soliloquio de los muros de la prisión; preciosidad literaria que acecha incluso el acto de escribir en una botella, o cuando se habla al viento. Pero, más allá de una búsqueda por universalidad al discurso, hay un lado espiritual omitido en toda esa genealogía.

Mas allá de código (información) y de genealogía (nombre), la vida también es con-vivencia (afecto). La espiritualidad, tradición originariamente relacionada con un aspecto femenino de fertilidad y nutrición directa entre cuerpos, alerta que los modos de reproducción de la vida son los más indispensables. Eso consiste en entender que un ser humano está inserto en una colectividad de humanos, animales, vegetales, además de todos los nutrientes de su biósfera, para poder existir. Igualmente, una planta no es sólo una planta. Sin un suelo vivo, sin una atmósfera adecuada, ella no existe, se agota. Incluso no se entienden a las plantas sin los hombres que las cultivaron o sin los animales

    El Espíritu y la letra. Políticas del sentido

que las polinizaron. La reciente investigación de Ana de Lima, Verónica Aldé y de Creuza Krahô sobre el cultivo de la variedad del maíz *põhypej* justamente en el pueblo tradicional Krahô (Brasil), afirma que su variedad, sagrada para los indios, no puede ser pensada fuera de sus ritos, de sus leyendas o de sus técnicas. Así, ese pueblo nos enseña que los vegetales pueden ser entendidos como "organismos bioculturales",[228] pues su propia historia genética ha sido siempre determinada por esa manera de vivir. Por lo tanto, ningún ambientalismo ni tampoco ninguna buena relación con el cosmos es posible sin relacionar los organismos vivos (animales, vegetales, etc.) con sus historias y sus afectos.

La Naturaleza intentó ser el espíritu sin ninguna especie de freno, pero jamás llegó a serlo justamente por no concebir, en su seno, la muerte, sea en el mecanicismo del siglo XIX, sea en la vida como información a partir del siglo XX con el ADN. En otras palabras, por más que la letra de las ciencias naturales o humanas se construya conforme una cosmología natural viva, la muerte siempre ha sido el sustrato determinante de cada uso técnico o hierático de una lengua, como ocurre con el inglés y el latín, respectivamente. El Genio Rodesio abrió sus ojos lleno de confianza, pero los cerró rápidamente, mientras que los jóvenes danzaban llenos de vida, aunque sin la posibilidad de entenderla ya que el gigante estaba mudo una vez más. No obstante, la mudez definitiva y la imposibilidad de comprender al espíritu no fue el ocaso definitivo de nuevas posibilidades de comprensión de la vida o de los gestos en las festividades por la caída del cielo en el fin del mundo. Además de toda la muerte, un aspecto más relacionado con una realidad humana, no podemos olvidar la vida como convivencia: un aspecto ineludible de los afectos e interdependencia que conforman los seres orgánicos e inorgánicos que actúan en una eterna metamorfosis. En la próxima jornada, se trata de pensar la vida, el medio ambiente y la cosmología en un contexto post-espiritual: lo que, por lo menos, así se imagina.

---

228 Consultar: Aldé, Verónica; Krahô, Creuza; Lima, Ana de. Histórias e cantos do milho Krahô: as muitas vozes do cerrado. In: Amoroso, Marta (et. al). *Vozes Vegetais: diversidades, resistências e histórias da floresta*. San Pablo: Ubu, Iurd Éditions, 2020: 283-300.

NOVENA JORNADA

Mundo(s), tierra y ambientes

> Os *xapiri* se movimentam e trabalham na floresta, nas costas do céu e na terra, em todas as direções, inumeráveis e potentes, para nos proteger. (...) Eles seguram o céu quando ameaça desabar, contêm a ira dos trovões, afastam as filhas do ser da chuva e prendem os ventos de tempestade; advertem o ser do tempo encoberto e atrasam o do anoitecer.[229]
>
> *A Queda do Céu*
> Davi Kopenawa

En su relato investigativo titulado *La caída del cielo*, desde una perspectiva muy poco relacionada con la tradición mitológica y filosófica del espíritu, el chamán yanomami Davi Kopenawa, desde su experiencia y desde su cosmología, advierte al hombre occidental (y a todos sus colonizados) sobre sus propios peligros. El pensador señala los repetidos momentos de inestabilidad cosmológica y las acciones de los chamanes de ayer y de hoy, quienes, como él, se sienten responsables de asegurar la fertilidad de la vida y la estabilidad del cielo. Sin embargo, no lo hacen con sus propias manos, sino con la ayuda de los *xapiris*, entidades mediadoras capaces de llevar a los hombres a dialogar con seres ajenos a su propio mundo, con perspectivas únicas. Un chamán sabe, por tanto, que todos los animales se ven a sí mismos como humanos y que sus cacerías tienen ciertas figuras: en la reflexión

---

229 Albert; Kopenawa, 2015: 16.

de Viveiros de Castro, elaborada a partir de un trabajo de campo también con la cultura yanomami, según la lógica chamánica, se podría afirmar que, si nos vemos a nosotros mismos como humanos, vemos a nuestras presas como el cerdo. El jaguar, en cambio, se ve a sí mismo como un hombre y a nosotros, sus presas, como cerdos. A su vez, el chamán es capaz de moverse entre estos mundos diferentes y solo lo hace, cabe mencionar, por la acción de los mediadores *xapiri*, sin los cuales nosotros mismos no podríamos entender lo que quieren los demás animales y sin los cuales tampoco podríamos ponernos en la perspectiva de alguna planta o escuchar a los espíritus de los ríos o bosques. De todos modos, quizás porque no tenemos un vínculo mediador con nuestro ambiente, como tal vez sí tienen los yanomami, nos hemos vuelto incomunicables con otras especies o con otros mundos, de modo que nos ahogamos en nuestra realidad antrópica sin comprender sus propias limitaciones o particularidades porque pensamos que es la única que existe, o, aún peor, pensamos que es la única posible. Occidente no se ha quedado simplemente sin su espíritu al encerrarse sobre su propio culto y al no abrirse a sus modificaciones y a su propia muerte: se ha quedado sin esperanza, sentimiento que se ha vuelto cada vez más ridículo. Tanto cuanto las palabras de un indio en la selva. Ante esa ceguera que afecta a la mayoría de los hombres que dicen ser modernos y que no pueden concebir otras formas de vida, de existencia o de mundo, los chamanes advierten que la caída del cielo es cada vez más inevitable, con una cierta esperanza difícilmente comprensible.[230] Luego, es urgente cuestionarse acerca de qué es vivir, existir o ambientarse.

Los chamanes yanomami entendieron que solo un abordaje lúcido de sus propios medios puede garantizar más que la estabilidad del cielo, el contacto y la pluralidad de mundos, incluidos aquellos de otros animales, plantas y ríos. No hay apertura a una verdadera alteridad, como en la perspectiva de una cascada

---

230 Por lo menos veintinueve yanomami murieron por infecciones relacionadas al Covid-19 durante la escritura de este ensayo. Nueve de ellos eran niños. Además, ese pueblo sufre diariamente con la desnutrición, generalmente relacionada con la expansión de la minería ilegal en sus tierras.

     El Espíritu y la letra. Políticas del sentido

o de una mariposa, sin que se abdique de una idea de naturaleza universal (pero cuantificable) y sin la mediación adecuada para que se especule sobre otros mundos, con sus propios ambientes. Así, sin la acción de alguna forma de mediación con el ambiente, será imposible garantizar la sostenibilidad de la vida y el futuro de las próximas generaciones por parte de una ecología auténtica. Además, la caída del espíritu lamentada por Occidente no debería ser motivo de tanto llanto, si el fin de un ideal de naturaleza –la más persistente carcasa del Espíritu Santo– fuese la posibilidad de apertura hacia otros mediadores entre el cuerpo y la mente, entre la vida y la política o entre la humanidad y su cosmos.

No se puede afirmar que en las mitologías occidentales, a su vez, nunca hayan existido mediadores en este sentido. Sin embargo, esta mediación no se produjo exactamente por el desarrollo de la filosofía, que, desde sus albores griegos, tendió a concentrar la cosmología en una concepción unitaria de la naturaleza (*phúsis*) y la vida en una actividad demasiado antropocéntrica, como en la armonía y en la organicidad universal del mundo gracias al *pneûma*. Quizás, un simple enano de jardín, que no es nada más que una figuración industrial de antiguos mediadores del ambiente, como los gnomos o los elfos, puede tener más que enseñarnos sobre cómo romper nuestra interacción con el medio ambiente que los tratados de zoología, pues los grandes mediadores de la vida y de los mundos se perdieron. Ya sea Mercurio o, especialmente, Eros y Atlas, los cuales desconcertaron respectivamente a Nietzsche y a Warburg, dos de los mayores cuestionadores de la epistemología de bases racionalistas en la modernidad europea, sus leyendas no acabaron. Tampoco se agotaron sus supervivencias sutiles, en las artes o en otros ámbitos de la vida, sino más bien la capacidad de discernimiento de sus efectivas funciones mediadoras. No obstante, algunos esfuerzos más recientes, como la propuesta de Bruno Latour[231] de proporcionar a los fiscales de la ley la capacidad de actuar en nombre de otras especies o biomas completos, son un paso importante en un sentido opuesto, por más que apuesten a la mitología iluminista,

---

231 Latour, 2004.

cuyos fundamentos parecen hoy más frágiles que aquellos de la filosofía clásica.[232] Sin embargo, si abandonamos un poco nuestro romanticismo, todavía persisten mediaciones. Los medios jurídicos son muchísimo más efectivos para defender ficciones legales, como la propia persona jurídica, los fondos de pensiones o los hermetismos de la bolsa de valores –entidades ficcionales que el capitalismo logra mediar muy bien con sus índices de corrección, registros de protesta o intermediarios financieros, hasta darles subjetividad jurídica. ¿Por qué no pueden ser sujetos de derecho las especies, los recursos naturales, los biomas o la propia biósfera, que son parte concreta de nuestra existencia física? Hay algunas experiencias pioneras en ese sentido en Bolivia y, sobre todo, en la constitución del Ecuador,[233] que reconoció al ambiente como sujeto de derechos. Sin embargo, el camino sigue siendo arduo, ya que pocos académicos, juristas o ejecutivos parecen querer volver a discutir lugares comunes como cultura o naturaleza, en un misterioso acuerdo que insiste en no abandonar los cadáveres del humanismo y del antropocentrismo en un abordaje ingenuo.

Sin una comprensión simultáneamente destructiva y especulativa de lo que realmente significa el *medio* y el *ambiente*, tanto el ambientalista como aquel que agota los recursos del planeta utilizarán este arcaísmo pseudoteológico para guiar sus respectivas vidas y sus representaciones del universo. Pero una sola naturaleza ya no es posible y, tras cuatro siglos sin escuchar a los chamanes, algunas filosofías del siglo XX intentaron relativizar y comprender más profundamente nociones como naturaleza, mundo, sentido, cosmos e incluso vida. Motivados por un deseo de cambio epistemológico, los próximos momentos de este ensayo serán reverberaciones sobre estos últimos suspiros de la vida del espíritu, cuando deja de ser un supuesto unificador subyacente, desde las teorías de Martin Heidegger y Max Scheler. Si ellos

---

232 Actualmente la emergencia de los populismos de derecha, la ascensión de los neofascismos en las sociedades y el ambiente digital que lucra con la violencia simbólica amenaza todas las instituciones democráticas más fundamentales de muchas naciones, sobretodo en países occidentales y en sus periferias. Consultar: Mounk, 2019 y Stanley, 2019.

233 Sobre la temática, consultar: Acosta, 2011.

intentan aferrarse al cielo para garantizar la unidad del mundo, por otro lado, se puede también retomar el aire atmosférico como significado y expresividad entre los diferentes seres vivos y su ambiente, en un verdadero afloramiento de otros mundos posibles, un paso viable a partir de las especulaciones de Jakob von Uexküll. Todas esas cuestiones filosóficas, teológicas, legales y biológicas confluyen necesariamente a lo largo del siglo XX, debido a una situación de emergencia ambiental, pues se han agotado los recursos en el sentido material, figurado y legal. Estamos todos en un momento clave en el cual está en juego (incluso sin cualquier posibilidad de victoria) la oportunidad de resignificar y resonar con la multiplicación de formas de vida o, al contrario, sucumbir a la insostenibilidad ambiental suicida, inerte y ensordecida.

Los neoespiritualismos recalcados de Scheler y Heidegger

En el siglo XX, las principales derivaciones del espíritu estuvieron ligadas a los problemas del mundo (*Welt*), de los mundos o el medio ambiente (*Umwelt*), en un retorno silencioso del espíritu contra el vitalismo, el evolucionismo y el materialismo del siglo XIX. En este contexto, se pretende demostrar inicialmente cómo las filosofías de Max Scheler y Martin Heidegger buscaban garantizarle cierta autonomía al mundo (*Welt*) en oposición directa al medio ambiente (*Umwelt*) o a la Tierra (*Erde*), pero solo lo hicieron retomando, directa o indirectamente, la noción de espíritu. En última instancia, para Scheler, como se verá, el espíritu es un concepto metafísico y más abiertamente teológico, en cuanto Heidegger simplemente disfraza el viejo espíritu de la tradición, pensándolo como la noción mucho más neutral de mundo. Por lo tanto, la filosofía actual anclada en esos dos filósofos no puede más abogarse como contraria a la metafísica cuando su base no integra su fantasma pneumatológico.

La principal tesis de Max Scheler es que, a pesar de que el hombre sea un ser vivo, no se diferencia de todos los demás por una cuestión vital, sino por su existencia espiritual. Así, el hombre comparte impulsos, instintos, memoria e incluso inteligencia con otros seres, aunque sea capaz de una apertura ilimitada al mundo, sin ser dominado por él. El hombre, por tanto, "ya no está vinculado a sus impulsos, no al mundo circundante, sino que es 'libre frente al mundo circundante', está abierto al mundo. Semejante ser espiritual tiene mundo".[234] Para Scheler, el mundo es una cuestión de existencia que no se corresponde con la naturaleza biológica o con la materialidad empírica. En segundo lugar, queda muy claro que lo espiritual, que suele ser un adjetivo en la obra del autor, se convierte en lo contrario de todo lo vital.

En principio, esta oposición entre hombre y animal no se enfrentaría, de ninguna manera, al discurso teológico del medioevo o al existencialismo humanista de su contemporáneo Sartre. Sin embargo, su antropología filosófica efectúa un paso adelante cuando abandona un poco el apego a la fenomenología legada por Husserl y empieza a pensar una existencia metafísica de los propios valores. Ciertamente, existen precedentes en el tomismo sobre la jerarquía de valores, que serían considerados "seres de razón", que, en líneas generales, eran abstracciones con cierta objetividad. Y, de hecho, Scheler, fallecido en 1928, fue un importante referente para la posguerra en corrientes de pensamiento vinculadas al catolicismo progresista, como el personalismo de Emmanuel Mounier o el Humanismo integral de Jacques Maritain. A pesar de no ser el centro de este ensayo, es posible afirmar, además de estas lecturas evidentemente humanistas de Scheler, que el espiritualismo del autor y, más precisamente, su consideración de los valores como objetividades, son puntos de escape fundamentales para cualquier pensamiento que se atreva a cuestionar el *status quo* de la base epistemológica contemporánea, todavía post-fenomenológica, sobre todo en las ontologías. La concepción de Espíritu de Scheler no es la más interesante, pues persiste con una idealidad (ya que se opone a lo material) de matriz hegeliana. Pero su gesto de postular objetividades en abstracciones, en conclusión, es especialmente interesante para el pensamiento que busca poner en crisis los paradigmas epistemológicos preponderantes, como lo hacen las tesis de Quentin Meillassoux o Graham Harman.

----

234 Scheler, 1994: 54.

Martin Heidegger, por su parte, al sofisticar las bases de la tradición fenomenológica de Husserl, también refuta una unión vitalista entre espíritu y naturaleza. De hecho, el filósofo trató de complejizar nociones como naturaleza, mundo y tierra, a pesar de evitar hablar directamente sobre espíritu. Ahora bien, la ontología de Heidegger se basa en la abdicación del pensamiento del Ser en sí como una entidad junto a otras, como una piedra, un campesino, un cuadro de Van Gogh o incluso Dios. Así, propone una vuelta al Ser como cuestión más que como objeto de conocimiento, algo, en tesis, que estaría inspirado en la experiencia original del pensamiento presocrático, que a lo largo del tiempo habría sido olvidado por la humanidad. Ese paso podría entenderse ya no por presupuestos trascendentes, como Dios o una esencia metafísica, sino por fomentar el pensar de los entes en cuanto entes, volviendo la filosofía hacia la inmanencia.

Bueno, ¿cómo eso nos concierne? Heidegger, en su iniciativa, instrumentaliza el espíritu para separar al hombre del animal una vez más. En primer lugar, en Heidegger, la ontología se convierte en un acto de insurgencia frente a la confusión entre naturaleza, materialismo y metafísica, como en la deriva mecanicista dada por Darwin o sus sucesores. El resultado práctico de esta reacción no fue la postulación de un espíritu retirado directamente de la tradición medieval, como en Scheler, sino más bien una completa redefinición de lo que es un mundo (*Welt*) como una apertura en el camino del Ser, propio de la experiencia humana, algo capaz de tener sentido. ¿Pero para dar sentido a qué? Más concretamente, dar sentido a la tierra, siempre en vía de esconderse, pero que es fundamento de la experiencia del mundo humano. Esta separación de la realidad en una doble interpenetración entre un mundo (que se abre) y una tierra (que se oculta) sería una forma supuestamente no metafísica de pensar y proponer una experiencia más original del ser (ahí donde se podría asociar la experiencia humana) con su ambiente. En su conocida lectura sobre el cuadro *Un par de zapatos* de Van Gogh, de 1886, el filósofo alemán repite una de las afirmaciones más problemáticas de su pensamiento, más precisamente, que sólo el hombre tendría un mundo, a diferencia de los animales.

La piedra no tiene mundo, las plantas y los animales tampoco lo tienen; pero sí pertenecen al impulso oculto de un ambiente en que están sumergidos. En cambio, la campesina tiene un mundo porque se mantiene en lo abierto de lo existente. Por su ser de confianza el útil da a este mundo una particular necesidad y cercanía. Al abrirse un mundo, todas las cosas adquieren su ritmo, su lejanía y su cercanía, su amplitud y estrechez.[235]

Por poseer un mundo, el hombre no tendría simplemente la capacidad de significar su ambiente, sino que también tendría una experiencia originada en la manifestación del Ser en cada ser individual que lo rodea. Es decir, el hombre sería humano porque estaría inmerso en un mundo y por ser capaz de modificarlo, aun si normalmente olvidara esa condición. El animal, en cambio, no tendría mundo, precisamente porque carecería de esta experiencia originaria del Ser. Si el lenguaje es la "casa del Ser" y, consecuentemente, si los animales no la poseen, quedarían automáticamente desprovistos de mundo (*weltlos*), permaneciendo irremediablemente absorbidos en el ambiente. Así, Heidegger mantiene el paradigma clásico de una humanidad supuestamente separada de su animalidad, aunque ya no la entiende desde un aumento de la razón, o de la dignidad moral, sino a partir una apertura, de un vacío dentro del Ser que revela la posibilidad de actuar y conocer.

En su célebre *Carta sobre el Humanismo (Über den Humanismus)*, dirigida al joven filósofo francés Jean Beaufret, que consiste en uno de los textos más difundidos de su pensamiento posterior, Heidegger enmarca los humanismos latinos, cristianos y de la Ilustración para afirmar que todos ellos entendieron al hombre de una manera metafísica fuera del contacto con la apertura misma del Ser que concierne a la experiencia humana. Lo mismo habría sucedido con el lenguaje, que no debería ser concebido como una herramienta ni como un adorno humano, sino como un dato que viabiliza al hombre y a cualquier experiencia del mundo o del pensamiento. Si ya es una crítica a los antiguos humanismos de la tradición Occidental, no deja de ser una modalidad nueva de

---

235 Heidegger, 2002: 75.

   El Espíritu y la letra. Políticas del sentido

practicarlo. El problema fundamental de este camino está en que condicionó todas las consideraciones sobre el lenguaje al ámbito de la ontología, aunque siempre destacó la necesidad de que su ontología partiera de la poeticidad del lenguaje, como hizo en sus estudios sobre Hölderlin. Pero, en resumen, el lenguaje, por más que supere al Ser, solamente es pensable bajo este. En este sentido, porque entiende la experiencia más original del Ser y la posibilidad de conocimiento inmanente dentro de los límites mismos del lenguaje, establecerá al lenguaje como piedra angular del pensamiento del siglo XX:

> Si a las plantas y a los animales les falta el lenguaje es porque están siempre atados a su entorno (*Umgebung*), porque nunca se hallan libremente dispuestos en el claro del ser, el único que es 'mundo'. Pero no es que permanezcan carentes de mundo en su entorno (*Umgebung*) porque se les haya privado del lenguaje. En la palabra 'entorno' (*Umgebung*) se agolpa pujante todo lo enigmático del ser vivo. El lenguaje no es en su esencia la expresión de un organismo ni tampoco la expresión de un ser vivo. Por eso no lo podemos pensar a partir de su carácter de significado. Lenguaje es advenimiento del ser mismo, que aclara y oculta.[236]

En el pasaje, es sumamente interesante la relación indisoluble entre mundo (aclarar), tierra (ocultar) y lenguaje (hablar). No obstante, la decisión de hacer del lenguaje la base del pensar (en realidad, humana) y de toda experiencia cognitiva retirar sus restricciones coloca una limitación epistemológica típica de la modernidad: aquella de que se puede conocer de la tierra o de las cosas sólo lo que es representado o el mundo en cuanto presencia. Esta decisión está en conflicto con otras posibilidades de fundamento último para la filosofía, pues la semiótica y la metafísica son tan antiguas como la epistemología. Cabe recordar que la semiótica estoica no contuvo ni necesitaría condicionar el pensamiento o la mente humana con un obstáculo epistemológico para establecer la producción de sentido, principalmente por la figura del referente. Aunque esta posición haya cambiado a lo largo de

---

236 Heidegger, 2006: 31. Versión alemana: Heidegger, Martin. *Über den Humanismus*. Frankfurt am Main: Klostermann, 2000.

los siglos, cuando el lenguaje se identifica cada vez más con el pensamiento, lo que reduce su pertinencia metafísica, resta un poco de la objetividad de una significación directa en los índices, objetos que se refieren directamente a algo. Por ejemplo, el rayo, más que un signo o un símbolo, es un índice, pues marca objetivamente el peligro: en el límite, no indica solamente a los humanos, sino también a los perros y a los jaguares. Con un incendio, ocurre lo mismo, basta querer comprender a través de otras maneras de pensar.

Una crítica importante al antropocentrismo recalcado de la *Carta sobre el Humanismo* ha sido ofrecida por la intempestiva y polémica respuesta dada por Peter Sloterdijk, en la cual discute la inevitabilidad de la técnica en la experiencia del ser humano. El texto de Heidegger, en principio, defendió que el hombre no podría ser comprendido bajo una sustancia o una esencia, siendo mucho más una apertura. Pero su postulación de una relación ontológica prácticamente originaria en el límite, la cual purificaría su mundo de toda metafísica o de toda la técnica circundante, sería demasiado precipitada. De hecho, la conclusión obvia de la *Carta sobre el Humanismo* afirma que toda la humanidad, excepto el propio Heidegger, sería displicente con su propia esencia y con su propio potencial. Así, Sloterdijk afirma que ninguna apertura en los caminos de los bosques del Ser puede ser tal que el propio animal abierto, que sería el hombre, no haya construido su propia casa ni sus propios caminos, por lo que estos objetos técnicos contribuirían también a su camino y a su propio Ser. La urgencia de pensar las técnicas como elementos centrales para la construcción del hombre, como señala Sloterdijk, es parte de un intento de repensar los medios de los ambientes.

Pero la historia del claro del bosque no puede desarrollarse sólo en forma de un relato de cómo los hombres se van instalando en las casas de los lenguajes. Pues tan pronto como los hombres hablantes conviven en grupos más amplios y se ligan no sólo a las casas del lenguaje sino también a casas construidas, se ven sometidos además al campo de fuerzas de los modos de vida sedentarios. Desde ese momento ya no sólo se dejan cobijar por sus lenguajes, sino también amansar por sus viviendas. En el claro del bosque se alzan las casas de los hombres (incluidos los templos de sus dioses y los palacios de sus señores) como sus más llamativas demarcaciones.[237]

El fin del humanismo en nuestro tiempo, además de ser una temática ya muy discutida, se torna cada vez más evidente, incluso sin la necesidad de la demostración filosófica, pues las sociedades de distintos Estados eligen cada vez más la medicación o el encarcelamiento como los nuevos pilares de la sociedad contemporánea. Radicalmente opuesto al humanismo, Sloterdijk continúa siendo interesante por debatir el fin del antropocentrismo, más que el del propio humanismo. Ya sería el tiempo de comprender cómo las técnicas fabrican al hombre, incluyendo las modificaciones genéticas o las biotecnologías. Si bien la mayoría de los estudios académicos, generalmente no abiertamente humanistas, pero muchas veces aún muy antropocéntricos, prefieren alzar la voz en contra de este tipo de prácticas, Sloterdijk ha advertido que, si este debate no llega a la Universidad, lo harán exclusivamente otros organismos o instituciones, no necesariamente comprometidos con la ética o con la edificación democrática de la sociedad. De hecho, las técnicas habrían funcionado desde la selección de rebaños, pasando por el injerto de plantas y hasta las políticas de eugenesia, desde Esparta hasta el Tercer Reich. Se trata, entonces, de repensar la vida, ya no como una entidad sagrada o privilegiada sobre los demás, sino para entenderla dentro de una lucha política con la zootecnia que impregna los más mínimos detalles de la humanidad.

El camino de Heidegger fue el opuesto, ya que buscó depurar la experiencia humana (al máximo) de la técnica en busca de una apertura original en el Ser. Ahora bien, esta depuración y la concomitante limitación epistémica a lo corporal (no en el sentido de la carne, sino de entidades individualizadas), en las fronteras de la fenoménico, se hace eco de la tradición espiritualista helenística, teológica y también romántica. Sin embargo, Heidegger siempre rehuyó a utilizar el término espíritu, incluso

---

237 Sloterdijk, 2006: 57.

en binomios para los que siempre ha sido decisivo, como mundanidad/territorialidad o humanidad/animalidad. En ese sentido, Derrida entiende que esta omisión se debe brevemente a un intento triple de: (a) evitar la metafísica o el nacionalismo a que se refiere el término; (b) al hecho de que el autor –el propio Heidegger– sería el fundamento en sí del cuestionamiento del ser; (c) finalmente, garantizar la separación entre el hombre y el animal en su pensamiento.[238] Heidegger no prescinde del espíritu, sino que busca curarlo de su tradición metafísica, aunque a veces haya aceptado esa misma tradición en momentos de mayor "libertad", como en su adhesión al nazismo al asumir el rectorado de la Universidad de Friburgo en 1933.[239] En esa oportunidad, Heidegger muestra la centralidad del concepto de espíritu para la separación entre hombre y animal en una cruda contradicción: en cierto momento afirma que los animales están exentos de mundo (*weltlos*), y en otros que simplemente serían pobres en mundo (*weltarm*). Continúa Derrida, "la contradicción entre las dos proposiciones (el animal no tiene mundo) significaría solamente que no elucidamos suficientemente el concepto de mundo –del cual seguimos el hilo conductor, pues no es otro sino el de espíritu (*esprit*)".[240] Toda esta privación del Espíritu (*Geist*) y la esquiva de Heidegger para comprenderlo en la tradición *pneûma-spiritus* (y mucho menos *ruah*), señalada por Derrida, demuestra una intención de omitir y de instrumentalizar el problema del espíritu en su propio pensamiento.

La más grande seducción de la última filosofía de Heidegger consistió en identificar el mundo simplemente como lenguaje,

---

238 Derrida, 1987.

239 De hecho, si él evita la apelación directa al concepto metafísico de espíritu es debido a una actitud de eludir algunas pertinencias metafísicas indisolubles de hechos de la vida cotidiana, tales como los valores o los nacionalismos. Sin embargo, Heidegger no se resiste a esa posición noble de limitarse solo a la ontología y cae en su propia tentación en algunos momentos, volviéndose un filósofo con un discurso bastante concreto y con una fundamentación más abierta en espíritu, esencias, etc., como en el discurso de aceptación del rectorado en la Universidad de Friburgo en Brisgovia, el día 27 de mayo de 1933, lo que se dio en consonancia con las ideas del nazismo, cuando el nacionalismo pasó a ser más que bienvenido.

240 Derrida, 1987: 80-81.

como algo capaz de darle una mínima unidad. Sin embargo, en tiempos de crisis ambiental, cabe preguntarse sobre la necesidad o no de un rescate de la metafísica, ya que no es posible una mirada fenoménica desde la *species*. Sea una especie animal, sea una imagen, esa imposibilidad de fenómenos o de representación justifica buscar otras maneras de pensar.[241] Además, surgen nuevas cuestiones derivadas de nuestro modo de vida, como la existencia o no de pensamiento en un mundo destituido de toda vida. Y, aunque se prefiera mantener una percepción poética del mundo, como en Heidegger, es importante comprender que el propio lenguaje está fracturado y su mayor huella puede estar en la fuerza de los grandes binarismos del siglo XX, como la separación entre significante y significado o lenguaje y habla, que fueron llevadas a las últimas consecuencias por el psicoanálisis de Jacques Lacan. Por tanto, la crítica a Heidegger permite comprender más claramente la relativización del "mundo" en "mundos" señalada por Sean Gaston, cuando afirma que: "Por mucho que el lenguaje cotidiano pueda exponer la naturaleza porosa de los conceptos de mundo, debemos siempre mantener abierta la posibilidad de que no exista mundo. Esta es la única forma en que podemos evitar que el mundo vuelva al sujeto".[242] Pero hay un gran problema: aunque la filosofía occidental fue la mayor prueba de la (im)posibilidad de definir y lograr el mundo, todavía es plausible pensar mundos y ambientes.

Actualmente, muchas voces distintas reclaman la tierra en sus varios nombres, como Tierra, Gea, Gaia, Medea, etc. Una de esas manifestaciones fue proferida muy recientemente por la *Carta a la Tierra*,[243] que puede ser entendida como el último capítulo de esa historia epistolar de la interioridad, que se remonta hasta Pablo de Tarso. En su letra, la autora intenta hablar a esa personificación de nuestra biósfera, recordando algunos de nuestros logros, pero también confesando algunos malogros. Posteriormente, en un esfuerzo mimético, intenta darle voz, y la Tierra responde,

---

241 Esa es una cuestión lanzada por Chakrabarty, 2009.

242 Gaston, 2013: 164.

243 Azam, 2020.

defiende las luchas de los ambientalistas, concuerda con el concepto de antropoceno, entre otros problemas antrópicos. Ahora bien, los chamanes o los curanderos han hablado siempre con los espíritus de sus ambientes y de sus ancestros, pero solamente lo han logrado, incluso en Grecia, gracias a la intermediación de Eros, por un proceder análogo a los cultos de Umbanda o Candomblé modernos, en los cuales no se puede regalar nada a los Orixás sin una previa requisición de la mediación de Exu. Entonces, si es improbable que se hable directamente con los ríos, con las nubes o con alguna lengua humana sin algún tipo efectivo de mediación, aun más improbable sería hablar con toda la Tierra. A pesar de la validez poética del intento, la autora se mantiene en el mismo error de la pneumatología, que es considerar lo inconcebible, lo inhumano y hasta lo cósmico como alegorías, pero en un plano de sentido confortablemente aislado. Ese no es el intento de esta investigación, que busca especular puentes entre mundos o incluso entre nuestros mundos y la Tierra. En este texto y contexto, sin saber cómo hablar el puro lenguaje del que hablaba Benjamin, sin simular tampoco que hago un texto místico, prefiero hacer una pregunta libre a la tierra, pues las preguntas quedan mientras las respuestas se van. Hago entonces esta pregunta, sin saber si será respondida o aun si ya lo ha sido, dirigiéndome hieráticamente a Mercurio: *Unde venit Quartus Terrae ille Liber altae?*[244]

Del mundo a los ambientes: la etología
y la vida como sentido en Uexküll

La etología (del *êthos*, comportamiento) de Jakob von Uexküll fue fundamental para el pensamiento del siglo XX en el sentido de evitar una equiparación directa entre naturaleza, espíritu, arte y técnica, conforme sería la manera del vitalismo de gran parte de la ciencia y la filosofía del siglo XIX. Aunque no fue tan audaz en su base epistemológica, que era, en primer lugar, kantiana, su pensamiento parte del simple supuesto de que la biología no

---

244 ¿De dónde viene el cuarto Libro de l'alta Tierra?

    El Espíritu y la letra. Políticas del sentido

debe guiarse por la causalidad de las ciencias naturales, ya que sería del orden de la *significación*. Cada animal que responde a su ambiente (*Umwelt*), por más instintivo o simple que sea, significa y, sorprendentemente, llega a ser considerado un sujeto. Las acciones de reproducir, cazar o seguir el olor de una flor son consideradas formas significativas en un círculo determinado de funcionamiento del animal. Otros seres orgánicos e inorgánicos pueden empezar a utilizar la significación, sin actuar necesariamente. En resumen, los animales tendrían medio ambiente (*Umwelt*) porque significan; las plantas, en cambio, no tendrían medio, sino más bien un hábitat, ya que no dispondrían de un círculo funcional para actuar, pues se alimentan directamente de sus células. En contrapartida, las plantas utilizarían factores de significación de su hábitat, como la significación de los parásitos con los cuales conviven o incluso el atractivo aspecto de sus flores para los polinizadores, dado que sería muy diferente a la pura causalidad mecánica.

Por ello, toda la separación que hacen Max Scheler o Martin Heidegger sobre la mundanidad del hombre, en la cual el espíritu es un fundamento explícito o implícito, es, para Uexküll, una cuestión mucho más compleja y con varios matices que hacen que los animales sean sujetos en su propio medio ambiente (*Umwelt*). Las ideas de Uexküll se atreven a ir más allá del límite de la tradición fenomenológica de la experiencia humana del mundo para especular sobre mundos diferentes, especialmente entre las especies animales, las cuales están interconectadas en la medida en que se envían signos entre sí. "Por detrás de la cortina de los fenómenos, las diversas imágenes originales o las diversas melodías originales se asocian conforme un plan de significación".[245] Por instintivo que sea este procedimiento, lo más importante es que la vida, por simple que sea, se define por su capacidad de significación. "Todo componente de un cuerpo orgánico o inorgánico, desde que cumpla un papel de portador de significación en la vida de un sujeto animal, está condicionado a aquello que llamaremos 'complemento' en el cuerpo mismo de un sujeto, com-

---

245 Uexküll, 1965: 117.

plemento este 'sometido del utilizador' de la significación".[246] En el ambiente de la araña, por ejemplo, su tela tiene una forma arquetípica diseñada especialmente para capturar a la mosca, su presa más común. Además, ese medio consiste en hojas para reafirmar las telas, dar sombra y, principalmente, para la búsqueda de presas. En un mismo ambiente, la mosca también tiene su ambiente, aunque solo reaccione a la búsqueda de alimento e ignore otros obstáculos, como la tela de araña. Es decir, dentro de este ambiente, ambos animales —mosca y araña— están conectados por diferentes significados, pero que se entrelazan, independientemente de la capacidad cognitiva de sus actores o de sus aptitudes para representar sus ambientes, pues esta última se trata de una forma de percepción demasiado restrictiva para los humanos.

De manera indirecta, la etología de Uexküll tuvo más impactos en la semiótica que en la biología teórica, incluso sin haber dialogado directamente con las obras de Ferdinand de Saussure o de Charles Sanders Peirce. A partir de la segunda mitad del siglo XX, Thomas Sebeok y el médico Thure von Uexküll (el hijo) plantearon las principales pautas para el desarrollo de la biosemiótica y para sus subdivisiones, como la fitosemiótica o la zoosemiótica. Ambos autores consideran que Uexküll (el padre) buscó superar una biología mecanicista estableciendo lo vital a partir de sistemas de signos, lo que es una nueva metamorfosis de la imagen textual del espíritu y de la letra. Dado que la semiótica no se limita al lenguaje verbal, no hay nada más fructífero para expandir su dominio que estudiar las relaciones entre los signos que surgen de los ambientes animales, además de los humanos. Independientemente de la separación de seres o fenómenos según los dominios de la biología, de la física, de la ontología o de la lingüística, todos ellos pueden plantear signos que interactúan entre sí. Luego, Sebeok afirma: "una apreciación mutua de la genética, de los estudios de comunicación animal y de la lingüística debe conducir a un entendimiento completo de la dinámica de la semiosis, y eso debe, en última instancia, llevar nada menos

---

246 Uexküll, 1965: 58.

que a la definición de vida (*definition of life*)".[247] Por más ordinario que pueda parecer volver al problema del significado de la vida, Sebeok y Uexküll dan una respuesta muy contundente cuando afirman que el significado mismo (*semeíosis*) es la base de la vida. Sin embargo, Sebeok estableció el estudio de la biosemiótica para privilegiar dos sistemas: por un lado, el código genético; y, por otro, la existencia de lenguajes naturales, más precisamente en el comportamiento externo (*êthos*) de los animales. Para Eugen Bauer, esa es una posición que ya se basa considerablemente en un principio antrópico,[248] lo que es completamente comprensible pues tiende a separar la comunicación en algo muy próximo a un dato natural y a otro no natural: y la naturaleza no es otra cosa que un avatar del espíritu. Vivimos en una época en la que ya no es tan importante definir la vida, dado que cada vez es más plausible que no haya más vida por explicar ni para sustentar ningún tipo de significado más complejo y, precisamente por ello, cualquier retorno a una posición antrópica puede ser contraproducente. Queda por ver cómo reaccionará la propia tradición letrada del espíritu: ¿estaría en vías de silenciarse ante la ausencia del ser humano, de convivir con una nueva *eudaimonía* epicúrea de los últimos días, o abandonaría al hombre definitivamente hacia tierras más fértiles, en otros medios ambientes (técnicos) más fructíferos, como la vida en silicio?

En cualquier caso, como era de esperar, la aparición de este nuevo campo de estudio es coherente con la relación arcaica entre el pensamiento sobre la vida y su relación con el(los) lenguaje(s). Una vez más, tanto la semiótica como la biología necesitaban teorizar sobre los umbrales entre la vida y la muerte o entre el lenguaje y la realidad. Desde la comprensión de Uexküll de los seres vivos (sujetos) como burbujas distintas que no funcionan mecánicamente, sino orgánicamente, surge un problema para aislar todos estos elementos, requiriendo algún tipo de agrupador de todos los *Welten* y de los sistemas de signos inmanentes a los ambientes de las células vivas o de cada animal. Para Brett

---

247 Sebeok, 1976.
248 Baer, 1987: 182.

Buchanan, en ese sentido, "lo que se procura entonces son las relaciones que ligan y conectan una cosa con otra. La relación, o Puente (*relation or bridge*), es la generación de sentido (*generation of meaning*) en sí misma".[249] Si la capacidad de simbolización establece y liga al individuo con un organismo de la naturaleza (que sea un organismo incognoscible), entonces es posible entender esta simbolización como un mediador entre seres o como una especie de conexión entre la parte aislada que sólo tiene sentido en relación con un todo orgánico.

Por fin, la teoría de los diversos medios y su deriva en la semiótica pueden considerarse como avatares del pensamiento del espíritu de la cultura judeocristiana en el siglo XX, por más extraño que parezca. Esta asociación no es libre y no significa una recaída en la religión por parte de Uexküll, sino una auténtica metamorfosis de un curioso filósofo neokantiano que, al final de su propia vida, llegó a postular una metafísica propia, pero no teológica, sino a partir de una especulación sobre su teoría de la significación. Eso es notable en un diálogo escrito más hacia el final de su vida llamado *El espíritu inmortal de la naturaleza*, en el cual un biólogo toma la palabra en una discusión con un zoólogo darwiniano, un pintor y un propietario de tierras. El personaje principal, alter-ego del propio Uexküll y de sus teorías, afirma que el hombre politeísta vivió lo sagrado en todas sus vivencias, mientras que el monoteísta habría reducido lo sagrado al mundo gobernado por Dios hasta llegar al materialismo, que quitaría todo lo sagrado. Su percepción era una cuarta opción, que no sería religiosa, sino que entendería un propósito en el plan natural, aunque sólo se percibiera por indicaciones, según sus raíces kantianas.[250] Ese resguardo declaradamente espiritualista en la obra de Uexküll demuestra una verdad no tan cómoda a sus seguidores más radicales, y apunta hacia una tentativa de unificación en una idea de naturaleza conforme la tradición del

---

249 Buchanan, 2009: 32.

250 Para Brentari (2015: 166): "*In Uexküll's* Weltanschauung, *nature, which is ultimately responsible for the universal harmony in the building plans of organisms and for the interactions between organisms and environments, remains an 'eternal mystery, which rests in action and acts while resting*".

espíritu y según todos los intentos de pensar la significación en el ADN mismo, como en la biosemiótica de Sebeok. En definitiva, Uexküll rompió con la fenomenología en su etología, pero su sistema semiótico se afirma en un espectro pneumático de manera creativa. Sin embargo, las derivas de sus seguidores aclaran cómo el significado vital luego se vuelve cuantificable, y también los códigos genéticos permanecen como una notable ofensiva del propósito teleológico y unificador del espíritu. (Los desarrollismos, los nuevos nacionalismos y los *Big Data* son también auténticos herederos del Espíritu –sea *Spiritus Sanctus*, sea *Geist*–, aunque en un nivel de perversión más explícito). A pesar de este intento de dar organicismo a las principales ideas de Uexküll en el camino de la biosemiótica, otros autores que se referían a la teoría de *Umwelten*, como Canguilhem, Deleuze o Sloterdijk, se dedicaron más a la biopolítica, al igual que problematizaron el mundo (o los mundos) fuera de un paradigma espiritualista y, especialmente, más allá de un principio antrópico.

La expresión de la vida entre medios y fines

El espíritu, que era un concepto central en las letras del mundo occidental, podía estar en su ocaso, pero Hegel, su profeta más importante, pudo haber sido insuperable en intuir la condición humana al afirmar que la filosofía llega tarde.[251] Aunque por fin, en los albores del siglo XXI, haya esa posibilidad de recibir las advertencias yanomami dentro de la cultura letrada occidental, esta advertencia quizás haya sido escuchada, lógicamente, demasiado tarde. Y no porque la filosofía se hubiera rezagado un poco, sino porque la humanidad de las sociedades dominantes de Europa y Asia y sus periferias tal vez haya vislumbrado de soslayo, por primera vez, la inevitabilidad de un mundo sin recursos, sin agua, sin atmósfera y, quizás, sin biósfera para los descendientes de los humanos actuales. Más que las palabras de un sabio de la poshistoria, las palabras marginales y precisas

---

251 En sus *Princípios de la Filosofía del Derecho* (*Grundlinien der Philosophie des Rechts*), difunde la alegoría de que la lechuza de Minerva vuela al llegar el crepúsculo. Hegel, 1997.

de una yanomami podrían, al revés, significar a los occidentales
una elegía *post mortem* de toda su tradición, ya que una cultura,
por más refinada técnicamente y por más heterodoxa que haya
sido, no ha aprendido lo suficiente para cambiar en su propio
beneficio, ya que tampoco aprendió a morir. Así lo es porque la
muerte es una parte indiscernible del misterio de la continuidad
de la vida, como pasa con una semilla proyectada en el invierno.

La muerte de la pneumatología y del concepto filosófico de
espíritu puede ser un momento fundamental para el florecimiento
de mundos plurales y de espiritualidades, de nuevos ambientes
y de una vida humana más allá del antropocentrismo. La muerte
de un espíritu organicista o unificador es la metamorfosis rumbo
a los advientos posibles más allá de su secuestro: ya sea como
inspiración teórica, como *aspiración* a la justicia o como una
esperanza más. Uno de los primeros pasos en esta dirección pos-
tespiritual puede haber sido dado por Georges Canguilhem, que
retoma la noción de *Umwelt* de la obra de Uexküll para cuestionar
el abordaje cientificista sobre la vida, sobre las ciencias y sobre
las diversas instituciones sociales. La realidad humana bajo tal
mirada, desde el cartesianismo, es considerada susceptible de ser
proyectada en un plano inteligible, como las leyes de la física, o
un plano matemático. Aunque abarque un mundo material parcialmente traducible a leyes físicas, la realidad humana está marcada por una infinidad de deseos, de selectividades y de varios
otros significados o lagunas. Sin embargo, el cientificismo tiende
a insistir en lo contrario, para fundamentar una jerarquía falsa,
manteniendo la perspectiva antropocéntrica de manera absoluta,
ya sea en el sentido de privilegiar la biología, o en el sentido de
privilegiar la química y la física. "El hombre viviente retira
de su relación con el hombre sapiente (...) un tipo de facticidad
inconsciente que le hace preferir su medio mismo antes del de
aquellos de otros vivientes, como si tuviera más realidad (*plus
de réalité*) y no solo otro valor (*une autre valeur*)".[252] Sin cuestionar el valor o la relevancia de la ciencia y de su aplicación para
generar bienestar y dignidad, es fundamental destacar cómo se

____

252 Canguilhem, 2009: 196.

   El Espíritu y la letra. Políticas del sentido

la ha utilizado para sostener el frágil lugar de una visión muy particular de humanidad o de zoopolítica.

El fin del mundo y la apertura a mundos diferentes implica pensar mediaciones, es decir, se trata de repensar *éros* y la posibilidad de interacción entre seres de diferentes ambientes. En este sentido, en la misma línea abierta por Canguilhem, Gilles Deleuze retoma el pensamiento de Uexküll en un camino radicalmente opuesto al antropocentrismo cuando comprende los distintos impulsos entre diferentes cuerpos según una dinámica de *éros*. Más que afirmar una fenomenología animal o una animalización de la existencia humana, su pensamiento es profundamente original cuando resalta los pequeños intervalos en los mundos de cada sujeto-máquina como una cuestión de deseo. La tela entre la mosca y la araña, ese diminuto espacio entre estas dos máquinas, es el paradigma para entender el espacio nulo del corte entre un pecho y una boca, un código para una vida o el corte indiscernible entre un sujeto y una máquina. No se trata solo de resaltar las relaciones entre cuerpos o entre hombres y animales, incluso entre sujetos, o entre cosas, sino, más precisamente, se trata de concebir las aproximaciones entre todos estos elementos, de manera que "cada órgano-máquina desafía al mundo según su propio fluir".[253] Aproximado a los caminos y descaminos de eros, el hombre deja de ser el rey de la creación o de ser una máquina deseante junto a las demás, por lo que Deleuze abre un camino para pensar las relaciones dinámicas de afecto y expresión más allá de las separaciones binarias modernas, como causa-efecto, sujeto-objeto o naturaleza-cultura.

Esta comprensión de la expresividad maquínica amplía las posibilidades de comprender de qué se trata la vida, excluyendo definitivamente cualquier intención ingenua de encontrarle una definición única. ¿La vida estaría restringida a seres celulares o con ADN? Deborah Lewitt, en su ensayo *The Animatic Apparatus,* busca llevar esta apertura deleuziana a sus últimas consecuencias, intentando extender las fronteras de la vida a través de la capacidad de animación, algo que no solo los cuerpos

---

253 Deleuze, 2017.

celulares hacen, sino también las imágenes de los cines o incluso los íconos contemporáneos (la alarma de los relojes, los teléfonos, el fitness). "Nuevas formas de vida (*New forms of life*) y modos de vitalidad (*modes of vitality*) emergen de las interacciones entre espectadores y pantallas tanto cuanto eso cambia a lo largo del tiempo".[254] Independientemente de concordar o no con todas las tesis de la autora, siempre es válido recordar que los conceptos de vida cambian constantemente y que, por más que sea incapturable por el pensamiento o por la técnica, todas las tentativas de hacerlo son, ante todo, una cuestión (bio-zoo)política. Junto a esta urgencia, Gabriel Catren se pregunta sobre la importancia de los diferentes medios (*Umwelten*) para entrelazar, por razones éticas y cívicas, campos de experiencia. El autor actualiza el pensamiento de Uexküll para postular una subjetividad especulativa, capaz de establecer un cierto grado de abstracción de sus diferentes experiencias afectivas, perceptivas, conceptuales y políticas. Su propuesta consiste en reunir diferentes medios de experiencia que suelen estar separados. El autor defiende que "el polo de una experiencia 'especulativa' es una configuración *trans-umweltic* del campo de experiencia –i.e. un fenómeno– que aparece en cada *Umwelt* bajo la forma de un fenómeno objetivo particular".[255] Catren no propone, con la consideración de esos campos de experiencia, exactamente una búsqueda de la construcción de una filosofía total (o arte total), ya que estas experiencias serían concretas y no pretenderían ser universales. Además, no repite los llamados a la inter o transdisciplinariedad, que se restringen al contexto epistemológico, estético, etc. Pero tampoco desiste de especular sobre la vida o transformarla en un presupuesto ontológico, por más enigmática que sea, como fueron Dios, hombre, razón, lenguaje o naturaleza. Lo que se sugiere es aceptar el prefijo *trans* no de manera restringida al arte o a la ciencia, sino para pensar formas de impactar diferentes modos

---

254 Lewitt, 2018: 3.
255 Catren, 2016: 5.

   El Espíritu y la letra. Políticas del sentido

de existencia, diferentes ambientes para permitir la(s) metamorfosis en sus propios supuestos vitales.[256]

La hipótesis de Gea[257], difundida por James Lovelock a partir de los años setenta, partió de los descubrimientos astrofísicos sobre los cambios en las atmósferas de los planetas Venus y Marte para concebir que la Tierra sería un organismo autorregulado, lo que resultaría de una multitud de factores del medio inorgánico y de los organismos vivos, incluido el ser humano. Sin embargo, los cambios de Gea en su continua readaptación no serían de ninguna manera armoniosos o misericordiosos con ningún tipo de ser vivo, desde el más simple al más complejo, incluido el ser humano. Sus ideas fueron severamente criticadas, muchas veces por buenas razones (vale recordar que el autor no esconde un cierto malthusianismo y acepta muy fácilmente soluciones cuestionables, como la salvación de la humanidad a pesar de la energía nuclear[258]). En todo caso, la postulación de una organicidad de la biósfera terrestre, de una interacción entre lo orgánico y lo inorgánico, sin recaer precisamente en un antropocentrismo natural o incluso en ninguna teleología, adquiere cada vez más relevancia dentro del pensamiento contemporáneo. Inicialmente, estas hipótesis se tomaron como otro discurso *New Age*, algo que sería absurdo para los científicos "serios" que se limitan a lo verificable. Isabelle Stengers actualiza la teoría afirmando que es imposible pensar en los temas más actuales relacionados con el calentamiento global sin algún tipo de trascendencia, dado que siempre tendremos que lidiar con una Gea viva de la cual somos parte y con la cual se puede aprender. Esto no significaría volver a la mitología, sino todo lo contrario: abandonar de una vez por todas las narrativas épicas de salvación, empezando por el

---

256 Para Catren, 2016: 5: *"the thesis according to which the different abstract modes of exploration of the field (art, science, politics, etc.) do construct vectors of speculative transcendence means that they do not only allow us to perceive, to feel, to understand, and to produce new phenomena, but can also force transcendental variations of the a priori conditions of perceptibility, affectability, conceptuality, sociability, and production"*.

257 Lovelock, 1972: 579-580.

258 Esa solución, así como otras soluciones curiosas de geoingeniería son presentadas en: Lovelock, 2009.

humanismo, para comprender los problemas que realmente nos afectan desde los tiempos míticos.[259] Otra reformulación aun más radical de la teoría de Gea es la del biólogo Peter Ward, quien lanza la hipótesis de Medea,[260] destacando cómo las extinciones parecen ser inherentes al sistema del planeta Tierra. En tiempos del fin del mundo, todas estas formulaciones sobre la biósfera terrestre demuestran cómo el nombre Gea es un signo importante de una heterogeneidad de conceptos que tienen en común una cierta apertura a la especulación de una sistematicidad de la vida concomitantemente con una aversión a cualquier teleología de lo natural. No obstante, ojalá profundicemos la omisión precaria de Urano en ese importante debate contemporáneo.

De hecho, en el fin del mundo también muere la naturaleza, cuyas leyes fueron el mayor apoyo del mundo moderno. La problematización de Bruno Latour de la teoría de Gea destaca que "después de la muerte de Dios y de aquella del hombre, la naturaleza debería, ella también, ceder finalmente. Ya era tiempo: luego no sería más posible hacer cualquier tipo de política".[261] A partir de esas especulaciones, es posible afirmar que sostener una naturaleza siempre denota una realidad inmutable, por la cual la podemos representar en nuestro mundo humano, aunque sin cambiarla en sus estructuras o en su complejidad. Toda la destrucción de ecosistemas en el siglo XX demostró lo contrario. Precisamente los cambios provocados por la industrialización y por la agricultura extensiva han acelerado los cambios en la biósfera, como el agotamiento del suelo o del aire, amenazando la propia supervivencia humana, ya sin un amparo natural o sin una armonía más profunda que podría salvarnos a todos. Por tanto, renunciar a la idea de naturaleza, en términos antrópicos, consiste en buscar comprender las metamorfosis del medio ambiente y considerar a la biósfera como un auténtico problema político y que vivir (así como morir) es la más fuerte manera de significar y de expresar. "Si llamamos naturaleza al término

---

259 Stengers, 2015.
260 Sobre la Tierra Medea, consultar: Kirschvink; Ward, 2016.
261 Latour, 2004: 42.

que permite recapitular en una serie ordenada de jerarquía de seres, la ecología política se manifiesta siempre, en realidad, por la destrucción de la idea de la naturaleza".[262] La reanudación de un ser mitológico antropomórfico como Gea, por tanto, sirve precisamente para cuestionar una serie de mitologías modernas y ha sido objeto de discusiones cada vez más profundas en todos los aspectos que cuestionan la prevalencia de un principio antrópico en las fundaciones epistemológicas contemporáneas.[263]

Algo importante queda por decir. La muerte de la naturaleza es, además, la muerte de uno de los últimos avatares del espíritu. Pero no se trata de una displicencia con la vida, sino lo contrario. Si el espíritu es vida, la hipotética manifestación de la muerte que le es inherente es condición indispensable para su renovación, algo que no es absolutamente sorprendente para la tradición de la dialéctica del Espíritu en Hegel, centrada en el dinamismo de la negación. Posiblemente, abarcar la muerte del espíritu también demuestra cómo las aporías, las diferencias o los extrañamientos –y no las síntesis– han sido su gracia más profunda. Quizás vivamos un momento clave de la historia del mundo, que consiste en la muerte misma del espíritu como lo concibieron la teología y la filosofía, para que llegue un poco de su aliento eterno concediéndonos la oportunidad de entender la heterogeneidad de los orígenes, los huecos de nuestras certezas, los ojos de nuestros vecinos y la profusión de modos y de mundos. Quizás se pueda imaginar sin repetir el imaginario cristalizado o, tal vez, se pueda *amar* a la filosofía sin el fetichismo de lo canónico y sus espectros. Más que comprender la naturaleza

---

262 *Idem.*

263 Entre diversos estudios, de distintas vertientes, que buscan denunciar el antropocentrismo aún imperante, se pueden destacar los trabajos de Braidotti, quien, aún dentro del legado posfenomenológico, reivindica luchas ambientales con reclamos de nuevos sujetos políticos: Braidotti, Rosi. *Posthuman Knowledge.* Cambridge (UK): Polity Press, 2019; más allá de la tradición de la fenomenología, Ludueña Romandini reproblematiza el fin de la metafísica observando lo inhumano bajo la disyunción en el Ser, tema de: Ludueña Romandini, Fabián. *Arcana Imperii.* Buenos Aires: Miño y Dávila editores, 2018; Por uma antropologia especulativa, se destaca Castro, Eduardo Viveiros de. *Metafísicas Canibais.* San Pablo: Cosac Naify; n-1, 2015.

o la esencia del amor, la parte que nos concierne del espíritu, será posible una gnosis por medio de la cual no apenas la subjetividad integre el conocer (aquello que el último Foucault llamó de espiritualidad), sino también que el conocer coincida con distintas formas de amar. Eso tal vez sea inocente o utópico, pero resta la esperanza.

Pero es tiempo para que el espíritu pueda ser pensado como más allá de lo humano, de lo fenoménico o del lenguaje. No es tarea imposible, pues, antes de ser Dios, cultura, naturaleza o lenguaje, el espíritu fue Espíritu, aliento vital que adentra en los animales cuando nacen. En ese sentido, si aceptamos que el espíritu, desde nuestra mirada, es como un nacimiento, pero también como la muerte, nada impide, en contrapartida, intentar el osado gesto de especularlo como pura metamorfosis en un sentido más amplio que nuestras existencias antrópicas efímeras. Es, entonces, como el aliento espiritual que, todavía, las plantas soplan en la noche, como el aire que vibra para sonidos provenientes de gritos y de truenos, como las candelas soplan para dar la luz o, finalmente, como la atmósfera uránica eterna y eróticamente atraída hacia su amada Tierra. La muerte y el luto de la tradición del espíritu no son sino posibilidades de especular más sobre las relaciones de los vivientes que la restricción a la mirada de un único abierto o de un único *homo sapiens sapiens*. Pero, curiosamente, esta es su bendición más atrevida, irrestricta y radical por la cual tal vez entendamos la espiritualidad inherente de los diferentes pueblos, inspeccionemos con detenimiento la devastación del ambiente o conspiremos contra toda forma de discriminación social, aunque sin ningún augurio de victoria en el campo político o estético. La sutileza del espíritu es nuestra mejor y más olvidada posibilidad de *médium* para relacionar tantas semejanzas (la metáfora que lleva a los oyentes de la poesía o de los cánticos religiosos al entusiasmo) y tantas confluencias (aquello que une lo físico al psíquico o el intelecto con la vida). Por supuesto, al poeta estas palabras le resultarían banales. Pero lo contrario no es verdadero, como profieren, en la deriva más allá de la vida humana, los versos de Ida Vitale. El poema conclama toda nuestra situación de asfixia y la necesidad de vivir el espíritu bajo vientos áridos, cortantes e

impuros, algo que vuelve como una adaptación de algún ser que
no es nada sino los contornos de eses viento.

Aclimatación

primero te retraes,
           te agostas,
pierdes el alma en lo seco,
en lo que no comprendes,
intentas llegar al agua de la vida,
alumbrar una membrana mínima,
una hoja pequeña.
No soñar flores.
El aire te sofoca.
Sientes la arena
reinar en la mañana,
morir lo verde,
subir árido oro.

Pero, y aun sin ella saberlo,
desde algún borde
una voz compadece, te moja
breve, dichosamente,
como cuando rozas
una rama de pino baja
ya concluida la lluvia.
Entonces,
contra lo sordo
te levantas en música,
contra lo árido, manas.[264]

Finalmente, no propongo una muerte más de Dios. Entender
la obsolescencia de una tradición, la caída de su cielo, o una nueva
relación con una pérdida del aire, "contra lo árido", no significa
negarle la capacidad de retomar esa pérdida por otros medios. En
ese llanto, quizás intensificaremos la uniformización de un mundo
carente de espíritu y de mito, incluso sabiendo cínicamente que
no hay sociedad sin mitos. O viviremos varios mundos, posibles

---

264 Vitale, 2018: 318-319.

de significar y manar, cada uno con sus mitos, si los espíritus son efectivamente medios para nuestras actividades, sensibilidades, inteligencias o materia. La filosofía, la política y los huérfanos de una tierra devastada y un tiempo agotado posiblemente no puedan explicar más qué es el amor ni por ciencias sin nombres ni por un espíritu unitario ni tampoco por infinitos suplementos de sus letras: ojalá nos resten, en las profundidades y reverberaciones de una espiritualidad nueva, algunos encuentros para intentar, al menos, existir como (*sicut*) amar.

El firmamento tiembla y el aire está literalmente envenenado porque el cielo aún no ha caído debido al culto a una cadavérica tradición. Tradición esa que se ha vuelto tan apática que enloquece a los pocos que experimentaron la vitalidad no antrópica que aún sobrevivía en su seno, como ilustran los casos de Nietzsche y Warburg. La curiosa muerte de Urano obligó a dioses y hombres a mirar a una Gea rabiosa, además de haber permanecido como el espectro de un abuelo muerto, llave de un antiguo firmamento. Pero la gente vivió muy bien sin rendirle culto a Urano y otros firmamentos fueron posibles a partir de muchas guerras en las esferas celestes. La caída del cielo no necesariamente derrumba los grandes medios, sin los cuales no hay comunicación entre medios (*Umwelten*), interacción en la política o expresión artística. Por otro lado, el olvido de las divinidades mediadoras, como Eros o Atlas (o incluso el arcaico aliento sobre las aguas), fue insoportable e infructífero, algo que condenó a Occidente a rendirle culto a abstracciones que no le hacen interactuar con nadie, como hizo hasta ahora el mito de una naturaleza unitaria o de una razón *a priori*. El orden interno de la naturaleza aparenta estar más vivo que nunca, aunque, de hecho, está muerto desde hace mucho tiempo y la cultura no puede nunca ser una solución *per se*, por tratarse de la misma ecuación invertida. También permanece muy fuerte y venerado el orden intrínseco al capitalismo y sus manos invisibles, si bien, hoy en día, no traiga más frutos, sino devastación y desigualdad. El mundo tradicional realmente ha terminado, la biósfera está comprometida para siempre, la economía tambaleó en 2008 y parece condenada al fracaso en 2022 y nadie parece creer en el fin del orden de la naturaleza o en el fin

	El Espíritu y la letra. Políticas del sentido

del orden del capitalismo por puro fetichismo a una concepción muy enferma de espíritu. Ambos cultos espiritistas, la naturaleza y el capitalismo, confluyen en la religión estatal en varios países, especialmente en América Latina, donde es fácilmente reconocido como *desarrollo*. Posiblemente, no hay tiempo para un Cuarto Testamento, pero sí se puede, ante toda la ruina, reservar un cuarto de todo eso para una siembra distante.

DÉCIMA JORNADA

Asfixia

They're going to kill me. I can't breathe.[265]

George Floyd, 2020.

La asfixia de George Floyd ha sido lenta. En el transcurso de ocho minutos, le dolía el estómago por la presión, al paso que ese dolor era tan fuerte que imposibilitó el funcionamiento del diafragma, lo que, a su vez, le hacía perder el contacto con la atmósfera y con el oxígeno. Después de no obtenerlo para nutrir sus células y para hablar, todas sus otras fuerzas disminuyeron y, por fin, se vio privado de su último aliento, la experiencia más singular de todos los animales terrestres. Es absolutamente importante comprender que la escena de Floyd fue difundida como una mala nueva, una manifestación profana y literal de la vieja ecuación paulina entre espíritu y letra. Tal vez, más que crística, su tragedia ha sido pneumática, pentecostal, pero de una brutalidad literal. El caso no es, de ninguna manera, una novedad en el contexto contemporáneo. Tampoco lo es el acto violento de empujar a la persona al suelo presionándola en el cuello, ya que se trata de una técnica de inmovilización policial muy común, aunque esté prohibida en algunos países y, si bien es aceptada,

---

265 Del video que circuló por todo el mundo, oficializado el 07/07/20 por la District Court del estado de Minnesota. "New Transcripts Detail Last Moments for George Floyd". *New York Times*, 08/07/20 (p. 32 de la transcripción, entre 13' y 13' 24'') disponible en: <https://www.nytimes.com/2020/07/08/us/george-floyd-body-camera-transcripts.html>.

es poco recomendada por la policía de Mineápolis. La verdadera mala noticia fue que el brocardo paulino sobre el espíritu y la letra resurgió en imágenes literales grabadas en video, salidas de distintas cámaras privadas. Esas imágenes luego circularon por toda la atmósfera por vibraciones mecánicas y electromagnéticas, estas últimas tanto digitales como analógicas, como si ese índice de agonía llegase a coincidir con un llamado de toda nuestra vida atmosférica, clamando por respirar. El nuevo mensaje pentecostal del caso George Floyd, por más que empiece en el puro racismo estatal, se difundió como algo más que racismo, pues la atmósfera fue sentida como espíritu transindividual una vez más, o sea, impactó porque el viviente que moría ya no tenía nada que decir; ha transgredido por callarse ante la obligación de hablar en las redes sociales y todos los foros de discusión contemporáneos. Esa falta de aire logró eludir la mediación de las *new media*, que, paradójicamente, en última instancia, no realizan mediaciones efectivas, sino que se dividen entre camarillas de nuevos escritores ya sin lectores, pero dependientes de nuevas informaciones y de nuevas imágenes todo el tiempo. Sí, debemos admitir que las redes sociales hacen alguna mediación con las palabras de las personas, que escriben sin decir nada durable o capaz de simbolizar, pero, hasta ahí, median. Sin embargo, lo más problemático son los cuerpos colectivos que ellas forman, pues estas burbujas simbólicas no tienen interacción con otras, quizás la consecución de la Babel que imaginábamos en nuestras pesadillas, algo que sólo puede ser entendido como Antiespíritu.

Sucedieron casos similares de violencia policial que sacudieron a los medios y a la atención de manifestaciones virtuales, tanto en nombres colectivos como al estilo #BlackLivesMatter. Uno de ellos ocurrió en Brasil el 22 de junio del mismo año, cuando un joven llegó a decir "eu não consigo respirar" hasta llegar a la inconsciencia, y otro fue el asesinato de Daunte Wright por una bala en la espalda que atravesó los pulmones en Minneapolis el 11 de abril de 2021. Estos casos, por supuesto, no generaron la misma conmoción que el asesinato de Floyd, quizás porque la revuelta estuvo más dada por la singularidad de la sabiduría del espíritu al manifestarse acompañada de imágenes de privación

   El Espíritu y la letra. Políticas del sentido

de aire. Al contrario, su novedad fue la difusión instantánea al mundo de esta ecuación entre espíritu y letra de una manera aun más literal y desmedida que sus propios medios. No hay opiniones antagónicas, no hay balbuceos, comentarios ni insultos directos. No hay tampoco acción, sino paciencia para ver cómo se apaga una candela cercada por un vaso. Esa condición apática de la multitud fue el nuevo espíritu pentecostal que hizo que el mensaje se extendiera por todo el mundo, provocando reacciones que van desde el amor al odio y desde la compasión hasta el oportunismo, ante la verdad de que todos somos George Floyd (aunque algunos lo sean un poco más y otros lo sean un poco menos).

Si somos más o menos George Floyd, lo somos, sobre todo, por asfixia. Muchos seres humanos ya han experimentado el hambre, pero muchos todavía no. Incluso yo, que escribo este ensayo, nunca viví el hambre o la inanición. Por lo tanto, nunca entendería de qué se trata el hambre. Ya con la asfixia es diferente. Prácticamente todos los animales humanos fueron brevemente amenazados, ya sea por la violencia policial o por ahogamiento, o por asma o, por lo menos, por un caramelo atorado en la garganta. Recientemente, el aire está envenenado y muchos animales, como nosotros, sienten cambios climáticos y comportamentales. Nuestro aire está en riesgo y todos sospechamos sobre cómo sería el horror de no tenerlo, pero, al final, el caso Floyd no impactó por la muerte de un hombre: pues ¿qué sería la muerte de un hombre cuando se aceptaron colectivamente genocidios enteros ayer y hoy? El caso tuvo un impacto titánico porque nos permitió vislumbrar nuestra propia extinción. Extinción que no es nuestra, de ninguna manera, pues está fuera de nosotros mismos. Es más una mera metamorfosis de la atmósfera y de la biósfera del planeta, en la cual todavía podemos parasitar en grandes cantidades y con cierta *joie de vivre*.

Si el Espíritu está muerto, y la humanidad observa su extinción, ¿la letra vivifica? Curiosamente, la escritura posiblemente haya surgido direccionada, por lo tanto, para los muertos. Hago un último palimpsesto, una imagen hierática arcaica. En el *Libro de la salida al día*, más conocido como *Libro de los Muertos*, en una de sus versiones más divulgadas, que son los papiros escritos para la muerte de Ani, hombre con cierta condición social, escritos *circa* 1300 a.C., se puede sentir que la escritura no solo se utiliza para establecer una cristalización, es decir, la mortalidad, de un lenguaje vivo. Al contrario, la escritura ha sido inventada para los propios muertos, ya que ese testimonio de los albores de la escritura es un manual completo con enseñanzas éticas, prácticas y cosmológicas, para ser leído solamente por aquellos que se han ido al más allá de la vida. En una de las invocaciones más interesantes para ser utilizada por Aní en el caótico mundo *post mortem*, hay una invocación dirigida a Thoth, el dios que les enseñó a escribir a los hombres y que, al mismo tiempo, comenzó a recopilar sus datos para el juicio póstumo por el diluvio de los dioses. En él, se dice que Aní habría sido justo y que murió en paz. Finalmente, Aní les encargó a los escribas que lo guiaran para que pudiera formar un cuerpo en la inmortalidad. Una de las conjuraciones está dirigida al corazón de Aní, el centro de las emociones, para que no diga cosas injustas contra el cuerpo entero cuando sea juzgado frente a los dioses: "Oh mi corazón, de diferentes eras. No testimonie contra mí en la presencia del guardián de la balanza; (...) No diga mentiras sobre mí en la presencia de un Dios".[266] El cuerpo no está formado automáticamente en la muerte, pero la inscripción de instrucciones y de invocaciones puede ayudar a formar otro cuerpo en la inmortalidad. No era importante la veracidad objetiva de esas palabras, dado que el Testimonio no necesariamente debería ser una verdad exterior e inmutable. Al contrario, la verdad de la vida ante la muerte se daba en la manera de expresarse y en una aproximación entre los afectos y la razón. O sea, hablar con el corazón era la vía para la inmortalidad, para atravesar los eones, sea en la letra de las paredes de las tumbas o templos, sea en la integración cósmica. Si no entendemos ese corazón, ni siquiera asimilaremos nuestro final, o sea, nuestra extinción. Más que nunca, no recae en el fin, sino sobre todo en los medios, el acento de nuestras palabras.

---

266 Traducción libre de un fragmento de la placa 3-a, sobre la siguiente versión en inglés. *The Egyption Book of the Dead: the book of going forth by day*. Traducción de Raymond O' Faulkner. San Francisco: Chronicle Books, 2015: 40.

Posiblemente, escribir hoy es escribirle a los muertos. El poder de Thoth no reside solamente en la escritura hierática o funeraria, pues puede estar, en lapsos raros, también en el habla, en las pinturas, en los cuerpos, en los encuentros o en los llantos. Además, no está apenas perdido en la mediación de antiguas huellas ni tampoco está cristalizado en un símbolo característico suyo, como la Luna, pues se encuentra en todo. Sin quizás jamás saberlo, cada uno de nosotros es *médium*, aunque sin tener la garantía de una capacidad universal de significar. Se trata, por lo menos, de la sabiduría de que todos los corazones mamíferos pueden buscar *con*cordia y que, finalmente, cada cosa tiene un corazón, a partir del cual no es imposible soñar con una *sim*patía.

Las instituciones tradicionales, como el Estado, la moral, y las religiones han logrado afirmar muchas abstracciones exitosas para que distintos cuerpos pudiesen interactuar, como la "persona" (mediación entre la vida animal y la vida pública), como la "confesión" (mediación entre la intimidad y la moral pública), como la educación (mediando la niñez hasta la edad adulta), o como los sindicatos (mediación entre clases). Actualmente esas instituciones perdieron, en gran medida, muchos de sus fundamentos más arcaicos, como la mitología (hebrea griego-romana, etc.) o la metafísica. Además, la proximidad con la mortalidad se ha acelerado con la situación del Covid-19, por el cual el aire también fue un medio para una tragedia humanitaria, y por el cual, además, intentamos continuar la vida por las computadoras y por las redes de comunicación. Pero no nos hemos convertido en *multimedia*, porque, carente de encuentros, la cultura todavía sufre mucho en todo el mundo, cuando ya prácticamente no hay cines, teatros, conciertos musicales, círculos de amigos ni tampoco un diván de análisis. Buscamos nuevos medios en el mundo digital, con exposiciones, festivales de cine y clases a distancia, lo que nos hizo vivir la decepción de nuevas formas de vida con visibilidad pura e instantánea, sin embargo, carentes de misterios, pobres de eros. Esta también es nuestra asfixia: escuchar la voz del otro, pero sentir el calor y las palpitaciones del aliento. De todos modos, en el tedio de tantas plataformas y *clics*, sin erotismo o diferencia, somos seres un poco menos *multimedia* que ayer, o sea, seres que supuestamente vivirían las multiplicidades y diferencias de los medios (ambientes). Sintetizando lo dicho, no logramos crear tantos mediadores cuanto, curiosamente, los mercados y los *Big Data* hicieron, los cuales han obtenido enormes éxitos cuando se adaptaron muy bien a la pluralidad de sistemas legales (como en la Unión Europea), a la pluralidad de religiones (como en la relación entre Arabia Saudita y Occidente) e incluso a varios sistemas económicos (como entre Estados Unidos y China). La política, la moral y las religiones serán rehenes hasta que comprendan sus respectivas heterogeneidades y espiritualidades y, en última instancia, sus participaciones en las metamorfosis uránicas que sobreviven.

Todavía no sé qué es el espíritu, pero sé que es como dar vida a las relaciones, así como es una esperanza para el encuentro de diferencias. El período helenístico puede enseñarnos algo, si tenemos en cuenta que el espíritu fue esa sustancia que, además de animar y nutrir los cuerpos, estableció la mediación entre cuerpo y mente en la filosofía estoica y en la medicina, desde Hipócrates hasta Galeno. Ese momento histórico profundamente heterodoxo, comparable solo a la humanidad actual, indica que es posible vivir la interioridad y anotar las diferencias, incluso bajo un imperio de fuerza. A partir de este momento helenístico, no es, por tanto, la concepción estoica o aristotélica de la naturaleza (*phúsis*) lo que realmente importa mantener en favor de nuestro ambiente, sino la pluralidad de conocimientos y sus respectivas relaciones con la vida, con el cuerpo y con la psique. Luego, en un momento en el cual el mercado ha ganado una entidad divina y el culto al dinero se ha expandido a todos los fines de la humanidad, es urgente dar vida a las tensas relaciones entre escritura y voz, entre humano y máquina o entre diferentes cosmologías, muchas de ellas ajenas al sistema de creencias impuesto como un cosmos unitario.[267]

Desde esas jornadas, ante la asfixia en la cual vivimos, el espíritu todavía es una invitación para que entendamos, más

---

267 "Para, al final, descubrir que también siempre buscó universalidad", dice mi Ombudsman.

profundamente, la manifestación o el rechazo de las relaciones entre seres y abstracciones, o sea, puede ser más que repetir apenas los intentos de sistematizar estas relaciones. El espíritu no debe confundirse con los controles simbólicos o imaginarios, como las censuras, inquisiciones, estetizaciones y cualquier otro tipo de instrumentalización sobre él. En este sentido, es urgente que dejemos morir a este Espíritu de una humanidad póstuma para que podamos, incluso en tiempos de asfixia, respirar el aire de sus metamorfosis, para, quizás, vivir nuevas espiritualidades, que son nuevas posiciones éticas entre nosotros, nuestros corazones y nuestros ambientes, por lo menos con el vínculo de vivir bajo un cielo enfermo. Sin la espiritualidad, hombres, mujeres u otros cuerpos individuales o colectivos no podrán hablar con los espíritus del río, con las plantas del huerto o con los muertos que no se olvidan, como muchos todavía lo hacen. En ese sentido, es fundamental en el antropoceno reconocer que las espiritualidades pueden ser como el aire, o como el agua, o como la vida y, aún, como la muerte: todo esto no es un imperativo para los huérfanos de Occidente después de la muerte de su Espíritu y hasta de su aire, sino una intuición. Ni la epidemia nos mató, ni salimos mejores de ella. Por lo tanto, afirmo tan solamente que, todos los animales, vegetales o minerales se relacionan entre ellos y con todo lo que existe, vivo o muerto, están sujetos a distintas relaciones, ya que cada cosa tiene su Exu. Si entendemos que el espíritu es similar al aire, no es cuantificable, sino disfrutable, y, conforme tal perspectiva, quizás podamos reconocerlo como *médium* que siempre apunta hacia algún tipo de relación de difícil encuadramiento epistemológico.

Agradecimientos

Este libro es el resultado de infinitas consonancias, contribuciones y correspondencias, todas ellas verdaderas autoras de un ininterrumpido placer de escribir hasta la necesidad del último punto final. En primer lugar, debo mi agradecimiento al apoyo institucional de la Capes (Coordinación para el Perfeccionamiento del Personal de Educación Superior) por financiar la investigación en Argentina entre 2018 y 2019, fundamental para la consecución de este ensayo. Mi total agradecimiento a Fabián Ludueña Romandini, que enseña, como una brújula en la oscuridad, cómo hacer de la palabra *outside*, además de una categoría, un adverbio de modo. A Raúl Antelo, eterno retorno, le agradezco su sinceridad, que me hizo darme cuenta del significado de lo escrito. A Rosanne Sabbag, muchas gracias por hacerme conocer los afectos de lo escrito. *Muito obrigado*, André Zacchi, Júlian Brzozowski, Eliane Luisa Stein, Joaquín Correa, Natália Pérez Torres y Gerardo Miño por sus inestimables dedicaciones a este proyecto, sin las cuales este libro no existiría. También agradezco la correspondencia e interioridad de Eduardo Sterzi, Luciana di Leone, Diana Klinger, José Emilio Burucúa, Claudio Maiz y Roberta Sabbath, coautores de este libro en pequeños grandes detalles. Que este libro sea un abrazo para mis amigos Laura Cabezas, Diego Cervelin, Cláudia Rio Doce, Flávia Cera, Rodrigo Lopes de Barros, Joca Wolff, Bairon Vélez, Bianca Tomaselli, Giorgio Gislon, Arthur de Vargas Giorgi, Alexandre Nodari, Eduardo Pazello, João Francisco Kleba Lisboa, Emília Pereira, Susana Scramin, Tiago Breunig, Dennis Radünz, Fernando Scheibe, Marina

Moros, Jair Tadeu da Fonseca, entre muchos otros que indirectamente inspiraron estas páginas. Agradezco a toda mi familia
por su bendición y, finalmente, a Elysa Tomazi, aliento de vida.

Bibliografía

Acosta, Alberto. *O Bem Viver: uma oportunidade para imaginar outros mundos.* San Pablo: Autonomía Literária/Elefante, 2016.

Acosta, Alberto; Martínez, Esperanza. *La Naturaleza con derechos.* Quito: Universidad Politécnica Salesiana, 2011.

Afonso X. *Cantigas de Santa María: códice de Toledo. Transcrición de Martha E. Schaffer.* Santiago de Compostela: Consello da Cultura Gallega, 2010.

Agamben, Giorgio. *Il Tempo che resta. Un commento alla Lettera ai Romani.* Torino: Bollati Boringhieri, 2000.

Agustín. De Spiritu et Literra. In: Migne, Jean Jacques. *Patrologia Latina*, v. 44. París: Excudebat Migne: 1815-1875.

Agustín. De Trinitate. In: Migne, Jean Jacques. *Patrologia Latina*, v. 42. París: Excudebat Migne: 1815-1875.

Agustín. Enarrationes in Psalmos. In: Migne, Jean Jacques. *Patrologia Latina*, v. 36. París: Excudebat Migne: 1815-1875.

Albert, Bruce; Kopenawa, Davi. *A queda do céu: palavras de um xamã Yanomami.* San Pablo: Companhia das Letras, 2015.

Aldé, Verónica; Krahô, Creuza; Lima, Ana de. Histórias e cantos do milho Krahô: as muitas vozes do cerrado. In: Amoroso, Marta (et. al). *Vozes Vegetais: diversidades, resistências e histórias da floresta.* San Pablo: Ubu, Iurd Éditions, 2020: 283-300.

Alexander, Michele. *The new Jim Crow: mass incarceration in the age of Colourblindness.* Nueva York: The New Press, 2010.

Anchieta, José de. *Lírica Portuguesa e Tupi.* San Pablo: Martins Fontes, 2004.

Aristóteles. *Categoriae et liber De interpretatione.* Oxford: Typographeo Clarendoniano, 1961.

Azam, Geneviève. *Carta à Terra.* Traducción de Adriana Lisboa. Belo Horizonte: Relicário: 2020.

Badiou, Alain. *San Pablo: la fundación del universalismo.* Traducción de Jesús Ríos Vicente. Rubí (Barcelona): Anthropos Editorial, 1999.

Badiou, Alain. *Saint Paul: la fondation de l'universalime.* París: Presses Universitaires de France, 1997.

Baer, Eugen. Thomas A. Sebeok's doctrine of sign. In: Krampen, Martin et. al. *Classics of Semiotics*. Nova York: Springer, 1987: 181-210.

Basilius Magnus, *Liber de Spiritu Sancto*. In: Migne, J. P (Org.). *Patrologia Graeca*, t. 32. París: Imprimerie Catholique, 1886.

Bateman, Chris. *The Mythology of Evolution*. Londres: Zero Books, 2012.

Benjamin, Walter. *Capitalismo como religião*. Traducción de Nélio Schneider. San Pablo: Boitempo, 2013.

Berardi, Franco. *Asfixia: capitalismo financeiro e a insurreição da linguagem*. Traducción de Humberto Amaral. San Pablo: Ubu: 2020.

Bernardo de Claraval. *Sermones De Tempore. De Laudibus Virginis Matris*. In: Migne, J. P (Org.). *Patrologia Latina*, v. 183. París: Garnier Fratres y J. P Migne Successores, 1879.

Berry, Andrew; Watson, James. *DNA: the secret of Life*. Nueva York: Knopf, 2004.

Betto, Frei. Carta abierta a Ernesto Che Guevara. *Utopía y Praxis Latinoamericana*. Maracaibo, v. 12, n. 38, set. 2007.

Boff, Leonardo. *El rostro materno de Dios: ensayo sobre lo femenino y sus formas religiosas*. Madrid: Paulinas, 1984.

Braidotti, Rosi. *Posthuman Knowledge*. Cambridge (UK): Polity Press, 2019.

Brentari, Carlo. *The Discovery of Umwelt between Biosemiotics and Theoretical Biology*. Nueva York: Springer, 2015.

Buchanan, Brett. *Onto-Ethologies: the animal environment of Uexküll, Heidegger, Merleau-Ponty and Deleuze*. Albany: State of New York Press, 2009.

Buck-Morss, Susan. *Dreamworld and Catastrophe: The Passing of Mass Utopia in East and West*. Cambridge, MA and London: MIT Press, 2000.

Bultman, Rudolf. *Theology of the New Testament*. Londres, 1952.

Cabezas, Laura. *La espiritualización de la vanguardia, o el diseño de una modernidad católica entre París y Buenos Aires*. Estudios de Teoría Literaria, v. 8, n. 17, 2019: 35-46.

Campanella, Tommaso. *Magia e Grazia. Theologicorum liber XIV*, fr. 914. Roma: Fratelli Bocca, 1957.

Canguilhem, Georges. Le vivant et son milieu. In: *La connaissance de la vie*. París: Vrin, 2009.

Castro, Eduardo Viveiros de. *Metafísicas Canibais*. San Pablo: Cosac Naify; n-1, 2015.

Catren, Gabriel. The trans-Umweltic Express. *Site O*. Castalia, The Games of Ends and Means, n. 1, feb. 2016. https://www.glass-bead. org/article/the-trans-umweltic-express/?lang=enview. Acceso en 15.06.2020.

Chakrabarty, Dipesh. The Climate of History: Four Theses. *Critical Inquiry*, v. 35, n. 2, 2009: 197-222.

Ciceronis, Marci Tullli. *De Natura Deorum*. Berlin: Walter de Gruyter – Teubner, 2008.

Compagnon, Olivier. *Jacques Maritain et l'Amérique du Sud: le modèle malgré lui*. París: Septentrion, 2003.

Crick, Francis H. C.; Watson, James. Molecular structure of nucleic acids. *Nature*, n. 4356, 25 abr. 1953: 737-738.

Cunha, Euclides da. *Os Sertões*. San Pablo: Nova Cultural, 1982.

Dante. *Le Opere di Dante. A cura de E. Moore*. Oxonii: Estampería dell'Universitá, 1924.

Dante. *Opere Minori*, v. 1. Torino: Utet, 1983.

Darwin, Charles. *The origin of species by means of natural selection or the preservation of favoured races in the struggle for life*. Londres: 1859.

Deleuze, Gilles. *O anti-Édipo*. Tradução de Eni Orlandi. San Pablo: Editora 34, 2017.

Derrida, Jacques. *De l'Esprit: Heidegger et la question*. París: Galilée, 1987.

Derrida, Jacques. Des Tours de Babel. In: *Phyche: Inventions of the other*, v. 1. Stanford: Stanford University Press, 2007.

Diels, Hermann. *Die Fragmente der Vorsokratiker*, v. 1. Berlín: Weidmannsche Buchhandlung, 1906.

Diogenis Laertii. *Vitae Philosophorum*, t. 1. Oxonii: Clarendon, 1964.

Duby, Georges. *L'An mil*. París: Gallimard, 1973.

Dunker, Christian et al. *Bala Perdida: a violência policial no Brasil e os desafios para sua superação*. San Pablo: Boitempo, 2015.

Dutra, Noeli Rossato. *Evangelium eternum*. A hermenêutica condenada de Joaquim de Fiore. *Mediaevalia. Textos e estudos*, n. 27, 2008: 99-115.

Elias, Norbert. *O processo civilizador: uma história dos costumes*. Tradução de Ruy Jungman. Rio de Janeiro: Zahar, 2011.

Eagleton, Terry. *Culture and the Death of God*. Nueva York: Haven University Press, 2014.

Engberg-Pederson, Troels. *Paul and the Stoics*. Westminster: John Knox Press, 2000.

Engels, Friedrich. *Der deutsche Bauernkrieg*. Leipzig: Verlag der Expedition des Volkstaat, 1870.

Epictetus. *The discourses as reported by Arrian, the manual and fragments*, v. 2. Loeb Classical Library. Cambridge (MA). Harvard University Press, 1952.

Filón. *Philo in ten volumes*, v. 1. The Loeb Classical Library. Cambridge (MA): Harvard University Press, 1981.

Filón. *Philo in ten volumes*, v. 4. The Loeb Classical Library. Cambridge (MA): Harvard University Press, 1985.

Filón. *Philo Supplement 1: questions and answers on Genesis*. The Loeb Classical Library. Cambridge (MA): Harvard University Press, 1953, traducción nuestra al castellano.

Finamore, J. F. *Iamblichus and the Theory of the Vehicle of the Soul*. Oxford: Oxford University Press, 1985.

Floris, Ioacchim. *Expositio magni prophete Abbatis Joachim in Apocalipsim*. Venetiis: In calcographia Francisci Bindoni [et] Maphei Pasyni sociorum impressum, 1527. Edición mantenida y disponible por la Biblioteca Digital de Lyon (Numelio).

Floris, Ioacchim. *Liber Concordiae novi ac veteris testamenti*. Venetiis: Simonem de Luere 1519. Edición mantenida y disponible por Bibliothèque Nationale de France (Gallica).

Flusser, Vilém. *A história do diabo*. San Pablo: Annablume, 2008.

Foucault, Michel. *Hermenéutica del Sujeto*. Traducción de Fernando Alvarez-Uria. Madrid: La Piqueta, 1987.

Foucault, Michel. The subject and Power. *Critical Inquiry* 8, n. 4, 1982: 777–795.

Frye, Northop. *O Código dos Códigos: a Bíblia e a literatura*. Traducciónde Flávio Aguiar. San Pablo: Boitempo, 2004.

Galeano, Eduardo. *Las venas abiertas de América Latina*. Buenos Aires: Siglo XXI, 2004.

Galenus. Galeni de elementi ex Hippocrate liber primus. In: Id. *Galeni Opera Omnia*, v. 1. Edición de Carolus Gottlob Kühn. Leipzig: Carolus Cnoblochii, 1821.

Galenus. Introductio seu Medicus. In: Id. *Opera Omnia*, v. 14. Leipzig: Carolus Chnoblochii, 1827.

Gaston, Sean. The *Concept of the world from Kant to Derrida*. Londres: Rowman & Littlefield, 2013.

Georgi, Dieter. *The opponents of Paul in Second Corinthians*. Filadelfia: Fortress Press, 1986.

Gimbutas, Marija. *The Living Goddesses*. Berkeley; Los Angeles: University of California Press, 2001.

Grant, Frederick Clifton. St. Paul and Stoicism. *The Biblical World*, v. 45, n. 5, may. 1915: 268-281.

Graukoger, Stephen. The Role of Aesthetics in Herder's Anthropology. In: De Souza, Nigel; Waldow, Anik. Herder: Philosophy and Anthropology. Oxford: Oxford Press, 2016.

Guevara, Ernesto Che. *Socialismo e Juventude*. San Pablo: Anita Garibaldi, 2005.

Habermas, Jürgen. *Sobre a Constituição da Europa*. Traducción de Denilson Luis Werle, Luiz Repa y Rúrio Melo. San Pablo: Unesp, 2012.

Hadot, Pierre. *Exercícios espirituais e filosofia antiga*. Traducción de Flávio Fontenelle Loque y Loraine Oliveira. San Pablo: É Realizações, 2014.

Hafemann, Scott. *Paul, Moses, and the History of Israel: The Letter/Spirit Contrast and the Argument from Scripture in 2 Corinthians 3*. Eugene: Wipf and Stock, 2008.

Hamacher, Werner. Guilt history. Benjamin's 'Capitalism as religion'. *Diacritics*, v. 32, n. 3-4, 2002: 81-106.

Hamann, Johann Georg. Cloverlief of Hellenistic Letters. In: *Philosophical Writings*. Tradução de Kenneth Haynes. Cambridge: Cambridge University Press, 2007: 33-59.

Han, Byung-Chul. *La sociedad del cansancio*. Barcelona: Herder, 2012.

Harmony, Amy. James Watson had a chance to salvage his reputation on race. He made things worse. *The New York Times*. 1. Jan. 2019.

Hegel, George W. F. *Princípios da Filosofia do Direito*. Traducción de Orlando Vittorino. San Pablo: Martins Fontes, 1997.

Hesíodo. *Obras y Fragmentos*. Traducción de Aurelio Pérez Jiménez y Alfonso Martínez Díez. Madrid: Gredos, 1978.

Heidegger, Martin. *Arte y poesía*. Traducción de Samuel Ramos. México: Fondo de Cultura Económica, 2002.

Heidegger, Martin. *Carta sobre el Humanismo*. Traducción de Helena Cortés e Arturo Leyte. Madrid: Alianza, 2006.

Heidegger, Martin. *Über den Humanismus*. Frankfurt am Main: Klostermann, 2000.

Heller-Roazen, Daniel. *Echolalias: on forgetting the language*. Nueva York: Zone Books, 2008.

Herder, Johann Gottfried von. *Abhandlung über den Ursprung der Sprache*. Berlín: Voß, 1772.

Herder, Johann Gottfried von. *Lieder der Liebe: die ältesten und schönsten aus Morgenlande, nebst vier und vierzig alten Minneliedern*. Leipzig: Weygand, 1781.

Herder, Johann Gottfried von. *Vom Geist der Ebräischen Poesie: eine Anleitung für die Liebhaber derselben und der ältesten Geschichte des Menschlichen Geistes*. Lepzig: Johann Ambrosius Barth, 1825.

Herder, Johann Gottfried von. *Von der Gabe der Sprachen am ersten christlichen Pfingstfest*. Riga: Johann Friedrich Hartknoch, 1794.

Hipócrates. *Hippocrates: with an English translation by W. H. S. Jones*, v.2. Cambridge (MA): Harvard University Press, 1950.

Hugo de San Victor. Speculum Ecclesiae, cap. 8. Hugo de San Victor. Speculu Ecclesiae. In: Migne, J. P. (Org.). *Patrologia Latina*, t. 177. París: Imprimerie Catholique, 1854.

Humboldt, Alexander von. *Cuadros de la Naturaleza*. Traducción de Bernardo Giner. Madrid: Gaspar Editores, 1876.

Humboldt, Wilhelm von. *Über die Verschiedenheit des menschlichen Sprachbaues und ihren Einfluss auf die geistige Entwickelung des Menschengeschlechts*. Berlin: Druckerei der Königlichen Akademie der Wissenschaften, 1836.

Iogna-Prat, Dominique. *La invención social de la Iglesia en la Edad Media*. Traducción de Angela Schikler y Silvia Tenconi. Buenos Aires: Miño y Dávila editores, 2016.

Irineo de Lyon. *Selecta Ecclesiae Patrum*, t. 2. Caillau; Guillon (Orgs.). Milano: Antonii Fontana, 1830.

Isidoro de Sevilla, Lib. Sententiarum, III, 14, 9. In: Migne, J. P (Org.). *Patrologia Latina*, t. 83. París: Garnier Fratres et J. P. Migne Successores, 1850.

Jamblico: *De Mysteriis*. París: Les Belles Lettres, 2013.

Jefferson, 2015. Jefferson, Ann. *Genius in France: an idea and its uses*. Princeton: Princeton University Press, 2015.

Jesi, Furio. *Materiali Mitologici. Mito e antropologia nella cultura mitteleuropea*. Torino: Eunaudi, 2004.

Johnson, Margareth. Mary and the female face of God. *Theological Studies*, v. 50, n. 3, 1983: 500-526.

Jung, Carl Gustav. *Obras Completas*, v. 11/4. Resposta a Jó. Traducción de Dom Mateus Ramalho Rocha. Petrópolis: Vozes, 2012.

Kantorowicz, Ernst. *Os dois corpos do rei*. Traducción de Cid Knippel Moreira. San Pablo: Companhia das Letras, 1998.

Kerényi, Karl. *A Mitologia dos Gregos*, v. 1. Traducción de Octavio Mendes Cajado. Petrópolis: Vozes, 2015.

Kirschvink, Joe; Ward, Peter. *A New History of Life: the radical new discoveries about the origins and evolution of life on Earth*. Nueva York: Sheridan, 2016.

Krenak, Ailton. *Ideas para postergar el fin del mundo*. Traducción Rodrigo Álvarez. Buenos Aires: Prometeo, 2021.

Latour, Bruno. *Politiques de la nature: comment faire entrer les sciences em démocratie*. París: La Découverte, 2004.

Leone, Luciana di. A poesia latino-americana: por uma poética do corpo grávido e da língua láctea. In: Ribeiro, Gustavo Silveira; Pinheiro, Tiago Guilherme; Veras, Eduardo Horta (Orgs.). *Poesia Contemporânea: reconfigurações do sensível*. Belo Horizonte: Quixote + Do Editoras associadas, 2018.

Lessing, Gotthold Ephraim. *La educación del género humano*. Traducción de Carla Cordua. *Revista de Filosofía*, v. 9, n. 3, 1962: 93-105.

Lewitt, Deborah. *The animatic apparatus: animation, vitality, and the futures of the image*. Londres: Zero Books, 2018.

Liber Sancti Jacobi (Codex Calixtinus), libro IV. Texto de K. Herbers y M. Santos Noia. Traducción al castellano de A. Moralejo C. Torres y J. Feo. Santiago de Compostela: Xunta de Galicia, 2001.

Lloyd, Geoffrey. Pneuma between body and soul. *The Journal of the Royal Anthropological Institute* v. 13, Wind, Life, Health: Anthropological and Historical Perspectives, 2007: S135-S146.

Long, Anthony A. *Helenistic Philosophy: Stoics, epicureans, sceptics*. Londres: Duckworth, 2001.

Löwith, Karl. *Meaning in History*. Chicago; Londres: The University of Chicago Press, 1957: 155.

Lovelock, J. E. Gaia as seen through the atmosphere. *Atmospheric Environment*, v. 6 n. 8, 1972: 579–580.

Lovelock, James. *The vanishing face of Gaia: a final warning*. Nueva York: Basic Books, 2009.

Ludueña Romandini, Fabián. *Antropotecnia. La Comunidad de los Espectros I*. Buenos Aires: Miño y Dávila editores, 2010.

Ludueña Romandini, Fabián. *Principios de Espectrología. La Comunidad de los espectros II*. Buenos Aires: Miño y Dávila editores, 2016.

Ludueña Romandini, Fabián. *Arcana Imperii. Tratado metafísico-político. La Comunidad de los espectros III*. Buenos Aires: Miño y Dávila editores, 2018.

Malthus, Thomas. An essay on the principle of population or a view of its past and present effects on human happiness, v. 1. Londres: John Murray, 1826.

Mcluhan, Marsall. *The Gutenberg Galaxy: the making of typographic man*. University of Toronto: University of Toronto Press, 1962.

Mounk, Yascha. *O povo contra a democracia: por que nossa liberdade corre perigo e como salvá-la*. Traducción de Cássio A. Leite y Débora Landsberg. San Pablo: Companhia das Letras, 2019.

Müntzer, Thomas. En: Ebert, Klaus (ed.) *Urteil der Geschichte. Von Martin Luther bis Ernst Bloch*. München: Peter Hammer Verlag, 1990.

Nestle, Eberhard. *Novum Testamentum Graece et Latine*. Stuttgart: Priviligierte Württembergische Bibelanstalt, 1923.

Neumann, Erich. *A grande mãe: um estudo fenomenológico da constituição feminina do inconsciente*. Traducción de Fernando P. de Matos y Maria S. Mourão Netto. San Pablo: Cultrix, 1999.

Nina Rodrigues, Raymundo. *Os africanos no Brasil*. San Pablo: Editora Nacional, 1935.

Nietzsche. Friedrich. Die philosophie im tragischen Zeitalter der Griechen. In: *Werke in drei Bänden (Herausgegeben von Karl Schlechta)*, v. 3, Múnich: Hanser, 1954.

Ohly, Friedrich. *Sensus Spiritualis: studies in medieval significs and the philology of culture*. Traducción de Kenneth Northcott. Chicago: Chicago University Press, 2005.

Oliveira, Leonardo D'Avila. *Ordenar o Espiritual: letras e periodismo católico no Brasil (1928-1945)*. [Tesis de doctorado]. Florianó-polis: Universidad Federal de Santa Catarina, 2015.

Orígenes. *De Principiis [Peri Archon]*. In: *Die Christlichen Schriftsteller der ersten drei jahrhunderte. Origenes, Band V*. Leipzig: J.C. Hinrich'sche Buchhandlund, 1913.

Parkes, Malcolm. La alta Edad Media. In: Cavallo, Guglielmo; Chartier, Roger. Historia de la lectura en el mundo occidental. Varios Traductores. Madrid: Taurus, 2004, pp. 153-177.

Platón. *Plato*, v. 7. Loeb Classical Library. Cambridge (MA): Harvard University Press, 1921.

Plotino. *Ennéades*, v. 4. París: Les Belles Lettres, 2003.

Quintiliano. *Instituição Oratória*, v. 1. Edición en latín y portugués. Traducción de Bruno Fregni Basseto. Campinas: Editora da Unicamp, 2015.

Rodó, José Enrique. *Motivos de Proteo*. Montevideo: José M. Serrano y C., 1909.

Rossato, Noeli Dutra; De Martini, Marcus. Milenarismo em Joaquim de Fiore e Antônio Vieira. *Mirabilia, Eletronic Journal of Antiquity, Middle & Modern Ages*, n. 14, ene. 2012: 264-285.

Rerum Novarum, Encíclica promulgada por León XXIII en 1891, disponible en: https://www.vatican.va/content/leo-xiii/es/encyclicals/documents/hf_l-xiii_enc_15051891_rerum-novarum.html. Acceso en 16. jul. 2020.

Salazar-Bondy, Augusto. *La educación del hombre nuevo: la reforma educativa de Peru*. Buenos Aires: Paidós, 1975.

Santiago, Silviano. *Uma Literatura nos Trópicos: ensaios sobre dependência cultural*. San Pablo: Perspectiva, 1973.

Scheler, Max. *El puesto del hombre en el cosmos*. Traducción de José Gaos. Buenos Aires: Losada, 1994.

Schmidt, Johannes. Herder's Religious Anthropology in his Later Writings. In: Waldow, Anik; De Souza, Nigel. *Herder Philosophy and Anthropology*. Oxford: Oxford University Press, 2017.

Sebeok, T. A. *Contributions to the Doctrine of Signs*. Bloomington: Indiana University, 1976.

Senecae, Lucii Annei. *Dialogorum libri duodecim*. Oxonii: Typographeo Clarendoniano, 2008.

Septuaginta. Texto de Alfred Rahlfs y segunda edición de Robert Hanhart. Stuttgart: Deutsche Bibelgesellschaft, 2006.

Shiva, Vandana. *Who really feeds the World? The failrules of agrobusiness and the promise of agroecology*. Berkeley: North Atlantic Books, 2019.

Sikka, Sonia. *Herder on Humanity and Cultural Difference*: Enlightened Relativism. Cambridge: Cambridge University Press, 2011.

Sloterdijk, Peter. *Esferas II: Globos*. Traducción de Isidro Reguera. Madrid: Siruela, 2004.

Sloterdijk, Peter. *Normas para el parque humano: una respuesta a la Carta sobre el Humanismo de Heidegger*. Traducción de Teresa Rocha Barco. Madrid: Siruela, 2006.

Spencer, Herbert. *The Principles of Biology*. Nueva York: D Appleton and Co., 1864.

Stanley, Jason. *Como funciona o fascismo: a política do "nós" e "eles"*. Traducción de Bruno Alexander. Porto Alegre: L&PM, 2019.

Stédile, João Pedro. *A questão agrária no Brasil*. San Pablo: Atual, 2011.

Stengers, Isabelle. *No tempo das catástrofes*. Traducción de Eloisa Araújo Ribeiro. San Pablo: Cosac Naify, 2015.

Sudlow, Brian. *Catholic literature and secularization in France and England, 1880-1914*. Manchester: Manchester University Press, 2011.

Taubes, Jacob. *La teología política de Pablo*. Traducción de Miguel García-Baró. Madrid: Trotta, 2007.

Taubes, Jacob. *Escatología Occidental.* Buenos Aires: Miño y Dávila editores, 2017.

The Egyption Book of the Dead: the book of going forth by day. Traducción de Raymond O' Faulkner. San Francisco: Chronicle Books, 2015.

Todorov, Tzvetan. *Teorías del Símbolo.* Traducción de Francisco Rivera. Caracas: Monte Ávila Ediciones, 1993.

Tomás de Aquino. *Quaestiones Quodlibetales*, VII, q. 6, art. 1. Tomás de Aquino. *Quaestiones Quodlibetales.* Raymundi Spiazzi (Org.) Torino: Marietti, 1956.

Tomás de Aquino. *Suma Teológica*, v. 2. San Pablo: Loyola, 2001.

Torá: a Lei de Moisés. San Pablo: Sêfer, 2001.

Uexküll, Jacob von. *Mondes animaux et monde humain, suivi de Théorie de la Signification.* París: Denoël, 1965.

Vattimo, Gianni. *After Christianity.* Traducción de Luca d'Isanto. Nueva York: Columbia University Press, 2002.

Verbeke, Gérard. *L'évolution de la doctrine du Pneûma, du stoicisme à S. Augustin.* París: De Brouwer; Louvain: Éditions de l'Institut superieur de philosophie, 1945.

Veyne, Paul. *Séneca y el estoicismo.* Traducción de Mónica Utrilla. México: Fondo de Cultura Económica, 1995.

Vieira, Pe. Antônio. *História do Futuro.* Brasília: UnB, 2005.

Vieira, Pe. Antônio. *Sermoens do Padre Antonio Vieira [...]*, v. 4. Lisboa: Officina de Miguel Deslandes, 1685. Edición digital disponible por Biblioteca Guita y José Mindlin (Brasilianas), junto a la Universidad de San Pablo.

Vitale, Ida. *Poesía Reunida.* Buenos Aires: Tusquets Editores, 2018.

Voegelin, Eric. *Ordem e História*, v. 5. A era ecumênica. Traducción de Edson Bini. San Pablo: Loyola, 2010.

Wallace, Alfred Russel. *On Miracles and Modern Spiritualism.* Londres: James Burns, 1875.

Weber, Max. *La ética protestante y el espíritu del capitalismo.* Traducción de Luis Legaz Lacambra y Francisco Gil Villegas. México: Fondo de Cultura Económica, 2011.

West, Martin Litchfield. *Hesiod, Theogony: Edited with prolegomena and Commentary.* Oxford: Clarendon Press, 1966.

Williams, Ryamond. *The sociology of culture.* Nueva York: Schocken Books, 1981.

Yates, Fraces. *The Rosicrucian Enlightment.* Londres-Nueva Yor: Routledge, 1972.

Zumthor, Paul. *A letra e a voz.* Traducción de Amálio Pinheiro y Jerusa Ferreira. San Pablo: Companhia das Letras, 1993.

Zylinska, Joanna. Bioethics in the age of New Media. Cambridge (MA). MIT Press, 2009.

Nota tipográfica:

Hay un espíritu unificador, clarificador y organizador
en ciertas formas tipográficas. Se con-funden sus formas
y se alzan como antídoto anti-babélico. Las tipografías
utilizadas en este libro corresponden a variantes de
la Century Schoolbook, diseñada en 1921 por Morris
Fuller Benton para la American Type Founders.
Las hemos aplicado aquí con-fundidas con la fuente
Nimrod, reforzando esas formas de tipo renacentistas
con serifas robustas y con una importante altura de x.

Nimrod, hijo de Kush, nieto de Cam y bisnieto de
Noé, fue justamente el personaje bíblico reinante en
Babilonia durante la construcción de la torre de Babel.
Su presencia sobrevolando estas páginas se presenta
como una demanda de con-fusión y de memoria.

Gerardo Miño